Wolfgang Dworschak, Sybille Kannewischer,
Christoph Ratz und Michael Wagner (Hgg.)

Schülerschaft mit dem Förderschwerpunkt geistige Entwicklung (SFGE)

Lehren und Lernen mit behinderten Menschen

Band 25

Wolfgang Dworschak, Sybille Kannewischer,
Christoph Ratz und Michael Wagner (Hgg.)

Schülerschaft mit dem Förderschwerpunkt geistige Entwicklung (SFGE)

Eine empirische Studie

ATHENA

Das Forschungsprojekt »Schülerschaft mit dem Förderschwerpunkt geistige Entwicklung (SFGE)« wurde mit Mitteln des Bayerischen Staatsministeriums für Unterricht und Kultus unterstützt.

Bibliografische Information der Deutschen Nationalbibliothek

Die Deutsche Nationalbibliothek verzeichnet diese Publikation in der Deutschen Nationalbibliografie; detaillierte bibliografische Daten sind im Internet über <http://dnb.d-nb.de> abrufbar.

2., überarbeitete Auflage 2012

Mellinghofer Straße 126, 46047 Oberhausen

www.athena-verlag.de

Druck und Bindung: Difo-Druck GmbH, Bamberg

Gedruckt auf alterungsbeständigem Papier (säurefrei)

Printed in Germany

ISBN 978-3-89896-501-9

Inhalt

Vorwort 7

1 Christoph Ratz & Wolfgang Dworschak
Zur Anlage der Studie SFGE 9

2 Wolfgang Dworschak & Christoph Ratz
Soziobiografische Aspekte der Schülerschaft
mit dem Förderschwerpunkt geistige Entwicklung 27

3 Wolfgang Dworschak
Bildungsbiografische Aspekte der Schülerschaft
mit dem Förderschwerpunkt geistige Entwicklung 49

4 Sybille Kannewischer & Michael Wagner
Diagnosen im Förderschwerpunkt geistige Entwicklung 77

5 Michael Wagner & Sybille Kannewischer
Einschätzung der Schwere der Behinderung
nach ICD-10 und des Pflegebedarfs 87

6 Michael Wagner & Sybille Kannewischer
Einschätzung der Kompetenzen im Bereich Sprache/Kommunikation 99

7 Christoph Ratz
Schriftsprachliche Fähigkeiten von Schülern
mit dem Förderschwerpunkt geistige Entwicklung 111

8 Christoph Ratz
Mathematische Fähigkeiten von Schülern
mit dem Förderschwerpunkt geistige Entwicklung 133

9 Wolfgang Dworschak, Sybille Kannewischer, Christoph Ratz & Michael Wagner
Einschätzung von Verhalten bei Schülern mit dem Förderschwerpunkt geistige Entwicklung 149

10 Wolfgang Dworschak, Sybille Kannewischer, Christoph Ratz & Michael Wagner
Schülerschaft mit dem Förderschwerpunkt geistige Entwicklung (SFGE) – Resümee 165

Autorenverzeichnis 173

Vorwort

Mehrere Gründe haben uns im Sommer 2008 veranlasst, uns mit der Schülerschaft im Förderschwerpunkt geistige Entwicklung (FsgE) in einem empirischen Forschungsprojekt auseinanderzusetzen.

Zuallererst wollten wir der Feststellung einzelner Schulleiter und Lehrkräfte nachgehen, die berichten, die Schülerschaft in dieser Schulart habe sich in den vergangenen Jahren verändert. Die Suche nach wissenschaftlichen Belegen für diese Vermutung blieb jedoch weitgehend erfolglos.

In diesem Zusammenhang stellen sich für das Fach der Pädagogik bei geistiger Behinderung bzw. der Didaktik im Förderschwerpunkt geistige Entwicklung und ihre Weiterentwicklung – natürlich auch für eine inklusive Didaktik, die diese Schüler mit einschließt – grundsätzliche Fragen: Auf wen muss sich die Pädagogik bzw. Didaktik einstellen? Was sind das für Schüler, unter welchen Bedingungen wachsen sie auf und lernen sie, was haben sie schon gelernt, und mit welchem Verhalten muss im Unterricht gerechnet werden? Alles sehr relevante Fragen für eine Pädagogik und Didaktik, aber auch sie können aus der Literatur nur schlaglichtartig beantwortet werden.

Wer wie und unter welchen Bedingungen im FsgE lernt, das ist auch für Kollegen aus anderen Schularten interessant, die Schüler haben, bei denen die Überlegung ansteht, ob vielleicht eine Schule des FsgE ein geeigneter Schulort ist. Gerade außerhalb des FsgE stellen wir immer wieder fest, dass wenig Kenntnis darüber herrscht, wer hier wie und unter welchen Bedingungen was lernt. Gerade im Zusammenhang mit den anstehenden Fragen der Inklusion der Schüler mit dem FsgE ist dies bedeutsam.

Aber auch die Schulleiter, die Schulverwaltung sowie die Politik sind auf verlässliche Daten angewiesen, wenn sie verantwortliche Entscheidungen treffen sollen. Wir hoffen sehr, dass wir vom Umfang und vom Inhalt her ein Maß gefunden haben, um diese Diskussionen und Prozesse nachhaltig zu unterstützen.

Empirische Forschung mit Menschen mit geistiger Behinderung ist nicht einfach. Es handelt sich um eine Gruppe mit größtmöglicher Heterogenität, und viele von ihnen befinden sich in extremen Lebenslagen. Gruppenvergleiche, Normen usw. sind in der Regel weder möglich noch hilfreich, oftmals auch gefährlich, weil sie Diskriminierungen befördern und verfestigen können. Auch forschungsmethodisch gibt es zahlreiche Probleme, die wir in den einzelnen Kapiteln diskutieren. Und schließlich gibt es selbst für den FsgE immer wieder Tendenzen, schulisches Lernen mit outputorientierten Bildungsstandards zu objektivieren – ein Unterfangen, das gerade bei dieser Schülergruppe als äußerst problematisch erscheint, insbesondere wenn man bedenkt, wie solche Standards für Schüler mit schweren Behinderungen formuliert und erhoben werden sollten. Wir haben uns an anderer Stelle mit weiteren Kollegen zu diesem Thema bereits geäußert (Musenberg/Riegert/Dworschak/Ratz/Terfloth/Wagner 2008). Selbstverständlich soll die vorliegende Studie zu alledem nicht beitragen. Sämtliche Forschungsfragen sind daraufhin mehrfach sehr kritisch betrachtet worden. Dennoch sind wir der Meinung, dass verlässliche und verantwortliche Daten dieser Personengruppe durchaus zugutekommen und hilfreich dabei sein können, die Qualität der Institutionen zu verbessern und die Politik sowie Außenstehende zu informieren und zu sensibilisieren.

Ein solches Forschungsprojekt, das von mehreren Universitätsstandorten aus gelenkt und bearbeitet wird, kann nur mit großem Aufwand und mit Hilfe Dritter erfolgreich sein. Wir möchten an dieser Stelle dem Bayerischen Staatsministerium für Unterricht und Kultus, namentlich MR Erich Weigl, für die Unterstützung und die finanzielle Förderung des Projektes danken. Des Weiteren möchten wir uns bei Prof. Dr. Helmut Küchenhoff und seinem Team (LMU München) für die Unterstützung bei Fragen der Stichprobengestaltung und Statistik bedanken. Ramona Micheli und Julia Stöckel danken wir für die hervorragende Unterstützung bei der umfänglichen Dateneingabe in SPSS. Außerdem danken wir Johannes Riedlberger ganz herzlich für sein Engagement bei der Gestaltung des Manuskriptes. Weiterhin haben Lena Hofmann, Sabine Kumberger und Kaya Leipold in ihren Abschlussarbeiten wichtige Aspekte beigetragen.

Abschließend gilt es denen zu danken, ohne die es gar keine Daten gegeben hätte. Wir möchten den beteiligten Schulen, den Schulleitern und Lehrern ganz herzlich danken, die viel Mühe auf sich genommen haben um die Vollerhebung an den Schulen zu ermöglichen. Außerdem danken wir den Eltern für ihr Vertrauen und das Einverständnis, dass die Lehrkräfte uns diese Informationen zur Verfügung stellen durften. Wir freuen uns auf einen regen Austausch über die Ergebnisse der vorliegenden Studie.

Landau, München und Würzburg im Oktober 2011 Die Herausgeber

Musenberg, Oliver/Riegert, Judith/Dworschak, Wolfgang/Ratz, Christoph/Terfloth, Karin/ Wagner, Michael (2008): In Zukunft Standard-Bildung? Fragen an unsere Disziplin. In: Sonderpädagogische Förderung heute 53 (3), 306–316.

Christoph Ratz & Wolfgang Dworschak

Zur Anlage der Studie SFGE

Die Studie »Schülerschaft im Förderschwerpunkt geistige Entwicklung« (SFGE) wurde in Kooperation der Universitäten Würzburg, München und Koblenz-Landau durchgeführt. Die Planung der Studie begann 2008 und nun kann mit diesem Forschungsbericht ein vorläufiger Abschluss präsentiert werden. Im Mittelpunkt der Studie und dieses Buches steht die Schülerschaft mit dem Förderschwerpunkt geistige Entwicklung (FsgE). Die Studie soll sowohl über medizinische, soziobiografische und bildungsbiografische Aspekte als auch über unterrichtsrelevante Kompetenzen und Aspekte des Verhaltens und Erlebens dieser Schüler berichten. Bevor auf das methodische Design der Studie SFGE eingegangen wird, soll die Ausgangssituation sowie die Frage- und Zielstellung des Projektes kurz skizziert werden.

1 Ausgangssituation, Fragestellung und Zielsetzung von SFGE

Das »Förderzentrum, Förderschwerpunkt geistige Entwicklung« (FzgE), oder, wie es zunächst und lange Jahre in Bayern hieß, und noch heute in einigen Bundesländern heißt, die »Schule für Geistigbehinderte«, ist die jüngste Schulart in Deutschland. Abgesehen von einzelnen Vorläufern (vgl. z. B. Möckel 2007) oder nicht ganz eindeutigen Zuständigkeiten, beginnt ihre Geschichte in der Nachkriegszeit und hängt eng mit der Gründung der Elternvereinigung Lebenshilfe zusammen. Die Entwicklung ist schnell erzählt: Es gab an immer mehr Orten Sonder-Klassen, teils an Förderschulen, teils an Grundschulen, bis in den 1970er-Jahren ein flächendeckender Ausbau stattfand mit vielen Schulgründungen der allermeisten heutigen Schulen in Bayern, überwiegend in privater Trägerschaft aber in staatlichem Auftrag. Die Schulpflicht für Kinder und Jugendliche mit einer sogenannten geistigen Behinderung wurde in den einzelnen Bundesländern ebenfalls ab den 1970er-Jahren eingeführt, und bis sie auch für Schüler mit schweren und mehrfachen Behinderungen galt, vergingen weitere zehn Jahre. Spätestens seit Mitte der 1980er-Jahre ist es überall in Deutschland selbstverständlich, dass Kinder und Jugendliche mit »geistiger Behinderung« schulpflichtig sind, und sich eine entsprechende Schule mindestens in jedem Landkreis findet.

Mit den KMK-Empfehlungen 1994 (Drave 2000) kam der neue Name »Förderschwerpunkt geistige Entwicklung« (in Bayern nach einer kurzen Phase als »Schule zur individuellen Lebensbewältigung«). Spätestens damit gab es eine amtliche Begründung, dass Kinder und Jugendliche mit dem Förderschwerpunkt geistige Entwicklung auch in anderen Schulen eingeschult und unterrichtet werden konnten, sei es in Regelschulen oder in anderen Förderschularten. Vor allem mit dem Förderschwerpunkt körperliche und motorische Entwicklung gibt es seither eine immer stärkere Überschneidung; es gibt Schulen dieses Förderschwerpunktes, in denen ein großer Anteil der Schüler ebenfalls dem Förderschwerpunkt geistige Entwicklung zugeordnet wird.

Neben den Institutionen und den KMK-Empfehlungen stellen die Lehrpläne eine weitere entscheidende Entwicklungslinie dar. Die KMK-Empfehlungen von 1980 hatten in ganz Deutschland eine recht einheitliche Ausgangssituation geschaffen, manche Bundesländer übernahmen diese direkt als Lehrplanersatz, andere schufen in enger Abstimmung einen Lehrplan, wie in Bayern (vgl. Bayer. Staatsministerium 1982). Seit diesem Zeitpunkt ist die Entwicklung der Schulart in Deutschland immer heterogener, sowohl was die Affinität zur Integration betrifft als auch die Personalpolitik und die Entwicklung der Institution selbst als Halb- oder Ganztagsangebot (Verhältnis von Sonderschullehrern, Heilpädagogen, Sozialpädagogen usw.) – in Bayern gab und gibt es nach wie vor eine Sondersituation mit den »heilpädagogischen Tagesstätten«, die an allen Förderzentren des Förderschwerpunktes geistige Entwicklung bestehen. In Bayern hat es trotz des Schulversuchs »Integration durch Kooperation« (Schor/Eberhardt 1994) ein eindeutiges Bekenntnis zu dieser Schulart gegeben, ihr Ausbau wurde konsequent weiter betrieben. Der Lehrplan von 2003 bestätigte und forcierte dies (Bayer. Staatsministerium 2003). Der Standard der Schulart wurde mit diesem Lehrplan erhöht, aber auch das Ziel einer umfassenderen gemeinsamen Beschulung mit anderen Schülern war ein zentrales Ziel. Vor allem die Stellung der Kulturtechniken wurde in den Vordergrund gehoben, und dieser Lehrplan wurde, das kann ohne Übertreibung behauptet werden, zum Maßstab für Deutschland, in einigen Bundesländern gilt er sogar unverändert. Auch der derzeit jüngste Lehrplan aus Baden-Württemberg weist viele Parallelen zu ihm auf (Ministerium Baden-Württemberg 2009). Ein Wesenszug dieses Lehrplanes und der Pädagogik und Didaktik dieser Schulen sind eine konsequente und verstehende Sicht auf den einzelnen Schüler und der Verzicht auf eine vergleichende Leistungsbewertung. Eine konstruktivistische Grundhaltung wird offen vertreten und dem Lehrplan zugrunde gelegt. Diese konsequente und zutiefst pädagogische Einstellung unterscheidet den FsgE zunehmend von den anderen Schularten, die sich von den großen Bildungsstudien getrieben, immer stärker auf Bildungsstandards beziehen müssen, gegen die sich der FsgE erfolgreich gewehrt hat (vgl. Musenberg/Riegert/Dworschak/Ratz/Terfloth/Wagner 2008).

Seit einigen Jahren wird nicht nur von Kollegen und Verantwortlichen aus der Praxis das subjektive Gefühl geäußert, die Schülerschaft im FsgE habe sich verändert (vgl. Fornefeld 2004, 104; Ulbrich/Mohr/Fröhlich 2006, 218). In den vergangenen Jahren ist das Wissen um die Ursachen für geistige Behinderung erheblich umfangreicher geworden (vgl. Neuhäuser/Steinhausen 2003; Najmabadi et al. 2011; vgl. auch den Beitrag 4 in diesem Band), aber auch die Sicht auf die Auswirkungen prekärer Familiensituationen ist bewusster geworden (vgl. Beitrag 2), außerdem wird eine Zunahme von Verhaltensstörungen wahrgenommen. Der Wunsch nach einer Versachlichung dieser wahrgenommenen Veränderung wird daher vielfach geäußert.

Die Umsetzung von integrativen bzw. inklusiven Ansprüchen für Schüler des Förderschwerpunktes geistige Entwicklung ist in Deutschland wie erwähnt sehr unterschiedlich verlaufen. Als das vorliegende Forschungsprojekt SFGE ab 2008 geplant wurde, wurde in Bayern mit 2,3 % nur ein sehr geringer Anteil der Schüler integrativ beschult (KMK 2010a, 28, 56; eigene Berechnungen). Dennoch gab es vielfältige Kontakte zu angrenzenden Schularten und vielfältige kooperative Initiativen (z. B. Außenklassen). Lehrkräfte und Verantwortliche in Schulleitungen und Schulverwaltung machen dabei häufig die Erfahrung, dass außerhalb dieser Schulen wenig bekannt ist darüber, welche Schüler im FsgE unterrichtet werden, was sie lernen und wie gearbeitet wird.

Aber auch die Didaktik im Förderschwerpunkt geistige Entwicklung hat sich entwickelt. Die Grundlagenwerke von Dieter Fischer (1981) und Mühl (1981) haben die Schulart sehr geprägt (vgl. Ratz 2011, 10ff.), und auch jüngere Lehrwerke bezogen sich lange auf sie (z. B. Straßmeier 1997 und Pitsch 1999). Zuletzt wurde der Konstruktivismus immer stärker betont (vgl. Wagner 2000; Fischer 2008). Diese Entwicklung fordert von den Lehrkräften die Individualisierung, auf die sich diese Schulart wie beschrieben auch eingestellt hat, und die sie sehr ernst nimmt (vgl. Ratz 2005).

Damit ist eine Situation beschrieben, in der die Schulen eine sehr intensive pädagogische und didaktische Arbeit leisten, die sich aber so grundsätzlich von der anderer Schularten unterscheidet, dass sie Gefahr läuft, nicht verstanden und nicht gesehen zu werden. Gerade angesichts der durch die Novellierung des BayEUG (2011) sich voraussichtlich erhöhenden Zahl an integrativ bzw. inklusiv beschulten Schülern im FsgE erscheint es dringend notwendig, eine auf empirischer Grundlage gesicherte Bestandsaufnahme hinsichtlich der Schülerschaft und deren charakteristischen Merkmalen zu schaffen, um den Kollegien in den Regelschulen wichtige Informationen für den gemeinsamen Unterricht an die Hand zu geben.

Diese Situation wurde in SFGE aufgegriffen, um den Blick, der aus guten Gründen auf den einzelnen Schüler gerichtet ist, auf das System »Förderschwerpunkt geistige Entwicklung« als Ganzes zu lenken. Was für Schüler werden dort unterrichtet? In welchen Familien leben sie? Wie sind ihre Lernausgangsbedingungen? Was haben sie gelernt? Und welches Verhalten zeigen sie?

Die Studie SFGE verfolgt das Ziel, Antworten aus diese Fragen zu geben. Es scheinen uns wichtige Informationen zu fehlen, die nötig sind für die zukünftige Gestaltung und Entwicklung der Schulart, für die Diskussion um die Möglichkeiten einer inklusiven Beschulung und einer Information für Lehrkräfte, die sich auf inklusive Beschulung mit Schülern des FsgE neu einlassen, für die Ausbildung der Lehrkräfte, für die Entwicklung des Bildungsauftrages und der Didaktik und schließlich auch für Entscheidungen über die personelle und sächliche Ausstattung der Schulen.

Da die Situation in den einzelnen Bundesländern so verschieden ist und andererseits alle Beteiligten zu Beginn des Forschungsprojektes an Bayerischen Universitäten lehren, wurde die Studie vorerst auf Bayern beschränkt. Auch forschungsmethodisch war dies eine wichtige Entscheidung, da die Genehmigungsvorgänge in den einzelnen Bundesländern sehr unterschiedlich sind. Ein Übertrag auf die Situation in anderen Bundesländern ist an manchen Stellen sicher möglich, an anderen schwierig. Eine nachfolgende Studie, die Vergleiche zu anderen Bundesländern zieht, ist deshalb in Planung.

2 Zum Forschungsstand

Eine mit SFGE vergleichbare Untersuchung liegt unseres Wissens nicht vor. Allerdings sind aus den unterschiedlichen Förderschwerpunkten einzelne Arbeiten bekannt, die ebenfalls die Beschreibung der Schülerschaft eines bestimmten Förderschwerpunktes intendieren. Hier sollen die Arbeiten kurz skizziert werden, die den Personenkreis von SFGE tangieren.

Ein Beitrag zur Prävalenz schwermehrfachbehinderter Schüler an der Schule für Körperbehinderte (heute: Förderzentrum, Förderschwerpunkt körperlich-motorische Entwicklung, FzkmE) liegt von Wehr-Herbst (1997) vor. Die im Schuljahr 1994/95 bundesweit durchgeführte Fragebogenuntersuchung (Vollerhebung) analysierte die Zusammensetzung der Schülerschaft an der Schule für Körperbehinderte und deren Bildungsgänge ($N_{Schulen}$ = 114, $N_{Schüler}$ = 16.194). Dabei wurden auch schwermehrfachbehinderte Schüler sowie körperbehinderte Schüler berücksichtigt, die nach dem Lehrplan der Schule für Geistigbehinderte unterrichtet werden. Hierbei zeigt sich, dass die Prävalenzen dieser Schülergruppen an der Schule für Körperbehinderte deutlich differieren. Machen diese Gruppe zusammen bspw. in Hessen, Rheinland-Pfalz und Baden-Württemberg über 40 % der Schülerschaft aus, sind es in Niedersachsen unter 20 % (vgl. ebd., 318). In 20 Schulen der Stichprobe (17,5 %) stellt die Gruppe der körperbehinderten geistigbehinderten Schüler sogar die größte Schülergruppe dar, in weiteren rund 30 % der Schulen ist sie die zweitgrößte Gruppe (vgl. ebd., 318f.).

Holtz/Nassal (1999) haben im Zusammenhang mit der Neustandardisierung des Heidelberger Kompetenzinventars eine bundesweite epidemiologische Analyse zur Zusammensetzung der Schülerschaft an Schulen für Geistigbehinderte vorgelegt, die ebenfalls auf Schüler mit schweren und schwersten Behinderungen fokussierte (N = 18.373). Nach freier Einschätzung der Schulen beträgt der Anteil von Schülern mit schwerer und schwerster Behinderung an allen Schülern in den Schulen für Geistigbehinderte bundesweit 33,7 %, und in Bayern 29,4 % (ebd., 93). Die Autoren weisen außerdem darauf hin, dass die Beschulung von Schülern mit körperlich-motorischer *und* schwerster geistiger Beeinträchtigung in den einzelnen Bundesländern sehr unterschiedlich gehandhabt wird. In Bayern stellen Schüler mit schwersten geistigen Beeinträchtigungen 16,7 % der Schülerschaft in den FzgE und 15,4 % der Schülerschaft in den FzkmE dar (ebd., 94).

Eine aktuelle, längsschnittlich angelegte Studie zur Entwicklung der Schülerschaft am Förderzentrum mit dem Förderschwerpunkt körperlich-motorische Entwicklung (FzkmE) in Bayern haben Lelgemann/Fries (2009) vorgelegt (N = 3.245). Sie gingen unter anderem der Frage nach, welche »Lerngruppenzugehörigkeit« (ebd., 217) die Schüler in den FzkmE aufweisen, d. h. nach welchen Richtlinien sie unterrichtet werden. Die ermittelten Zahlen schwanken dabei beträchtlich, der Anteil der Schüler mit dem FsgE in den FzkmE betrug in ihrer Grunderhebung 2004/05 42,51 %, bei den neu aufgenommenen Schülern in den Folgejahren schwankt der Anteil um die 30 % (ebd.). Die Autoren vergleichen dies mit einer ähnlichen, 25 Jahre älteren Untersuchung von Haupt, in der dieser Anteil lediglich 18,5 % betragen hatte (ebd.).

Insgesamt hat die »Förderquote«, also der Anteil der Schüler, die im FsgE unterrichtet werden, gemessen an der Gesamtschülerzahl aller Schularten, in den letzten 15 Jahren bundesweit erheblich zugenommen, was aus dem Bildungsbericht der Bundesregierung 2010 hervorgeht (vgl. Autorengruppe Bildungsberichterstattung 2010). Er stieg von um die 0,5 % im Jahre 1992 auf ca. 0,9 % im Jahr 2008, und hat sich damit fast verdoppelt (ebd., 71). Diese steigende Tendenz verdeutlicht ebenfalls die Notwendigkeit einer aktuellen systematischen Beschreibung der Schülerschaft in diesem Förderschwerpunkt.

Die vielfältigen Forschungsstände zu den einzelnen inhaltlichen Aspekten werden in den jeweiligen Kapiteln aufgegriffen und beschrieben.

3 Erhebungsinstrument

Im Gegensatz zu vielen Forschungsarbeiten in der Geistigbehindertenpädagogik, die aufgrund des beschriebenen individuellen Zugangs qualitativ gestaltet sind (z. B. Ratz 2009), erfordert die hier beschriebene Zielsetzung ein empirisch-quantitatives Vorgehen.

Wie können Daten über Schüler im FsgE erhoben werden? Die Sammlung von relevanten Fragestellungen ergab, dass es sich um sehr unterschiedliche Daten handelt, die die beschriebene Zielsetzung erfordert. Sie beziehen sich auf die Situation der Familie (Migration, Muttersprache, soziale und ökonomische Stellung), die Bildungsbiografie des Schülers (Schullaufbahn), diagnostische Fragen (Umfang der Intelligenzbeeinträchtigung nach ICD-10, medizinische Diagnosen, Pflegebedarf, Verhalten) und schulbezogene Fragen (Sprache, Kommunikation, Schriftspracherwerb und mathematische Fähigkeiten). Für alle diese Fragestellungen gibt es einzelne Disziplinen, die dies erforschen, mit unterschiedlichen Methoden. Auch die Adressaten der Fragen sind in einschlägigen Studien unterschiedlich: Die Eltern, wenn es um soziokulturelle Fragen geht, die Lehrkräfte, wenn es um Fragen des Unterrichts oder der Schullaufbahn geht und schließlich die Schüler direkt, deren Schulleistungen üblicherweise in normierten Verfahren eigens erhoben werden. All dies musste für die vorliegende Studie verworfen werden, teilweise aus datenschutzrechtlichen, teilweise aus forschungsmethodischen Gründen (Zeit, Aufwand). Der Hauptgrund ist jedoch ein anderer: Bei Schülern im Förderschwerpunkt geistige Entwicklung handelt es sich um eine höchst heterogene Gruppe, hier sind auf der einen Seite Schüler mit schweren und mehrfachen Behinderungen betroffen, auf der anderen Seite Schüler, die keine kognitive Beeinträchtigung aufweisen, sondern aus verschiedenen anderen Gründen in diese Schulen überwiesen wurden. Und so gibt es auch keine normierten Verfahren, die für die gesamte Gruppe der Schüler im Förderschwerpunkt geistige Entwicklung zu Verfügung stünden. Dies wiederum ist ein großes Hindernis für die Forschungskultur in diesem Fach. Diese Situation hat Schuppener sehr treffend als »Forschungsdilemma der Geistigbehindertenpädagogik« bezeichnet (Schuppener 2005, 154).

Auf der anderen Seite gibt es im Förderschwerpunkt geistige Entwicklung aus forschungsmethodischer Sicht aber auch eine besondere Ressource: *Die Lehrkräfte*. Die Besonderheit als Ressource ergibt sich aus folgenden Gründen:

- Die Klassen an den Schulen, die nach dem Lehrplan des FsgE unterrichten (hierzu gehören auch z. T. die Schulen des FzkmE sowie des Förderschwerpunktes Sehen), sind aufgrund der intensiven pädagogischen Bedürfnisse der Schüler viel kleiner als Klassen an Regelschulen. In Bayern liegt der Teiler derzeit bei 12 im FsgE, der Durchschnitt im Schuljahr 2009/10 liegt bei 9,2 (Bayer. Staatsministerium 2010, 65), an den anderen Förderschularten, an denen Schüler mit FsgE unterrichtet werden, liegt er noch niedriger. Damit sind die Klassen am FzgE in Bayern zwar größer als in vielen anderen Bundesländern[1], dennoch so klein, dass sicher davon ausgegangen werden kann, dass die Lehrer ihre Schüler intensiv kennen.
- Hinzu kommt der oben formulierte Anspruch, eine individuelle Sicht auf die Schüler zu haben. Lernzielgleichheit ist im FsgE nicht vorgesehen, es ist selbstverständlich, dass man sich ein individuelles Bild der Schüler macht und dieses auch dokumentiert.
- Das ist auch deshalb nötig, weil die Planung des Unterrichts individualisiert erfolgt. Lehrkräfte machen sich unentwegt Gedanken, welche Inhalte sie den einzelnen Schülern auf welchem Niveau und mit welcher Methode anbieten.
- Das Klassenlehrerprinzip ist im FzgE in Bayern üblich, und mit ihm der Anspruch, die Schüler gut zu kennen und über das Unterrichtsfach hinaus pädagogisch zu arbeiten.
- Auch die Organisation als Ganztagsschule (vielerorts in Kombination mit der heilpädagogischen Tagesstätte), wie sie an fast allen Standorten realisiert wird, führt zu einem intensiveren Kontakt mit den Schülern als an anderen Schularten.

---

1 Eine Erhebung von Kulig/Theunissen (im Druck) zeigt, dass in Mecklenburg-Vorpommern der Schnitt bei 8,01 Schülern pro Klasse liegt, in Schleswig-Holstein bei 7,93, und in Baden-Württemberg lediglich bei 6,52; der Mittelwert in diesen drei Bundesländern liegt bei 7 Schülern pro Klasse.

Hier kommen Hobbys, Eigenarten aber auch medizinische Aspekte hinzu. Auch die Pausen verbringen die Lehrkräfte am FzgE zumeist mit ihren Schülern, da es zum Teil sehr besondere Aufsichtsprobleme gibt, die eine Hofpause oft verunmöglichen.

- Viele Schüler haben große Einschränkungen in der Kommunikation (vgl. Beitrag 6). Dies macht es nötig, engen Kontakt mit den Eltern zu halten, um über die Schüler etwas zu erfahren.
- Lehrkräfte im FsgE erfüllen auch vielfältige Beratungsfunktionen gegenüber den Eltern (vor allem pädagogische und sozialrechtliche Themen). Dies resultiert aus oftmals prekären Familiensituationen (vgl. Beitrag 2) und gehört zum Selbstverständnis als Förderzentrum. Auch die Therapieangebote werden von den Lehrkräften koordiniert und stellen weitere Informationsquellen und Verbindungspunkte zu den Familien dar.
- Die Lehrkräfte sind jedoch nicht nur im Hinblick auf die genaue Kenntnis ihrer Schüler Experten, sondern sie verfügen auch über das nötige Expertenwissen bzgl. der fachlichen Hintergründe der einzelnen Themen, die im Fragebogen angesprochen werden.

Im Forschungsprojekt SFGE wurde versucht, diese besondere Ressource zu nutzen, und deshalb die Entscheidung für einen Fragebogen für Lehrkräfte getroffen. Jeweils ein Fragebogen sollte von den Lehrkräften über jeden ihrer Schüler ausgefüllt werden. Auf diese Weise konnte das Wissen der Lehrer genutzt und gleichzeitig ein ökonomisches Verfahren entwickelt werden, ganze Klassen bzw. Schulen voll zu erheben (s. u.).

In 13 Blöcken werden Fragen überwiegend in geschlossener Form, also zum Ankreuzen, gestellt. Offene Fragen sind lediglich bei den Diagnosen enthalten. Eine möglichst einheitliche Struktur wurde eingehalten um die Orientierung zu erleichtern. Dennoch weicht die Art der Fragen in jedem Block leicht voneinander ab, da doch unterschiedliche fachliche und theoretische Hintergründe hinter jeder inhaltlichen Einheit stecken. Sie werden in den einzelnen Kapiteln dieses Bandes beschrieben. Zu zwei Blöcken werden kurze inhaltliche Informationen gegeben: Zur Intelligenzbeeinträchtigung nach ICD-10 werden die Stufen zitiert und die Quelle angegeben; zum Pflegebedarf wird der Hinweis gegeben, dass sich der Pflegebedarf im Verständnis der Pflegestufen aus der Körperpflege, der Ernährung und der Mobilität zusammensetzt, und Beispiele dazu gegeben, ebenso wie eine Internetquelle für weitere Informationen.

Der Fragebogen ist vollkommen anonymisiert, es sind keine Rückschlüsse auf die Schule oder die ausfüllende Lehrkraft möglich.

Der Erhebung waren zwei Pilotphasen vorgeschaltet, in denen Lehrkräfte, die mit den Universitäten in Kontakt stehen, den Fragebogen erprobten, und der daraufhin immer wieder überarbeitet wurde.

4 Stichprobendesign

In Bayern gab es im Schuljahr 2009/10

- 95 Förderzentren, Förderschwerpunkt geistige Entwicklung,
- 12 Förderzentren, Förderschwerpunkt körperliche und motorische Entwicklung, an denen auch nach dem Lehrplan FsgE unterrichtet wird,
- und 4 Förderzentren, Förderschwerpunkt Sehen, ebenfalls mit diesem Profil.

In der amtlichen Schulstatistik werden im Schuljahr 2009/10 insgesamt 11.074 Schüler im FsgE aufgeführt, demnach ergibt sich ein Durchschnitt von ca. 100 Schülern pro Schule. Schüler in Einzelintegration konnten aus forschungsmethodischen Gründen nicht berücksichtigt werden. Die Zielsetzung für SFGE war, eine Aussagekraft der Daten zu erreichen, die als repräsentativ für Bayern zu bezeichnen ist. Aus diesem Grund wurde in Zusammenarbeit mit dem statistischen Beratungslabor der LMU München (Prof. Dr. Küchenhoff) ein entsprechendes Stichprobendesign entwickelt.

Als Methode der Stichprobenziehung fiel die Entscheidung auf die geschichtete Clusterstichprobe (vgl. Kauermann/Küchenhoff 2011, 137ff.). Dieses Verfahren wählt nicht einfach einen bestimmten Prozentsatz der Grundgesamtheit zufällig aus, sondern gestaltet die Zufallsauswahl anhand von Variablen, sogenannten »Schichtvariablen«, die aus fachlicher Sicht die Grundgesamtheit strukturieren. Drei solcher Schichtvariablen wurden bestimmt: die Schulkonzeptionen, die sieben Regierungsbezirke in Bayern, und die Siedlungsstruktur des Schulstandortes bzw. seines Sprengels (s. u.). Die »Cluster« sind jeweils ganze Schulen, die durch dieses Verfahren ausgewählt werden und dann vollerhoben werden.

Schulkonzeptionen

Wie erwähnt besuchen in Bayern Schüler mit dem FsgE verschiedene Förderschularten. Ausgeklammert wurden dabei Schüler in Einzelintegrationssettings, denn sie zu finden wäre technisch wie auch datenschutzrechtlich kaum möglich gewesen, außerdem sind es mit 252 Schülern im Schuljahr 2009/10 nur wenige, die insgesamt etwas über 2,2 % der Schülerschaft ausmachen (KMK 2010b, 5; KMK 2010c, 7; eigene Berechnungen). Schüler in Außenklassen gehören schulrechtlich nach wie vor zum FzgE und finden sich deshalb in Typ 1 bis 3 berücksichtigt (s. u.). Unterschieden wurden insgesamt fünf verschiedene Schulkonzeptionen:

1. Einzelne Schulen stellen sich in besonderer Weise auf Schüler mit schweren und schwersten Behinderungen ein. Es sind nicht viele, aber ihre pädagogischen und didaktischen Ausrichtungen stellen sich hierauf ein, sie unterscheiden sich dadurch wesentlich von den anderen Schularten mit dem FsgE.
2. Das »klassische« Förderzentrum, Förderschwerpunkt geistige Entwicklung, mit einer sehr heterogenen Schülerschaft.
3. Vor allem im Raum München gibt es auch Schulen, die sich auf Schüler einstellen, die in den Worten Dieter Fischers als »Übergangsform« der geistigen Behinderung

zu bezeichnen wären (Fischer 1981). Schüler, die oft Verhaltensproblematiken aufweisen und deren kognitive Beeinträchtigung am oberen Rand des FsgE einzuschätzen ist und die gegenüber anderen Problemen eventuell auch nachrangig ist.

4. Erwähnt wurden bereits die FzkmE, die zu sehr unterschiedlichen Anteilen Schüler nach dem Lehrplan FsgE unterrichten, manche gar nicht, andere mit bis zu zwei Dritteln ihrer Schüler (s. u.).
5. Auch manche Schulen im Förderschwerpunkt Sehen nehmen Schüler mit dem FsgE auf. Dies sind überwiegend Schüler mit sehr intensiven Behinderungen und hohem Pflegeaufwand, die oft stationär untergebracht sind.

Die »Schicht« »Schulkonzeption« wurde zunächst disproportional gezogen, damit die kleineren Gruppen nicht einer zufälligen Vereinseitigung zum Opfer fallen, und später gewichtet.

Regierungsbezirke

Die sieben Regierungsbezirke in Bayern (Ober- und Niederbayern, Oberpfalz, Schwaben, Ober-, Mittel- und Unterfranken) stellen eine schuladministrative Einteilung in Bayern dar. Sie haben jeweils recht autarke Schulverwaltungen, die durchaus unterschiedliche Schwerpunkte setzen. Um einen für Bayern repräsentativen Anspruch zu erfüllen stellen sie einen wichtigen Aspekt dar.

Die »Schicht« »Regierungsbezirke« wurde proportional gezogen, d. h. im Verhältnis zu ihrem tatsächlichen Auftreten.

Siedlungsstruktur

Es ist offensichtlich, dass die Bedingungen an den Schulen im FsgE in entscheidender Weise auch davon abhängen, ob sie in einem ländlichen Gebiet oder in einer Großstadt wie München liegen. Bayern als Flächenstaat weist die ganze Bandbreite an Siedlungsstrukturen auf, die überhaupt unterschieden werden. Aber wie kann das beziffert werden?

Das Bundesamt für Bauwesen und Raumordnung (BBR) bzw. das ihr untergeordnete Bundesinstitut für Bau-, Stadt- und Raumforschung (BBSR) leistet eine laufende Raumbeobachtung um die räumliche Entwicklung im Bundesgebiet mittels Indikatoren zu beobachten und zu analysieren. Die dazu notwendigen Daten werden in einem metadatengestützten Informationsmanagementsystem dokumentiert und laufend aktualisiert (BBR 2011a). Diese Siedlungsstruktur wird anhand von verschiedenen Systemen der Siedlungsstrukturtypen unterschieden, nach Gemeinden, Kreisen und Regionen: »Maßgebliche Merkmale sind dabei die Bevölkerungsdichte und die Größe bzw. zentralörtliche Funktion der Kerne von Regionen« (ebd.).

Das BBR bietet Daten über die Siedlungsstrukturen sowohl der Kreise als auch der Gemeinden an. Für eine Entscheidung, welche Einteilung herangezogen werden soll, muss der Einzugsbereich der Schulen mit in die Überlegungen einbezogen werden.

In jedem Landkreis gibt es mindestens ein FzgE, deshalb trifft die Einteilung nach Kreisen die Situation sehr genau.

Auch für die Kreise gibt es zwei Systeme der Einteilung, eine gröbere nach »Regionsgrundtypen« mit drei Stufen und eine feinere nach »Kreistypen« mit neun Stufen (BBR 2011b). Für die hier einzubringende »Schicht« ist die dreistufige Skala sinnvoller, da sie nahe beieinanderliegende Typen ausgleicht. Dies ist z. B. in Würzburg nötig, wo das FzgE sowohl für die Stadt als auch den Landkreis Würzburg zuständig ist. Stadt und Landkreis unterscheiden sich nach Kreistyp, aber nicht mehr nach Regionsgrundtyp. Die drei Regionsgrundtypen des BBR heißen »Agglomerationsraum«, »verstädterter Raum« und »ländlicher Raum« (ebd.), die Zuordnung der einzelnen Kreise zu diesen Regionsgrundtypen wird vom BBR veröffentlicht und wurde zuletzt am 31.12.2008 aktualisiert (BBR 2011c).

Die Schicht »Siedlungsstruktur« wurde als primäres Schichtmerkmal verwendet und proportional gezogen. Dann wurde nach dem Verfahren des Rejection-Sampling gesichert, dass die anderen Schichtmerkmale entsprechend berücksichtigt werden.

Das statistische Beratungslabor der LMU hat die Ziehung der Schulen in dieser Reihenfolge zufallsgesteuert durchgeführt und anschließend die gezogenen Schulnummern übermittelt. Mit 20 Schulen sollte ein Umfang von ca. 20 % der Grundgesamtheit der Schüler im FsgE in Bayern erreicht werden. Da auch dieses Verfahren keinen vollständigen Rücklauf garantiert, liegen mit abschließend 1.629 ausgefüllten Fragebögen Daten über ca. 15 % der Schülerschaft im FsgE in Bayern vor.

5 Datenerhebung und -verarbeitung

Der Fragebogen und die Zahl der Schulen wurden dem Bayerischen Staatsministerium für Unterricht und Kultus (StMuK) als Antrag für die Studie vorgelegt. Nach formaler, inhaltlicher und datenschutzrechtlicher Prüfung hat diese Behörde eine Genehmigung erteilt. In allen Regierungsbezirken wurden daraufhin die Schulleiter und die Schulaufsicht in Informationsveranstaltungen informiert und um Unterstützung gebeten. Des Weiteren wurden die Lehrer und Eltern detailliert informiert und um ihre Unterstützung gebeten. Dabei wurde von den Eltern schriftlich eine Einverständniserklärung eingeholt. Die Teilnahme war sowohl für die Lehrkräfte als auch für die Eltern freiwillig. Die eingehenden Fragebögen wurden von den Schulen gesammelt und ohne Hinweis auf die Schule an die Forschergruppe gesandt, was ein Zurückverfolgen der Bögen verunmöglichte. Die Fragebögen wurden in SPSS (PASW 18) eingegeben. Zur Vermeidung von Eingabefehlern wurden zwei Mal systematisch Wertebereichs- und Plausibilitätsprüfungen durchgeführt. Die weitere Aufbereitung der Daten, Berechnungen, Umkodierungen und die statistische Analyse wurden ebenfalls mit SPSS durchgeführt.

Im Vorfeld wurden die Daten allerdings angesichts der geschichteten und z. T. disproportionalen Stichprobenziehung unter Berücksichtigung des Rücklaufs der einzelnen Cluster vom Statistischen Beratungslabor der LMU München, Prof. Dr. Küchenhoff gewichtet und konnten somit dem Ziel der Studie gemäß – eine verallgemeinerbare Aussage für die Schülerschaft im Förderschwerpunkt geistige Entwicklung in Bayern zu ermöglichen – ausgewertet werden. Alle Variablen wurden zunächst deskriptiv analysiert. Hierfür wurden Häufigkeitsverteilungen berechnet, die zur besseren Darstellung über Tabellen oder Abbildungen visualisiert wurden.

Im Hinblick auf die interferenzstatistische Analyse kamen durchgängig nicht-parametrische Prüfungsmethoden zum Einsatz, da bei den meisten Variablen nicht von einer Normalverteilung ausgegangen werden kann. Zum Vergleich von Gruppen kam der Kruskal-Wallis-Test bzw. der Mann-Whitney-Test zum Einsatz. Bei allen Tests war das Signifikanzniveau a priori auf 5 % festgelegt. Signifikante Ergebnisse sind im Text unter der Angabe des steigenden Signifikanzniveaus mit $p < 0.05$, $p < 0.005$ bzw. $p < 0.001$ gekennzeichnet. Reliabilitätsanalysen erfolgten über die Berechnung von Cronbachs α.

6 Beschreibung der Stichprobe

Gemäß der geschichteten Clusterstichprobe (s. o.) wurden 20 Schulen nach den Kriterien

- Schulkonzeption,
- Regierungsbezirk und
- Siedlungsstruktur gezogen.

Innerhalb der Schulen erfolgte eine Vollerhebung. Die Rückläufe auf individueller Schulebene variierten zwischen 30 und 86 %. Der Rücklauf auf der Ebene der einbezogenen Gesamtschülerzahl kann mit 56 % angesichts der hohen Hürden durch datenschutzrechtliche Bestimmungen (Einverständnis der Eltern, Einverständnis der Schulleitung, Einverständnis der Lehrer) als gut bezeichnet werden.

Insgesamt konnten 1.629 gültige Fragebögen berücksichtigt werden. Die Stichprobe stellt sich im Einzelnen wie in den Tabellen 1–3 dargestellt dar.[2]

2 Zur Beschreibung der Stichprobe werden die Daten ungewichtet analysiert. Für die weitere Auswertung erfolgt jeweils die Analyse der gewichteten Daten.

Tab. 1: *Häufigkeiten in der Stichprobe von SFGE nach der Schichtvariable »Schulkonzeption« (ungewichtete Werte)*

Stichprobenanteile nach Schulkonzeption (s. o.)	Häufigkeit
Konzeption 1	17
Konzeption 2	1.337
Konzeption 3	102
Konzeption 4	106
Konzeption 5	67
Gesamt:	1.629

Tab. 2: *Häufigkeiten in der Stichprobe von SFGE nach der Schichtvariable »Regierungsbezirk« (ungewichtete Werte)*

Stichprobenanteile nach Regierungsbezirk	Häufigkeit
Oberbayern	525
Niederbayern	206
Schwaben	258
Oberpfalz	104
Oberfranken	119
Mittelfranken	144
Unterfranken	187
Gesamt:	1.629

Tab. 3: *Häufigkeiten in der Stichprobe von SFGE nach der Schichtvariable »Siedlungstyp« (ungewichtete Werte)*

Stichprobenanteile nach Siedlungstyp	Häufigkeit
Ländlicher Raum	742
Verstädterter Raum	557
Agglomerationsraum	330
Gesamt:	1.629

Die Stichprobe soll im Folgenden hinsichtlich des Alters, des Geschlechts, des Schulbesuchsjahres der Schüler und der besuchten Schulstufe beschrieben werden. Diese Darstellung verwendet im Folgenden gewichtete Häufigkeiten (s. o.)

Die Stichprobe für SFGE setzt sich aus 37,7 % weiblichen und 62,3 % männlichen Schülern zusammen. Ein Blick auf die Altersverteilung (vgl. Abb. 1) zeigt, dass die Anteile der Schüler nach Jahren zwischen 4,8 % und 9 % variieren. Ausnahmen dabei stellen die »jungen Schüler« mit 6 Jahren und die »alten Schüler« mit 20 und mehr Jahren dar. Die erste Gruppe erklärt sich über die große Zahl an Rückstellungen vor dem ersten Schulbesuchsjahr; die zweite Gruppe aus der Möglichkeit der Schulzeitverlängerung, die allerdings nur wenigen Schülern aus dem Förderschwerpunkt geistige Entwicklung offen steht. Insgesamt betrachtet sind die unterschiedlichen Jahrgänge daher annähernd gleichmäßig verteilt.

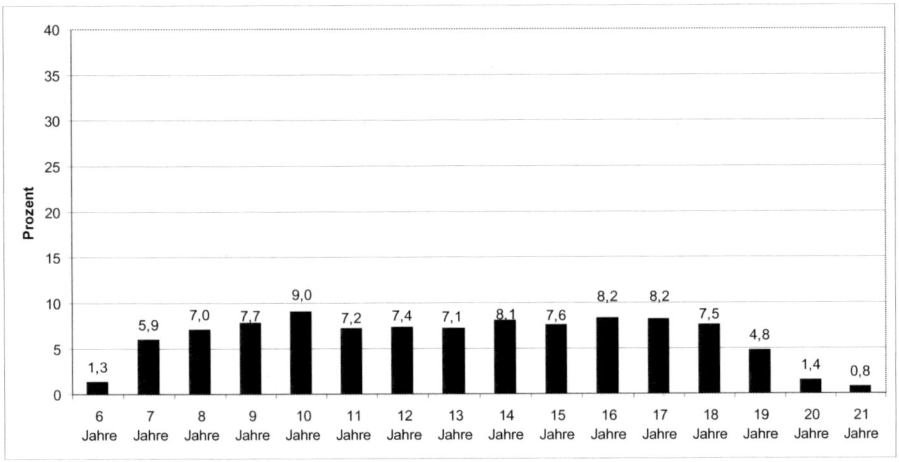

Abb. 1: Verteilung der Gesamtstichprobe nach Alter (n = 1.619)

Im Hinblick auf die Schulbesuchsjahre verteilen sich die Schüler ebenfalls annähernd gleichmäßig (vgl. Abb. 2). So variieren die Schüleranteile an der Gesamtstichprobe zwischen 7 und 10 %. Eine Ausnahme stellen die beiden ungewöhnlichen Schulbesuchsjahre 13 und 14 dar, wie bereits im Hinblick auf das Alter erläutert.

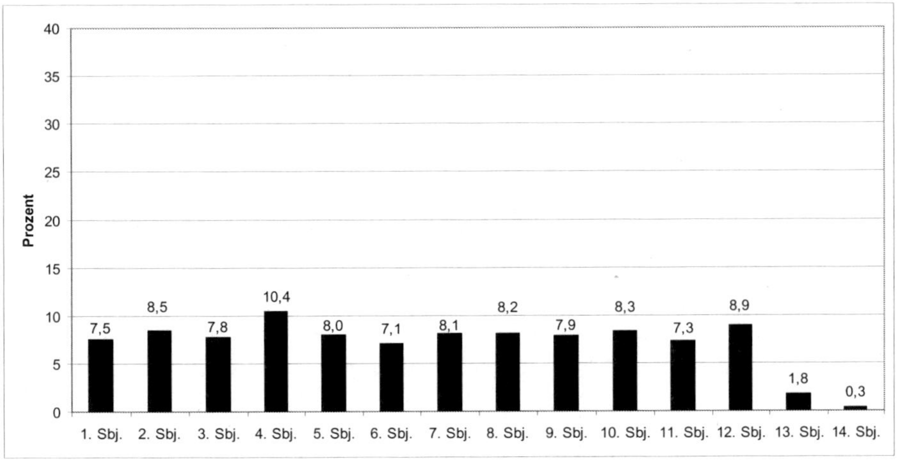

Abb. 2: Gesamtstichprobe nach Schulbesuchsjahren (n = 1.605)

Auch der Blick auf die Schulstufen ergibt ein ähnliches Bild (vgl. Abb. 3). Die Stichprobe teilt sich auf die Schulstufen folgendermaßen auf. Während ca. ein Drittel die Grundschulstufe besucht, sind es in der Hauptschulstufe knapp 40 % und in der Berufsschulstufe rund 26 %. Die auf den ersten Blick unterschiedliche Verteilung erklärt sich durch die unterschiedliche Anzahl an Jahrgängen pro Schulstufe. So setzt sich die Grundschulstufe aus den Schulbesuchsjahren 1–4, die Hauptschulstufe aus den Jahren 5–9 und die Berufsschulstufe aus den Jahre 10–12 (evtl. 13 und 14) zusammen. Berücksichtigt man diesen Aspekt, so werden die Schulstufen ebenfalls gleichmäßig berücksichtigt.

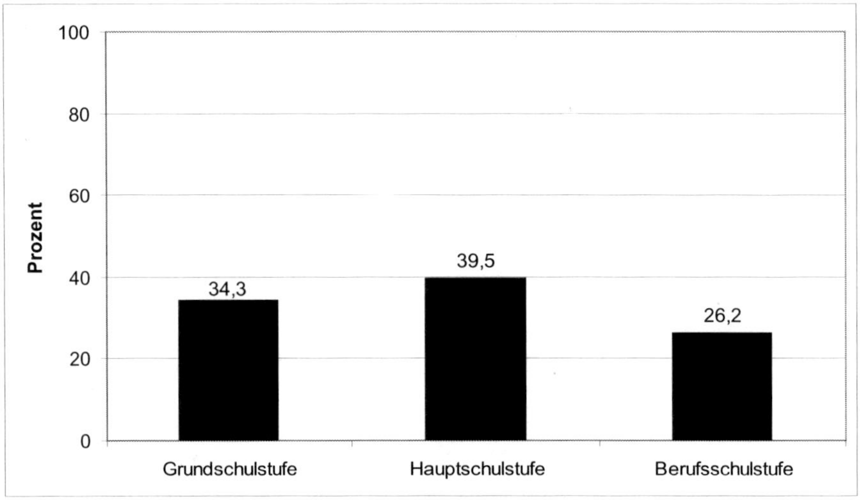

Abb. 3: Verteilung der Gesamtstichprobe von SFGE nach Schulstufen (n = 1.595)

7 Diskussion

Als entscheidendes Kriterium für die Güte der folgenden Studie dürfte die Gestaltung der Stichprobe und die damit verbundene Verallgemeinerbarkeit möglicher Aussagen gelten. So soll die Stichprobe an dieser Stelle mit der Grundgesamtheit im FsgE nach amtlicher Statistik anhand einzelner Aspekte verglichen werden.

Die Stichprobe für SFGE setzt sich aus 37,7 % weiblichen und 62,3 % männlichen Schülern zusammen. Nahezu identisch fällt die Geschlechtsverteilung für die Grundgesamtheit im FsgE aus, nämlich 38,6 % weibliche zu 61,4 % männliche Schüler (vgl. Bayer. Landesamt für Statistik 2010, 15).

Die Schulbesuchsjahre der Schüler, über die Daten in SFGE abgegeben wurden, verteilen sich ebenfalls in ganz ähnlicher Weise wie die der Grundgesamtheit der Schüler aus der amtlichen Statistik (Bayer. Landesamt für Statistik 2010; vgl. Abb. 4). In dieser werden alle Schulbesuchsjahre über 10 zusammengefasst. In der Vergleichsgrafik Abbildung 4 wurde dies mit den Daten aus SFGE zum besseren Vergleich nachempfunden. Auch diese Gegenüberstellung bestätigt die Stichprobe in SFGE.

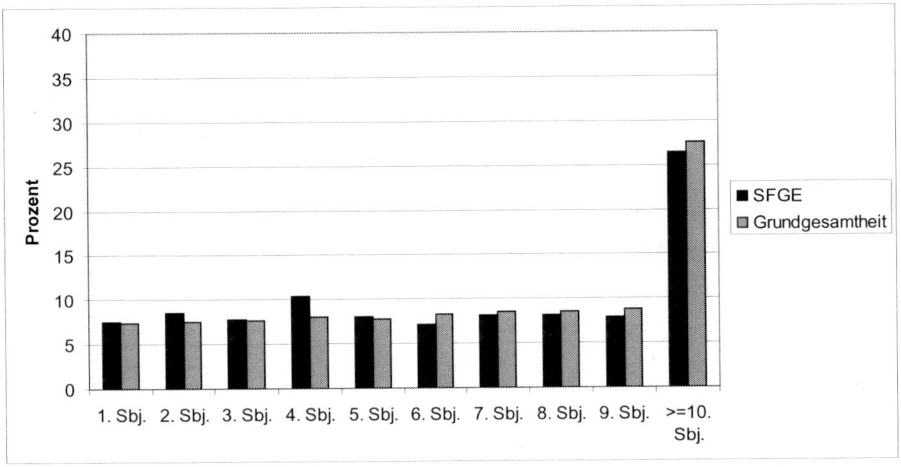

Abb. 4: Vergleich der Verteilung der Schüler auf Schulbesuchsjahre in SFGE (n = 1.605) und in der Grundgesamtheit in Bayern (Quelle: Bayer. Landesamt für Statistik 2010, 19; eigene Berechnungen)

Dies gilt auch für die Verteilung der Schülerschaft auf die Schulstufen. Während in SFGE 34,3 % der Grundschulstufe angehören, sind es in der Grundgesamtheit 30,5 %. Die Hauptschulstufe besuchen 39,5 % der SFGE-Stichprobe, in der Grundgesamtheit sind es 41,8 %. Und die Berufsschulstufe ist in SFGE mit 26,1 % vertreten, in der Grundgesamtheit mit 27,7 % (vgl. ebd., 19; eigene Berechnungen). So zeigt der Vergleich der Stichprobe nach Schulstufen mit den Daten der amtlichen Statistik, dass die gestaltete Stichprobe nach Gewichtung der Grundgesamtheit nahezu gleicht (vgl. Abb. 5).

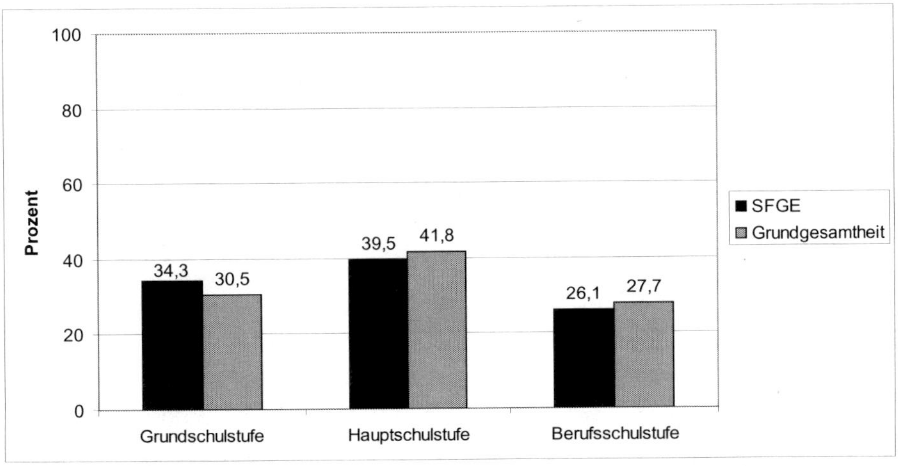

Abb. 5: Verteilung der Schülerschaft nach Schulstufen in SFGE (n = 1.595) und in der Grundgesamtheit in Bayern (Quelle: Bayer. Landesamt für Statistik 2010, 19; eigene Berechnungen)

Die Stichprobe in SFGE erlaubt somit aufgrund ihrer aufwendigen Gestaltung und den bestätigenden Vergleichswerten verallgemeinerbare, »repräsentative« Aussagen.

Die hier beschriebenen methodischen Entscheidungen müssen unter einigen Gesichtspunkten diskutiert werden:

So muss festgehalten werden, dass es sich in SFGE – wie in den anderen großen Bildungsstudien auch – um eine Querschnittbefragung handelt. Dies bedeutet, dass eine Momentaufnahme zum Erhebungszeitpunkt im Januar 2010 besteht. Auch wenn in vielen Fragestellungen dieses Bandes unterschiedliche Altersgruppen und Schulstufen vergleichend dargestellt werden, so stellt dies nicht eine Entwicklung dar, sondern nur den aktuellen Stand in diesen Gruppen. Eine Entwicklung kann so zwar projiziert werden, ist aber dennoch hypothetisch und nicht real. Dieser Querschnitt wird aber als Grundlage einer Follow-Up-Studie in einigen Jahren interessant, eine echte Längsschnittstudie ist dann aber dennoch nicht möglich, weil keine personenbezogenen Daten erhoben werden durften. »Echte« Längsschnittstudien sind derzeit aus datenschutzrechtlichen Gründen kaum möglich.

Als Erhebungsinstrument wurde ein Lehrerfragebogen eingesetzt. Die Gründe dafür sind erläutert worden und Alternativen stehen unseres Erachtens für den FsgE für eine solche Stichprobengröße nicht zur Verfügung. Auch wenn damit sowohl hinsichtlich der Fachlichkeit als auch hinsichtlich der Kenntnis der Schüler Experten befragt wurden, beruhen die Daten doch auf Wahrnehmungen und Interpretationen Dritter und sind nicht direkt erhoben wie z. B. in Schulleistungstests.

Literatur

Autorengruppe Bildungsberichterstattung (Hg.) (2010): Bildung in Deutschland 2010. Ein indikatorengestützter Bericht mit einer Analyse zu Perspektiven des Bildungswesens im demografischen Wandel. Konsortium Bildungsberichterstattung. [Bonn]: Kultusminister-Konferenz.

Bayer. Landesamt für Statistik (2010): Volksschulen zur sonderpädagogischen Förderung und Schulen für Kranke. Stand: 1.10.2009. Verfügbar unter: http://www.statistik.bayern.de/veroeffentlichungen/download/B1200C %20200900/B1200C %20200900.pdf [29.09.2011].

Bayer. Staatsministerium (Bayerisches Staatsministerium für Unterricht und Kultus) (Hg.) (1982): Lehrplan und Materialien für den Unterricht in der Schule für geistig Behinderte mit Abdruck der allgemeinen Richtlinien. München: Alfred Hintermaier.

Bayer. Staatsministerium (Bayerisches Staatsministerium für Unterricht und Kultus) (Hg.) (2003): Lehrplan für den Förderschwerpunkt geistige Entwicklung. München: Alfred Hintermaier.

Bayer. Staatsministerium (Bayerisches Staatsministerium für Unterricht und Kultus) (Hg.) (2010): Schule und Bildung in Bayern. Verfügbar unter: http://www.verwaltung.bayern.de/egov-portlets/xview/Anlage/4023425/Dokumentation %20Schule %20und %20Bildung %20in %20Bayern %202010.pdf [29.09.2011].

BBR (Bundesamt für Bauwesen und Raumordnung) (2011a): Laufende Raumbeobachtung – Raumabgrenzungen. Siedlungsstrukturelle Gebietstypen. Verfügbar unter: http://www.bbsr.bund.de/cln_032/nn_340582/sid_3EB091026919A759188C8D081A86B882/nsc_true/BBSR/DE/Raumbeobachtung/Werkzeuge/Raumabgrenzungen/SiedlungsstrukturelleGebietstypen/gebietstypen.html?__nnn = true [29.09.2011].

BBR (Bundesamt für Bauwesen und Raumordnung) (2011b): Laufende Raumbeobachtung – Raumabgrenzungen. Siedlungsstrukturelle Kreistypen. Verfügbar unter: http://www.bbsr.bund.de/cln_032/nn_21360/sid_3EB091026919A759188C8D081A86B882/nsc_true/BBSR/DE/Raumbeobachtung/Werkzeuge/Raumabgrenzungen/SiedlungsstrukturelleGebietstypen/Kreistypen/kreistypen.html [29.09.2011].

BBR (Bundesamt für Bauwesen und Raumordnung) (2011c): Zuordnung Kreise/Kreisregionen zu siedlungsstrukturellen Kreistypen. Verfügbar unter: http://www.bbsr.bund.de/cln_032/nn_21360/BBSR/DE/Raumbeobachtung/Werkzeuge/Raumabgrenzungen/SiedlungsstrukturelleGebietstypen/Kreistypen/download__Ref__2008__xls,templateId=raw,property=publicationFile.xls/download_Ref_2008_xls.xls [29.09.2011].

Drave, Wolfgang (Hg.) (2000): Empfehlungen zur sonderpädagogischen Förderung. Allgemeine Grundlagen und Förderschwerpunkte (KMK); mit Kommentaren. Würzburg: Ed. Bentheim.

Fischer, Dieter (1981): Neues Lernen mit Geistigbehinderten. Eine methodische Grundlegung. 2., überarb. Aufl. Würzburg: Vogel.

Fischer, Erhard (2008): Bildung im Förderschwerpunkt geistige Entwicklung. Entwurf einer subjekt- und bedarfsorientierten Didaktik. Bad Heilbrunn/Obb.: Klinkhardt.

Fornefeld, Barbara (2004): Einführung in die Geistigbehindertenpädagogik. München: Reinhardt.

Holtz, Karl L./Nassal, Angela (1999): Epidemiologische Analysen zur Zusammensetzung der Schülerschaft an Schulen für Geistigbehinderte. In: Zeitschrift für Heilpädagogik 50 (3), 90–98.

Kauermann, Göran/Küchenhoff, Helmut (2011). Stichproben: Methoden und praktische Umsetzung mit R. Heidelberg: Springer.

KMK (2010a): Sonderpädagogische Förderung in Schulen 1999 bis 2008. Verfügbar unter: http://www.kmk.org/fileadmin/pdf/Statistik/Dok_189_SoPaeFoe_2008.pdf [29.09.2011].

KMK (2010b): Sonderpädagogische Förderung in Förderschulen. 2009/10. Verfügbar unter: http://www.kmk.org/fileadmin/pdf/Statistik/Aus_Sopae_2009.pdf [29.09.2011].

KMK (2010c): Sonderpädagogische Förderung in allgemeinen Schulen. 2009/2010. Verfügbar unter: http://www.kmk.org/fileadmin/pdf/Statistik/Aus_SoPae_Int_2009.pdf [29.09.2011].

Lelgemann, Reinhard/Fries, Alfred (2009): Die Entwicklung der Schülerschaft an Förderzentren Körperliche und Motorische Entwicklung in Bayern. In: Zeitschrift für Heilpädagogik 60 (6), 213–223.

Kulig, Wolfram/Theunissen, Georg (im Druck): Verhaltensauffälligkeiten bei Schülerinnen und Schülern mit geistiger Behinderung. Forschungsergebnisse und Impulse für die Praxis. In: Ratz, Christoph (Hg.): Verhaltensstörungen und geistige Behinderung. Oberhausen: ATHENA-Verlag.

Ministerium Baden-Württemberg (Ministerium für Kultus, Jugend und Sport Baden-Württemberg) (Hg.) (2009): Bildungsplan Schule für Geistigbehinderte. Stuttgart.

Möckel, Andreas (2007): Geschichte der Heilpädagogik oder Macht und Ohnmacht der Erziehung. 2., völlig überarb. Neuaufl. Stuttgart: Klett-Cotta.

Mühl, Heinz (1981): Handlungsbezogener Unterricht mit Geistigbehinderten. 3. erg. Aufl. Bonn-Bad Godesberg: Dürr.

Musenberg, Oliver/Riegert, Judith/Dworschak, Wolfgang/Ratz, Christoph/Terfloth, Karin/Wagner, Michael (2008): In Zukunft Standard-Bildung? Fragen an unsere Disziplin. In: Sonderpädagogische Förderung heute 53 (3), 306–316.

Najmabadi, Hossein et al. (2011): Deep sequencing reveals 50 novel genes for recessive cognitive disorders. In: Nature Vol. 478, Number 7367, 57–63.

Neuhäuser, Gerhard/Steinhausen, Hans-Christoph (2003): Epidemiologie und Risikofaktoren. In: Neuhäuser, Gerhard; Steinhausen, Hans-Christoph (Hg.): Geistige Behinderung. Stuttgart: Kohlhammer, 9–23.

Ulbrich, Heike/Mohr, Lars/Fröhlich, Andreas (2006): An der Grenze. Mit welchen Problemen sehen sich Sonderschulen (über-)strapaziert? In: Zeitschrift für Heilpädagogik 57 (6), 218–226.

Pitsch, Hans-Jürgen (1999): Zur Didaktik und Methodik des Unterrichts mit Geistigbehinderten. 2. erg. u. überarb. Aufl. Oberhausen: ATHENA-Verlag.

Ratz, Christoph (2005): Didaktik im Förderschwerpunkt geistige Entwicklung. In: Ellinger, Stephan/Stein, Roland (Hg.): Grundstudium Sonderpädagogik. Oberhausen: ATHENA-Verlag, 209–231.

Ratz, Christoph (2009): Aktiv-entdeckendes Lernen im Mathematikunterricht bei Schülern mit geistiger Behinderung. Eine qualitative Studie am Beispiel von mathematischen Denkspielen. Oberhausen: ATHENA-Verlag.

Ratz, Christoph (2011): Zur Bedeutung einer Fächerorientierung. In: Ratz, Christoph (Hg.): Unterricht im Förderschwerpunkt geistige Entwicklung. Fachorientierung und Inklusion als didaktische Herausforderungen. Oberhausen: ATHENA-Verlag, 9–38.

Schor, Bruno J./Eberhardt, Hans (1994): Schulische Kooperation – ein wirkungsvoller Weg zur Integration. Erfahrungen und Erkenntnisse aus einem Schulversuch und einer empirischen Erhebung des Staatsinstituts für Schulpädagogik und Bildungsforschung. Donauwörth: Auer.

Schuppener, Saskia (2005): Selbstkonzept und Kreativität von Menschen mit geistiger Behinderung. Bad Heilbrunn/Obb.: Klinkhardt.

Straßmeier, Walter (1997): Didaktik für den Unterricht mit geistigbehinderten Schülern. München: Ernst Reinhardt.

Wagner, Michael (2000): Menschen mit geistiger Behinderung und ihre Lebenswelten. Ein evolutionär-konstruktivistischer Versuch und seine Bedeutung für die Pädagogik. 2., vollst. überarb. Aufl. Bad Heilbrunn: Klinkhardt.

Wehr-Herbst, Elisabeth (1997): Die heutige Schülerschaft in den Schulen für Körperbehinderte. In: Zeitschrift für Heilpädagogik 48 (8), 316–322.

Wolfgang Dworschak & Christoph Ratz

Soziobiografische Aspekte der Schülerschaft mit dem Förderschwerpunkt geistige Entwicklung

Nach Einschätzung der Autorengruppe Bildungsberichterstattung zeigt die Zusammensetzung der Schülerschaft an Förderschulen im Hinblick auf die Aspekte Geschlecht, soziale Lage und Nationalität im Vergleich zu Schülern an allgemeinen Schulen charakteristische Abweichungen (vgl. Autorengruppe Bildungsberichterstattung 2010, 72). Mit Blick auf die Förderschulen konnten jüngst überproportionale Schulbesuchsquoten für ausländische Schüler im Vergleich zu deutschen Schülern nachgewiesen werden (vgl. Kemper/Weishaupt 2011, 421f.). Auch im Zusammenhang mit den großen Bildungsstudien wie z. B. PISA wurde in Deutschland auf den Einfluss soziobiografischer Aspekte, vor allem Migrationshintergrund und soziale Lage, auf den Bildungsweg und den Bildungserfolg der Kinder hingewiesen. Dabei wird ein starker Zusammenhang zwischen sozialer Herkunft und Bildungsweg bzw. -erfolg ersichtlich (vgl. Koch 2010, 157).

1 Theoretischer Hintergrund und Forschungsstand

Im Bereich der Sonderpädagogik ist es besonders die Lernbehindertenpädagogik, die soziale Faktoren bei der Genese von (Lern-)Behinderung fokussiert (vgl. Koch 2004, 181f.). In der Geistigbehindertenpädagogik sieht man zwar auch einen Einfluss sozialer Faktoren, jedoch wird im Allgemeinen davon ausgegangen, dass jede geistige Behinderung eine organische Basis hat, also eine organische Schädigung zu Grunde liegt (vgl. Fornefeld 2004, 51; Speck 2005, 53). Jüngst hat eine Forschergruppe 50 neue genetische Ursachen für geistige Behinderung identifiziert (vgl. Najmabadi et al. 2011).

Die Bedeutung des Einflusses sozialer Faktoren auf die Genese von geistiger Behinderung wird unterschiedlich bewertet. Während im Zusammenhang mit schwerer geistiger Behinderung im Allgemeinen davon ausgegangen wird, dass deren Verursachung überwiegend auf organische bzw. genetische Faktoren zurückzuführen ist (vgl. Mehler-Wex/Warnke 2003, 131; Neuhäuser/Steinhausen 2003, 17; von Gontard 2003, 37), wird im Falle leichter geistiger Behinderung auch soziokulturellen Einflüssen eine entscheidende Rolle zugeschrieben (vgl. Neuhäuser/Steinhausen 2003, 17). So lässt sich bei leichter geistiger Behinderung deutlich häufiger (55 %) keine klare Aussage über die Ursache der Behinderung machen, als im Falle einer schweren geistigen Behinderung (18 %) (vgl. von Gontard 2003, 29). Jedoch gilt die vereinfachende Annahme, dass leichte geistige Behinderung überwiegend durch ungünstige soziale

Faktoren verursacht wird, heute als nicht mehr haltbar. »Soziodemografische und Umweltfaktoren sind als Ursache der geistigen Behinderung unbedeutend, wohl aber können sie vorhandene biologische Risiken modulierend beeinflussen« (ebd., 38). Dies unterstreicht die Notwendigkeit der Erfassung und Beschreibung soziobiografischer Aspekte auch im Hinblick auf die Schülerschaft im Förderschwerpunkt geistige Entwicklung. Allerdings finden sich in der Geistigbehindertenpädagogik im Gegensatz zur Lernbehindertenpädagogik nur vereinzelt Forschungsarbeiten zu sozialen Faktoren, wie z. B. der sozialen Lage der Familien (vgl. Neuhäuser/Steinhausen 2003, 21; Fornefeld 2004, 66).

In einer Übersichtsarbeit fasst Weiß Studien aus den 1970er-Jahren zusammen und stellt dabei zweierlei fest: Die Familien von Kindern mit geistiger Behinderung stammen aus allen sozialen Schichten der Bevölkerung, wobei Familien aus den unteren Schichten überproportional vertreten sind (vgl. Weiß 1985, 41; vgl. auch Cloerkes 2007, 96). Neuere Arbeiten zur sozialen Lage von Familien mit Kindern mit geistiger Behinderung stehen unseres Wissens nicht zur Verfügung.

Im Folgenden sollen ausgewählte soziobiografische Aspekte der Schülerschaft mit dem Förderschwerpunkt geistige Entwicklung beschrieben werden. Neben Fragen zu Geschlecht, Alter und Migrationshintergrund werden die Aspekte Familie und soziale Lage bzw. familiärer Wohlstand berücksichtigt.

1.1 Allgemeines

Das Geschlechterverhältnis an allgemeinen Schulen in Deutschland war im Schuljahr 2009/10 nahezu ausgeglichen. Während sich der Anteil der weiblichen Schüler auf 49,7 % belief, lag der Anteil der männlichen Schüler dementsprechend bei 50,3 % (vgl. Statistisches Bundesamt 2011a, 13; eigene Berechnungen). Betrachtet man den Förderschulbereich, fällt die Verteilung der Geschlechter deutlich ungleicher aus. Hier belief sich der Anteil weiblicher Schüler deutschlandweit auf 36,4 %, der Anteil der männlichen Schüler auf 63,6 % (vgl. ebd.). In Bayern lässt sich dieses Verhältnis für den Förderschulbereich in ähnlicher Weise finden. Hier lag der Anteil der Mädchen bei 37,2 % und der der Jungen bei 62,8 %. Für den Förderschwerpunkt geistige Entwicklung fallen die Zahlen fast identisch aus: 38,6 % Mädchen und 61,4 % Jungen (vgl. ebd., 189; eigene Berechnungen).

1.2 Ausländeranteil/Migrationshintergrund

Im Hinblick auf den Migrationshintergrund gibt es in Deutschland keine einheitliche Definition. Eine empirische Erfassung ist ohnehin nicht direkt, sondern immer nur als abgeleitete Variable möglich (vgl. Statistisches Bundesamt 2011b, 8). Je nach Begriffsverständnis müssen hier also mehrere und unterschiedliche Aspekte berücksichtigt werden.

Traditionell wird in der amtlichen Schulstatistik der Ausländeranteil festgehalten. Als ausländischer Schüler gilt ein Schüler, wenn er keine deutsche Staatsangehörigkeit besitzt. Diese Tatsache alleine ist aber weder notwendig noch hinreichend um einen Migrationshintergrund zu erklären. So gibt es spätestens seit der Neuregelung des Staatsangehörigkeitsgesetzes im Jahr 2000 eine große Zahl an Kindern und Jugendlichen, die zwar die deutsche Staatsangehörigkeit besitzen, deren soziokulturelle Wurzeln aber nicht in Deutschland liegen, sie so also über einen Migrationshintergrund verfügen. Denn nach § 4 Abs. 3 StAG kann ein Kind, dessen Eltern beide keine deutsche Staatsangehörigkeit besitzen, diese selbst erwerben, wenn es nach dem 1. Januar 2000 in Deutschland geboren wurde und wenn mindestens ein Elternteil zu diesem Zeitpunkt seit acht Jahren seinen gewöhnlichen rechtmäßigen Aufenthalt in Deutschland hat sowie ein unbefristetes Aufenthaltsrecht besitzt. »Im Jahr 2000 erhielt etwa die Hälfte der in Bayern geborenen Kinder mit ausländischen Eltern so die deutsche Staatsangehörigkeit« (ISB 2010, 3). In den Folgejahren sank die Zahl der Neueingeschulten ohne deutsche Staatsangehörigkeit kontinuierlich. Waren es 2005/06 noch 8 %, ging die Zahl bis zum Schuljahr 2009/10 auf 5 % zurück (vgl. ebd.).

Des Weiteren gibt es, wie diese Studie belegt (vgl. Kap. 3.2), eine gewisse Zahl an Kindern und Jugendlichen, die zwar nicht die deutsche Staatsangehörigkeit haben, die aber seit Geburt in Deutschland leben und deren soziokulturelle Wurzeln, z. B. deren Muttersprache, durchaus deutsch sind. Hiermit wird deutlich, dass eine ausländische Staatsangehörigkeit noch kein hinreichendes Merkmal für einen Migrationshintergrund darstellt. Dennoch sind in vielen Statistiken, vor allem in den Schulstatistiken der KMK, bis dato nur die ausländischen Schüler aufgeführt (vgl. KMK 2010). In der amtlichen Statistik des Bundes und der Länder werden als Personen mit Migrationshintergrund alle »nach 1949 auf das heutige Gebiet der Bundesrepublik Deutschland Zugewanderten, sowie alle in Deutschland geborenen Ausländer und alle in Deutschland als Deutsche Geborenen mit zumindest einem zugewanderten oder als Ausländer in Deutschland geborenen Elternteil« (Statistisches Bundesamt 2011b, 9) gezählt.

In vielen Studien dagegen, wie z. B. KiGGS (Studie zur Gesundheit von Kindern und Jugendlichen in Deutschland) oder HBSC (Internationale Kinder- und Jugendgesundheitsstudie der WHO), wird der Migrationshintergrund über folgende Aspekte operationalisiert: Ein zweiseitiger Migrationshintergrund wird angenommen, wenn das Kind 1. nicht in Deutschland geboren ist und 2. zusätzlich Vater und/oder Mutter nicht in Deutschland geboren sind. Bei fehlenden Angaben zum Geburtsland der Eltern wird alternativ die überwiegend in der Familie gesprochene Sprache gewertet. Ist diese nicht Deutsch, dann wird ebenfalls ein zweiseitiger Migrationshintergrund angenommen. Ein einseitiger Migrationshintergrund wird angenommen, wenn 1. das Kind und 2. ein Elternteil in Deutschland geboren sind, der andere Elternteil jedoch nicht (vgl. Erhart/Schenk/Ravens-Sieberer 2008, 144). In anderen Studien wird des Weiteren zwischen Migranten in der ersten und zweiten Generation unterschieden (vgl. Stanat 2009, 479).

Im Bildungsbericht Bayern wird Migration in Anlehnung an die amtliche Statistik über das Vorliegen mindestens *eines* der folgenden drei Merkmale bestimmt:

- »keine deutsche Staatsangehörigkeit,
- im Ausland geboren,
- überwiegend in der Familie gesprochene Sprache nicht Deutsch« (ISB 2009, 201).

Die unterschiedlichen Operationalisierungen verdeutlichen, wie schwierig es ist, vorliegende Studien und deren Ergebnisse miteinander zu vergleichen. Aus diesem Grund soll der Forschungsstand im Folgenden zum einen nur auf den Aspekt der Staatsangehörigkeit und zum anderen auf den Migrationshintergrund nach der Operationalisierung der amtlichen Statistik sowie des Bildungsberichtes Bayern vorgestellt werden, die auch dieser Studie zu Grunde liegt.

1.2.1 Ausländeranteil/keine deutsche Staatsangehörigkeit

Der Anteil an ausländischer Bevölkerung lag in Deutschland im Jahr 2008 bei 8,8 % (vgl. Statistische Ämter des Bundes und der Länder 2010, 12). In Bayern stellt sich die Situation ähnlich dar. Hier liegt der Ausländeranteil bei 9,4 % (vgl. ebd., 30).

Im Schuljahr 2009/10 betrug der Anteil ausländischer Schüler in Deutschland 8,6 %. Dabei verteilten sich die Schüler ungleich auf die verschiedenen Schularten. Während in den Förderschulen eine Quote von 13,7 % erreicht wurde, war es im Gymnasium lediglich eine Quote von 4,4 % (vgl. Statistisches Bundesamt 2011a, 203). In Bayern zeigt sich eine ähnliche Situation. Dort wurden insgesamt 7,1 % als ausländische Schüler erfasst. Der Anteil an der Förderschule betrug 10,7 %, im Gymnasium dagegen lediglich 3,9 % (vgl. ebd., 198)

Innerhalb der bayerischen Förderschulen ist der größte Anteil ausländischer Schüler mit 13,6 % im Förderschwerpunkt Lernen zu finden, gefolgt von den Förderschwerpunkten geistige Entwicklung mit 10,8 %, Sprache und Sehen mit rund 10 % sowie emotional-soziale Entwicklung mit 9,1 %. Weniger ausländische Schüler finden sich in den Förderschwerpunkten Hören (7,9 %) und körperlich-motorische Entwicklung mit 6,8 % (KMK 2010, 5; eigene Berechnungen).

Betrachtet man die ausländischen Schüler nach ihrem Herkunftsland, so zeigt sich – bezogen auf alle Förderschularten –, dass 82,4 % aus dem europäischen Ausland, weitere 10,8 % aus Asien, 4,4 % aus Afrika und 1,8 % aus Nord- und Südamerika kommen (vgl. Statistisches Landesamt 2010, 21; eigene Berechnungen).

1.2.2 Migrationshintergrund

Der Anteil an Menschen mit Migrationshintergrund lag in Deutschland im Jahr 2008 bei 19 %. Im Vergleich zum Ausländeranteil von 8,8 % also deutlich höher (vgl. Statistische Ämter des Bundes und der Länder 2010, 12). In Bayern stellt sich die Situation ähnlich dar. Hier liegt der Anteil an Menschen mit Migrationshintergrund bei 19,3 % während der Ausländeranteil 9,4 % ausmacht (vgl. ebd., 30).

Für Bayern kann auf der Grundlage des Bildungsberichtes von 2009 der Anteil von Schülern mit Migrationshintergrund errechnet werden. Dieser liegt für alle Schularten bei 11,7 % und somit um 4,6 % höher als der Anteil an ausländischen Schülern (vgl. ISB 2009, 204, eigene Berechnungen; Statistisches Bundesamt 2011a, 198). Die Daten aus dem Bildungsbericht Bayern belegen darüber hinaus eindrücklich, dass diese Schüler ungleich in den unterschiedlichen Schulformen repräsentiert sind. Während sich der größte Anteil an Schülern mit Migrationshintergrund in der Volksschule bzw. Förderschule findet (21,2 bzw. 17,8 %), ist ihr Anteil in den Realschulen und Gymnasien am geringsten (6,4 bzw. 6,2 %) (vgl. ISB 2009, 204; eigene Berechnungen).

Des Weiteren geht man davon aus, dass Migrantenkinder in den Förderschulen mit dem Förderschwerpunkt Lernen und emotional-soziale Entwicklung überrepräsentiert sind (vgl. Kornmann, zit. n. Nieke 2010, 161). Für den Förderschwerpunkt geistige Entwicklung liegen unseres Wissens keine differenzierten Daten vor.

1.3 Soziale Lage/Familiärer Wohlstand

Um soziale Unterschiede zwischen Familien zu beschreiben, gibt es unterschiedliche theoretische Konzepte. Diskutierte man in den 1970er- und 1980er-Jahren stark das Modell der sozialen Schichten, so werden heute vermehrt die Konzepte soziale Lage oder soziales Milieu diskutiert (vgl. Weiß 1985; Cloerkes 2007, 90–94). Dementsprechend gibt es unterschiedliche Instrumente zur Erfassung sozialer Unterschiede bzw. des sozioökonomischen Status (vgl. Lampert/Kroll 2009).

Ein international häufig eingesetztes und anerkanntes Instrument ist die Family Affluence Scale (FAS) (vgl. Currie et al. 1997, 2008), die beispielsweise in der HBSC-Studie, dem Jugendgesundheitssurvey der WHO, bereits mehrfach zum Einsatz gekommen ist (vgl. Boyce/Dallago 2004; Richter/Hurrelmann/Klocke/Melzer/Ravens-Sieberer 2008). Dort wird der sozioökonomische Status der Familie über einen Wohlstandsindex erhoben. Die FAS setzt sich aus vier an die Kinder und Jugendlichen gerichteten Fragen zusammen, die den Wohlstand der Familie erfragen sollen (vgl. Boyce/Dallago 2004, 15; vgl. auch nächster Abschnitt). Dabei berücksichtigt die Studie nur Schüler aus allgemeinen Schulen, also nicht aus Förderschulen (vgl. Richter 2008, 27f.). Die Auswertung des Index erfolgt in Terzilen, die einen niedrigen, mittleren bzw. hohen familiären Wohlstand anzeigen. Im fünften Jugendgesundheitssurvey der WHO aus dem Jahr 2010 (n = 4.913) zeigt sich, dass in Deutschland 7,8 % der Jugendlichen über einen niedrigen, 37 % über einen mittleren und 55,2 % über einen hohen familiären Wohlstand verfügen.[1]

---

1 Die Daten wurden uns von der Universität Bielefeld, WHO Collaborating Centre for Child and Adolescent Health Promotion an der Fakultät für Gesundheitswissenschaften im Rahmen einer Zusatzauswertung zur Verfügung gestellt. Die gesamten Ergebnisse der 5. HBSC-Studie werden für Deutschland im Sommer 2012 vorliegen.

2 Methode

Während die meisten soziobiografischen Daten wie z. B. Alter, Geschlecht und Familienverhältnisse über Einzelitems direkt erhoben werden konnten, wurde der Migrationshintergrund in Anlehnung an die amtliche Statistik und die Berichterstattung des ISB über das Vorliegen mindestens einer der drei Aspekte Staatsangehörigkeit, Geburtsland und Muttersprache abgeleitet und somit bestimmt. Des Weiteren wurde der familiäre Wohlstand über die bereits erwähnte FAS (Family Affluence Scale) (vgl. Currie et al. 1997, 2008) erhoben. Obgleich es differenziertere und möglicherweise aussagekräftigere Erhebungsinstrumente zum Aspekt der sozialen Lage gibt, waren diese aus forschungsmethodischen Gründen in SFGE nicht einsetzbar. Für eine differenzierte Erhebung des sozioökonomischen Status müssen zwangsläufig die Eltern selbst befragt werden. Aus diesem Grund haben Currie et al. (1997, 2008) Fragen entwickelt, die von den Kindern und Jugendlichen beantwortet werden können und dennoch aussagekräftige Informationen über den familiären Wohlstand der Familie liefern. Gerade aus diesem Grund bot sich die FAS für die Studie SFGE an. In SFGE konnten die Daten zwar nicht direkt über die Schüler erhoben werden, jedoch verfügen die Lehrer im Förderschwerpunkt geistige Entwicklung aufgrund ihrer besonderen Nähe zu den Familien über das nötige Wissen, so dass hier wiederum die Lehrer eine wichtige Ressource für das Forschungsvorhaben darstellten (vgl. Beitrag 1).

Des Weiteren konnte angesichts der Gesamtkonzeption kein umfassenderes Instrument eingesetzt werden und so stellt die FAS eine gut bewährte, in mehreren internationalen Vergleichsstudien bereits erprobte Erhebungsskala für den familiären Wohlstand dar (vgl. Currie et al. 2008, 1433). Dabei wurde die Anzahl der Autos, Computer und Urlaube in den letzten 12 Monaten (0 = 0, 1 = 1, 2 und mehr = 2) sowie das Verfügen über ein eigenes Zimmer (nein = 0, ja = 1) erhoben. Der aus diesen Items gebildete Summenscore hat eine maximale Punktezahl von 7. Zur Auswertung wurde der Index in Terzile, also eine Ordinalskala mit den Ausprägungen niedrig (0–3 Punkte), mittel (4–5 Punkte) und hoch (6–7 Punkte) gemäß der Konstruktion der Autoren umgewandelt (vgl. Boyce/Dallago 2004, 15).

3 Ergebnisse[2]

3.1 Allgemeines

Das Geschlechterverhältnis im Förderschwerpunkt geistige Entwicklung stellt sich folgendermaßen dar. Während ein Anteil von 37,7 % weiblich ist, ist ein Anteil von 62,3 % männlich (n = 1.612).

Die Altersverteilung innerhalb der Schülerschaft lässt sich aus Tabelle 1 ersehen. Die jüngsten Schüler sind zum Zeitpunkt der Erhebung (Januar 2010) 6, die ältesten 21 Jahre. Aus Abbildung 1 wird ersichtlich, dass die Altersstufen 7 bis 18 ähnlich stark vertreten sind. Sie variieren zwischen 6 und 9 %. Die frühe Altersstufe der 6-jährigen ist dagegen nur mit 1,3 % vertreten. Die späten Altersstufen zwischen 19 und 21 nehmen kontinuierlich ab, von 4,8 auf 1,5 bis zu 0,8 %.

Tab. 1: *Schüler im Förderschwerpunkt geistige Entwicklung nach Alter*

Alter in Jahren	Häufigkeit	in Prozent
6	21	1,3
7	97	6
8	114	7,1
9	126	7,8
10	146	9
11	117	7,2
12	120	7,4
13	116	7,2
14	131	8,1
15	123	7,6
16	134	8,3
17	134	8,3
18	122	7,6
19	78	4,8
20	24	1,5
21	12	0,8
Gesamt:	1.615	100

2 Die folgenden Ergebnisse beziehen sich auf eine repräsentative Stichprobe von 1.629 Schülerinnen und Schülern im Förderschwerpunkt geistige Entwicklung in Bayern. Die Daten wurden anhand eines Lehrerfragebogens im Schuljahr 2009/10 erhoben (vgl. Beitrag 1).

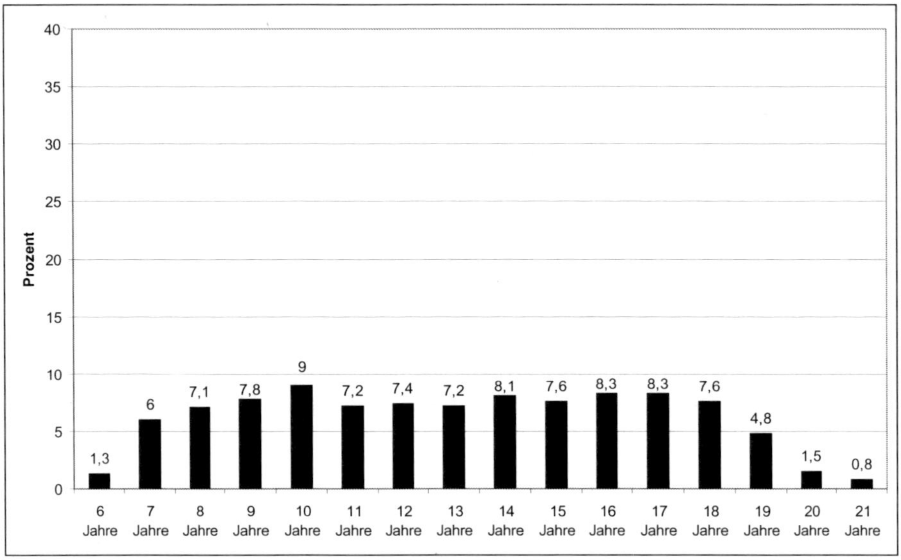

Abb. 1: Schüler im Förderschwerpunkt geistige Entwicklung nach Alter (n = 1.617)

3.2 Migrationshintergrund

Der Aspekt des Migrationshintergrundes wird in Anlehnung an die amtliche Statistik und den Bildungsbericht Bayern hinsichtlich der Aspekte Staatsangehörigkeit, Aufenthaltsdauer und Muttersprache beschrieben (vgl. Kap. 2).

Staatsangehörigkeit/Ausländeranteil

In der Studie SFGE machen Schüler mit ausländischer Staatsangehörigkeit einen Anteil von 10,2 % aus; der überwiegende Anteil von 89,8 % hat dagegen die deutsche Staatsangehörigkeit (n = 1.606).

Die Schüler der Stichprobe von SFGE gehören 38 verschiedenen Nationalitäten an. Die größten Einzelnationen sind mit 89,8 % Deutschland und mit 3,4 % die Türkei. Alle weiteren Nationen sind mit weniger als 1 % vertreten.

Aus diesem Grund wurden die Angaben nach Kontinenten gruppiert (vgl. Tab. 2). Hierbei zeigt sich, dass nach der dominierenden Schülergruppe aus Deutschland, der zweitgrößte Anteil mit 7,8 % aus dem europäischen Ausland (inklusive der Türkei) kommt, gefolgt von deutlich kleineren Anteilen aus Asien, Afrika bzw. Nord- und Südamerika.

Tab. 2: *Schülerschaft im Förderschwerpunkt geistige Entwicklung nach Staatsangehörigkeit nach Kontinenten*

Nationalität	Häufigkeit	in Prozent
deutsch	1.443	89,8
europäisch (ohne D)	124	7,8
asiatisch	31	1,9
afrikanisch	6	0,4
nord- und südamerikanisch	2	0,1
Gesamt:	1.606	100

Betrachtet man nun nur die ausländischen Schüler nach Herkunftsland, so ergibt sich folgende prozentuale Verteilung (vgl. Tab. 3): Rund Dreiviertel der ausländischen Schüler stammen aus dem europäischen Ausland. Die zweitgrößte Gruppe kommt mit 18,7 % aus Asien, gefolgt von Afrika mit 3,8 % und Nord- und Südamerika mit 1,4 %.

Tab. 3: *Ausländische Schülerschaft mit dem Förderschwerpunkt geistige Entwicklung nach Staatsangehörigkeit gruppiert nach Kontinenten*

Nationalität	Häufigkeit	in Prozent
europäisch (ohne D)	124	76,1
asiatisch	31	18,7
afrikanisch	6	3,8
nord- und südamerikanisch	2	1,4
Gesamt:	163	100

Im Ausland geboren/Aufenthaltsdauer in Deutschland

Im Zusammenhang mit der Herkunft der Schüler erscheint die Frage der Aufenthaltsdauer in Deutschland zudem von Interesse. Die Daten zeigen, dass der überwiegende Anteil der Schüler, nämlich 94,7 % in Deutschland geboren wurde. Im Ausland lediglich 5,3 % (n = 1.551).

Betrachtet man die im Ausland geborenen Schüler hinsichtlich ihrer Aufenthaltsdauer in Deutschland, so zeigt sich, dass die meisten Schüler schon länger in Deutschland leben (vgl. Tab. 4). Der größte Anteil, mit knapp 60 % lebt bereits über 5 Jahre hier. Weitere 32,5 % seit zwischen 1 und 5 Jahren und lediglich 7,8 % sind weniger als ein Jahr in Deutschland.

Tab. 4: *Aufenthaltsdauer der nicht in Deutschland geborenen Schüler*

Aufenthaltsdauer in D	Häufigkeit	in Prozent
< 1 Jahr	6	7,8
1–2 Jahre	7	8,5
3–5 Jahre	20	24
> 5 Jahre	49	59,7
Gesamt:	82	100

Bei den Schülern, die keine deutsche Staatsangehörigkeit besitzen, zeigt sich im Hinblick auf die Aufenthaltsdauer ein ähnliches Bild. Hier sind es sogar nur 1,3 % die erst seit weniger als einem Jahr in Deutschland leben. Im Zeitraum zwischen einem und fünf Jahren sind es 10,1 % und seit über fünf Jahren sind es 16,8 % (vgl. Tab. 5). Der Großteil der ausländischen Schüler (71,9 %) lebt bereits seit seiner Geburt in Deutschland.

Tab. 5: *Aufenthaltsdauer der Schüler ohne deutsche Staatsangehörigkeit*

Aufenthaltsdauer in D	Häufigkeit	in Prozent
< 1 Jahr	2	1,3
1–2 Jahre	5	3,2
3–5 Jahre	10	6,5
> 5 Jahre	25	17,1
seit der Geburt	107	71,9
Gesamt:	149	100

Muttersprache

Betrachtet man die Muttersprache der Schüler, so stellt man fest, dass 86 % der Schüler deutsch, 4,3 % türkisch und 2,1 % der Kinder russisch als Muttersprache haben (n = 1.442). Die anderen 35 vertretenen Sprachen, die zusammen 7,6 % ausmachen, sind einzeln wiederum mit je weniger als 1 % vertreten und werden daher nicht gesondert berücksichtigt.

Im Zusammenhang mit der Muttersprache erscheint es interessant, wie sich die Sprachkompetenz, also das Sprachverständnis und die Sprachproduktion bezogen auf die Verkehrssprache (deutsch) darstellen (vgl. Tab. 6). Hierbei werden nur die Schüler betrachtet, die deutsch nicht als Muttersprache haben. Hinsichtlich des Sprachverständnisses zeigt sich, dass 60,7 % deutsch sehr gut bzw. gut verstehen und weitere 27 % mäßig bzw. kaum. Bei 12,3 % der Schüler ist dies für die Lehrer nicht einschätzbar (n = 196). Im Hinblick auf die Sprachproduktion zeigt sich, dass 41,8 % der Schüler, die deutsch nicht als Muttersprache haben, die Sprache nach Einschätzung der Lehrer sehr gut bzw. gut sprechen, weitere 35,4 % tun dies mäßig bis kaum und in 22,8 % der Fälle verfügen die Schüler nicht über Lautsprache (n = 181).

Tab. 6: *Sprachkompetenz nicht-muttersprachlicher Schüler im Hinblick auf die deutsche Sprache*

	Sprachverständnis		Sprachproduktion	
	Häufigkeit	in Prozent	Häufigkeit	in Prozent
sehr gut/gut	119	60,7	76	41,8
mäßig/kaum	53	27	64	35,4
nicht einschätzbar bzw. keine Lautsprache	24	12,3	41	22,8
Gesamt:	196	100	181	100

Vergleicht man die Kompetenzen in den Bereichen Sprachverständnis und -produktion, so fällt auf, dass das Sprachverständnis höher ausgeprägt ist, als die Sprachproduktion. Während 60,9 % der Schüler die deutsche Sprache sehr gut bzw. gut verstehen, können nur 41,8 % der Schüler diese sehr gut bzw. gut sprechen (vgl. Abb. 2) (vgl. auch Beitrag 6).

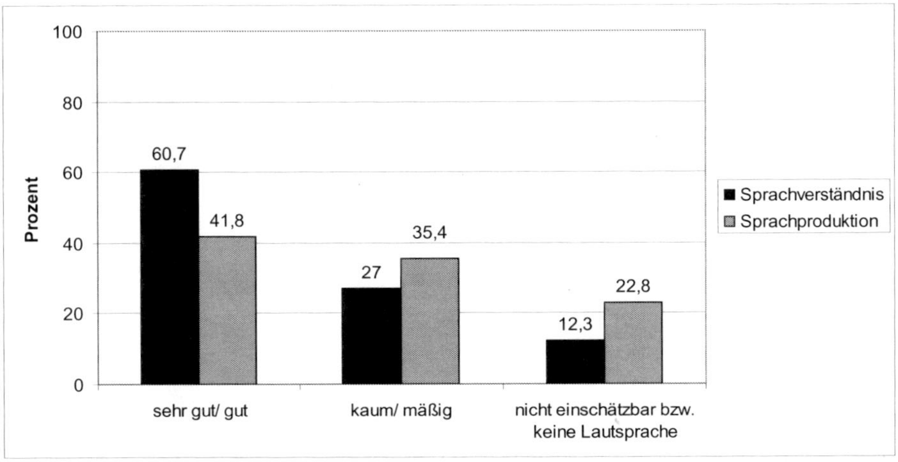

Abb. 2: Sprachverständnis und Sprachproduktion nicht-muttersprachlicher Schüler (n = 196 bzw. 181)

Migrationshintergrund

Im Folgenden soll der Anteil der Schüler mit Migrationshintergrund aus den folgenden Aspekten abgeleitet werden: Ein Migrationshintergrund wird angenommen, wenn der Schüler entweder keine deutsche Staatsangehörigkeit hat oder nicht in Deutschland geboren wurde oder dessen Muttersprache nicht deutsch ist (vgl. Kap. 2). Bildet man nun aus diesen Aspekten den Gesamtanteil von Schülern mit Migrationshintergrund, so zeigt sich, dass 258 Schüler, also 18,3 %, einen Migrationshintergrund aufweisen (n = 1.409).

Betrachtet man abschließend die Gruppe der Schüler mit Migrationshintergrund hinsichtlich Ihrer Staatsangehörigkeit, so zeigt sich, dass 35,4 % die deutsche Staatsangehörigkeit haben, sie aber entweder nicht in Deutschland geboren sind oder deutsch nicht ihre Muttersprache darstellt (n = 252).

In Abbildung 3 werden zentrale Ergebnisse zum Aspekt des Migrationshintergrundes zusammengefasst. 18,3 % der Schülerschaft im Förderschwerpunkt geistige Entwicklung hat einen Migrationsintergrund, während 10,2 % keine deutsche Staatsangehörigkeit haben. Im Ausland sind 5,3 % geboren und für 14 % der Schüler ist deutsch nicht ihre Muttersprache.

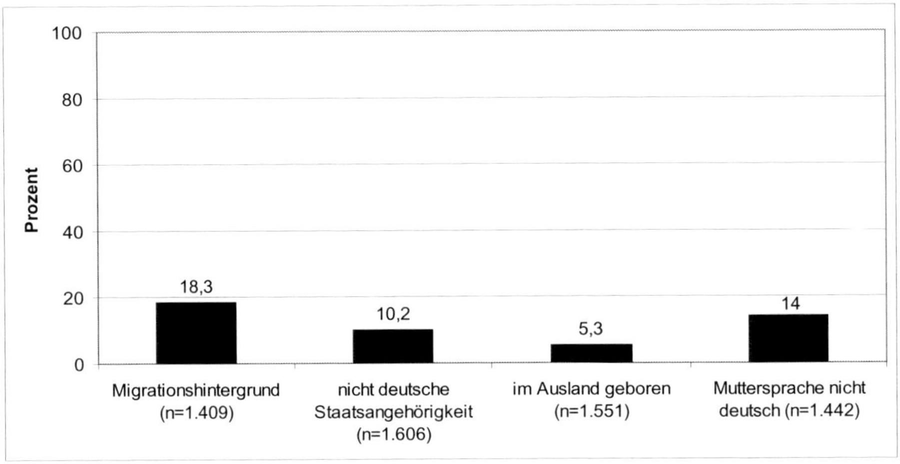

Abb. 3: Ergebnisse zum Migrationshintergrund im Überblick

3.3 Familie

Betrachtet man die Wohnverhältnisse der Schüler im Förderschwerpunkt geistige Entwicklung, so zeigt sich, dass der überwiegende Anteil, zusammen 85,6 % in der Herkunftsfamilie lebt. Während 62,2 % in Familien mit beiden Eltern leben, leben 23,4 % der Schüler mit einem Elternteil zusammen. In einem Heim bzw. Internat leben 10,1 %, 3 % leben in einer Pflegefamilie und 1,3 % bei Verwandten (vgl. Tab. 7).

Tab. 7: *Schüler mit dem Förderschwerpunkt geistige Entwicklung nach Wohnsituation*

Schüler wohnt …	Häufigkeit	in Prozent
bei beiden Eltern	996	62,2
bei einem Elternteil	374	23,4
im Heim/Internat	163	10,1
in einer Pflegefamilie	47	3
bei Verwandten	21	1,3
Gesamt:	1.601	100

Der Großteil der Schüler mit dem Förderschwerpunkt geistige Entwicklung, 80,9 %, haben Geschwister (n = 1.592). Während über die Hälfte davon (52,1 %) ein Geschwister haben, sind es in 31,8 % der Fälle zwei und in 10,3 % der Fälle drei Geschwister. In 5,8 % der Fälle sind es zwischen vier und neun Geschwistern (n = 1.235).

Familiärer Wohlstand nach der FAS

Die soziale Lage der Familien wurde über die Family Affluence Scale (FAS) erhoben (vgl. Kap. 2). An dieser Stelle ist auf die relativ geringen Fallzahlen im Hinblick auf die Daten zur FAS hinzuweisen. Für die FAS liegen von den insgesamt 1.629 berücksichtigten Schülern nur für 864 Schüler vollständige und somit gültige Angaben vor. Von einer systematischen Beeinflussung des Rücklaufs muss jedoch nicht ausgegangen werden, da die Lehrer und nicht die Eltern die Fragebögen ausgefüllt haben. In Tabelle 8 werden die Ergebnisse des familiären Wohlstandsindex dargestellt. Während sich je rund 40 % der Familien auf niedrigem bzw. mittlerem Wohlstandsniveau befinden, sind es lediglich 17,9 %, die einen hohen familiären Wohlstandsindex nach der FAS erreichen.

Tab. 8: *Schüler nach familiärem Wohlstand nach der FAS*

Familiärer Wohlstandsindex	Häufigkeit	in Prozent
niedrig	349	40,4
mittel	361	41,7
hoch	154	17,9
Gesamt:	864	100

Familiärer Wohlstand in Ein- bzw. Zweielternfamilien nach der FAS

Knapp ein Viertel der Schüler mit dem Fördeschwerpunkt geistige Entwicklung lebt mit nur einem Elternteil zusammen. Die Gruppe der alleinerziehenden Mütter oder Väter sind bekanntermaßen in einer schwierigen Situation um Beruf und Familie zu vereinbaren. So stellt die Einelternfamilie eine Risikogruppe im Hinblick auf den sozioökonomischen Status dar, der in der vorliegenden Studie über die FAS erhoben wurde. Die Analyse dieser Schülergruppe zeigt, dass dort ein erheblich kleinerer Prozentsatz, nämlich nur 5,7 % einen hohen familiären Wohlstand erreicht, während 31,4 % ein mittleres Niveau erreicht und der größte Teil, 62,9 % nur einen niedrigen familiären Wohlstand aufweist (vgl. Tab. 9).

Tab. 9: *Schüler aus Ein- bzw. Zweielternfamilien nach familiärem Wohlstand nach der FAS*

	Einelternfamilien		Zweielternfamilien	
FAS	Häufigkeit	in Prozent	Häufigkeit	in Prozent
niedrig	138	62,9	171	31,4
mittel	69	31,4	250	45,8
hoch	12	5,7	124	22,8
Gesamt:	219	100	545	100

Vergleicht man Einelternfamilien mit Zweielternfamilien, dann zeigt sich die ungleiche Verteilung familiären Wohlstandes nochmals deutlicher (vgl. Tab. 9). Während in den Zweielternfamilien rund ein Viertel einen hohen familiären Wohlstand erreichen, gelingt dies nur knapp 6 % der Alleinerziehenden. Der Prozentsatz der Familien, die lediglich geringen familiären Wohlstand erreichen, ist bei den Alleinerziehenden doppelt so hoch wie in der anderen Gruppe (vgl. Abb. 4). Nach dem Kruskal-Wallis-Test unterscheiden sich die Ein- bzw. Zweielternfamilien hinsichtlich des familiären Wohlstandsindexes signifikant ($p < 0.001$).

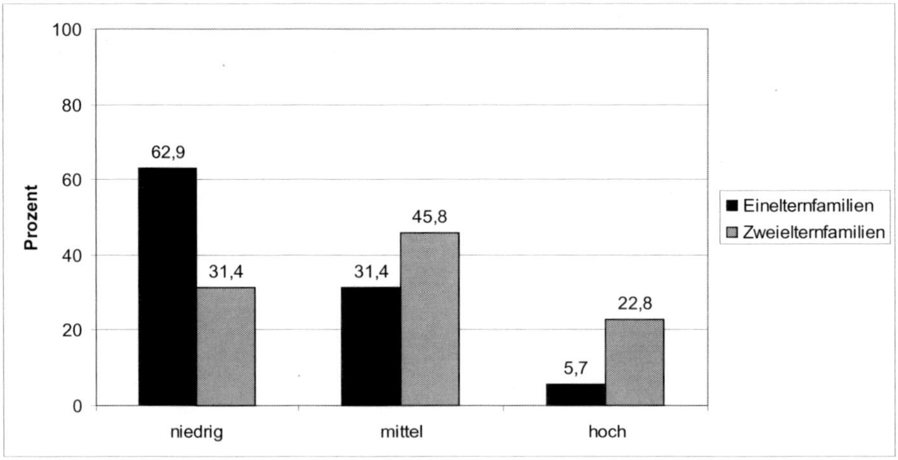

Abb. 4: Schüler nach Familienverhältnissen und familiärem Wohlstand nach der FAS (n = 219 bzw. 545)

Familiärer Wohlstand nach der FAS und Schweregrad der Behinderung

Angesichts des in Kap. 1 skizzierten angenommenen Einflusses der sozialen Lage der Familie auf die Genese von leichter bzw. mittelgradiger geistiger Behinderung erscheint es interessant, die Daten zur FAS nach dem Schweregrad der Behinderung differenziert zu betrachten. Dabei werden wiederum nur die Schüler berücksichtigt, die in der Herkunftsfamilie, also bei einem oder beiden Elternteilen leben (vgl. Tab. 10).

Tab. 10: *Familiärer Wohlstandsindex der FAS nach dem Schweregrad der Behinderung (nach ICD-10) (n = 750, in Prozent)*

FAS	keine geistige Behinderung (n = 7)	leichte g. Beh. (n = 281)	mittelgradige g. Beh. (n = 287)	schwere g. Behinderung (n = 106)	schwerste g. Behinderung (n = 69)
niedrig	51,9	50,7	34,8	36	27,8
mittel	36,2	36,4	43,6	42,2	56,1
hoch	11,9	12,9	21,6	21,9	16,1
Gesamt:	100	100	100	100	100

Dabei zeigt sich, dass die Familien, deren Kinder von den Lehrern als nicht oder leicht geistig behindert eingestuft wurden, einen niedrigeren familiären Wohlstand aufweisen, als die Eltern, deren Kinder als mittelgradig, schwer oder schwerst geistig behindert eingestuft wurden. So liegt in der erstgenannten Gruppe rund die Hälfte der Familien im Bereich eines niedrigen familiären Wohlstandes, wohingegen nur rund 35 bzw. 30 % in der anderen Gruppe auf diesem Niveau liegen. Im Hinblick auf ein hohes Niveau sind es in der ersten Gruppe nur rund 12 %, im Vergleich zu rund 20 % in der zweiten Gruppe. Eine Signifikanzprüfung mit dem Kruskal-Wallis-Test ergibt, dass sich der Wohlstandsindex vor dem Hintergrund des Schweregrades der Behinderung signifikant unterscheidet ($p < 0.001$).

Familiärer Wohlstand nach der FAS und Migrationshintergrund

Des Weiteren erscheint es interessant den sozioökonomischen Status im Zusammenhang mit dem Aspekt Migration zu betrachten. Auch hier werden nur die Schüler betrachtet, die in der Familie leben. Während sich die Familien ohne Migrationshintergrund – ähnlich der Gesamtstichprobe – zu rund 35 % auf niedrigem, zu rund 45 % auf mittlerem und zu gut 20 % auf hohem familiärem Wohlstandniveau finden, erreichen nur rund 5 % der Familien mit Migrationshintergrund ein hohes, dagegen knapp 30 % ein mittleres und rund 65 % ein niedriges Niveau (vgl. Tab. 11). Der Anteil der Familien, die einen niedrigen sozioökonomischen Status aufweisen, liegt bei Familien mit Migrationshintergrund nahezu doppelt so hoch wie bei den Familien ohne Migrationshintergrund (vgl. Abb. 5). Eine Signifikanzprüfung mit dem Kruskal-Wallis-Test ergibt, dass sich der Wohlstandsindex vor dem Hintergrund des Aspektes Migration signifikant unterscheidet ($p < 0.001$).

Tab. 11: *Schüler mit und ohne Migrationshintergrund nach familiärem Wohlstand nach der FAS (n = 662)*

	Schüler ohne Migrationshintergrund		Schüler mit Migrationshintergrund	
FAS	Häufigkeit	in Prozent	Häufigkeit	in Prozent
niedrig	187	34,4	77	65,2
mittel	240	44,2	35	29,7
hoch	116	21,4	6	5,1
Gesamt:	543	100	118	100

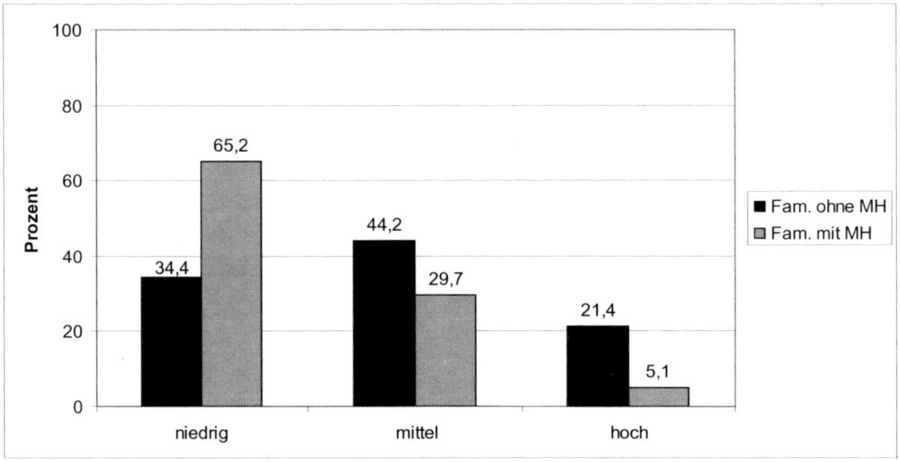

Abb. 5: Schüler nach Migrationshintergrund und familiärem Wohlstand nach der FAS (n = 544 bzw. 118)

4 Diskussion

Abschließend sollen die im Rahmen des Projektes SFGE ermittelten Daten mit vorliegenden Bezugsdaten aus amtlichen Statistiken oder anderen Studien verglichen und diskutiert werden.

4.1 Allgemeines

Im Hinblick auf das Geschlechterverhältnis bestätigen die Zahlen der vorliegenden Studie die amtlichen Statistiken. Im Förderschwerpunkt geistige Entwicklung findet sich, ähnlich wie in allen Förderschulen, ein ungleiches Geschlechterverhältnis. Der Anteil der männlichen Schüler liegt 12 % höher als in den allgemeinen Schulen, in denen das Geschlechterverhältnis nahezu ausgeglichen ist (vgl. Tab. 12).

Tab. 12: *Schüler nach Geschlechterverhältnis (in Prozent) ([1]Quelle: Statistisches Bundesamt 2011a, 13, 189; eigene Berechnungen)*

Schüler nach Geschlecht	weiblich	männlich
Allgemeine Schulen (Deutschland)[1]	49,7	50,3
Förderschulen (Deutschland)[1]	36,4	63,3
Förderschulen (Bayern)[1]	37,2	62,8
FzgE (Bayern)[1]	38,6	61,4
SFGE (Bayern)	37,7	62,3

4.2 Migrationshintergrund

Wie in Kap. 1.2.1 bereits beschrieben, unterscheiden sich die Anteile ausländischer Schüler in deutschen Schulen deutlich nach Schulformen. Während der Ausländeranteil an bayerischen Gymnasien nur bei 3,9 % liegt, findet sich in den bayerischen Förderschulen ein Anteil von 10,7 % (vgl. Tab. 13). Bei genauerer Betrachtung der einzelnen Förderschularten in Bayern fällt auf, dass der Ausländeranteil im Förderschwerpunkt Lernen mit 13,6 % am höchsten ist, gefolgt von 10,8 % im Förderschwerpunkt geistige Entwicklung. Diese Zahl wird durch die Studie SFGE bestätigt. Hier lag der Anteil an ausländischen Schülern bei 10,2 %.

Tab. 13: *Ausländische Schüler ([1]Quelle: KMK 2010, 5; Statistisches Bundesamt 2011a, 198; eigene Berechnungen)*

Ausländische Schüler in	in Prozent
Gymnasien (Bayern)[1]	3,9
Förderschulen allgemein (Bayern)[1]	10,7
Förderschwerpunkt Lernen (Bayern)[1]	13,6
Förderschwerpunkt geistige Entwicklung (Bayern)[1]	10,8
SFGE (Bayern)	10,2

Im Hinblick auf das Herkunftsland der ausländischen Schüler machen – auf alle Förderschularten bezogen – die Schüler aus dem europäischen Ausland den größten Anteil aus, mit 82,4 %. Danach folgen Schüler aus Asien (10,8 %), aus Afrika (4,4 %) und schließlich aus Nord- und Südamerika (1,8 %). Dieses Verhältnis wird durch die Daten aus SFGE weitgehend bestätigt (vgl. Tab. 14). Auch in SFGE stellen die europäischen ausländischen Schüler die größte Gruppe dar. Auch die Rangfolge der Gruppen wird durch SFGE bestätigt. Einzig die Gruppe der asiatischen Schüler ist in SFGE deutlich größer.

Tab. 14: *Ausländische Schüler nach Herkunftsland (in Prozent)*

Nationalität	Alle Förderschulen	SFGE (2009/10)
europäisch (ohne D)	82,4	76,1
asiatisch	10,8	18,7
afrikanisch	4,3	3,8
nord- und südamerikanisch	1,8	1,4
andere	0,6	0
Gesamt:	100	100

Ebenso wie der Ausländeranteil variiert der Anteil der Schüler mit Migrationshintergrund nach Schulformen (vgl. Tab. 15). Der Anteil der Schüler, die einen sich aus mehreren möglichen Aspekten zusammensetzenden Migrationshintergrund aufweisen, liegt in Bayern im Durchschnitt bei 11,7 %. Während sich an bayerischen Realschulen und Gymnasien nur rund 6 % Schüler mit Migrationshintergrund finden, sind dies an bayerischen Förderschulen rund 18 % und an Volksschulen sogar über 21 %. Die Ergebnisse der Studie SFGE stützen diese Angaben, fanden sich doch im Förderschwerpunkt geistige Entwicklung 18,3 % Schüler mit Migrationshintergrund, was dem Anteil im gesamten Förderschulbereich entspricht.

Tab. 15: *Schüler mit Migrationshintergrund ([1]Quelle: ISB 2009, 204, eigene Berechnungen)*

Schüler mit Migrationshintergrund in	in Prozent
allen Schulen (Bayern)[1]	11,7
Realschulen (Bayern)[1]	6,4
Gymnasien (Bayern)[1]	6,2
Volksschulen (Bayern)[1]	21,2
Förderschulen (Bayern)[1]	17,8
SFGE (Bayern)	18,3

4.3 Familie

In der vorliegenden Studie wurde die soziale Lage der Familien über einen familiären Wohlstandsindex erfasst, der mit der FAS erhoben wurde (vgl. Kap. 1.3, 2). Auch hierzu liegen adäquate Vergleichszahlen für Deutschland vor, die im Rahmen des jüngsten Kinder- und Jugendgesundheitssurveys der WHO, der HBSC-Studie (2010), erhoben wurden.[3] Vergleicht man nun die Ergebnisse dieser beiden Studien,

3 Die Daten wurden uns von der Universität Bielefeld, WHO Collaborating Centre for Child and Adolescent Health Promotion an der Fakultät für Gesundheitswissenschaften im Rahmen einer Zusatzauswertung zur Verfügung gestellt. Die gesamten Ergebnisse der 5. HBSC-Studie werden für Deutschland im Sommer 2012 vorliegen.

so zeigt sich folgendes Bild: Während sich nur 7,8 % der Kinder und Jugendlichen in der HBSC-Studie auf dem Niveau eines niedrigen familiären Wohlstandes fanden, sind dies im Förderschwerpunkt geistige Entwicklung rund fünf Mal so viele, nämlich 40,4 % (vgl. Tab. 16). Der Anteil der Schüler, der sich auf dem mittleren Niveau findet, ist in der HBSC-Studie und in SFGE etwa gleich groß, rund 40 %. Während in der HBSC-Studie mehr als die Hälfte der Kinder und Jugendlichen in einem nach der FAS definierten hohen familiären Wohlstand leben, sind dies in SFGE lediglich 17,9 %. Diese Zahlen machen deutlich, dass die Familien mit Kindern im Förderschwerpunkt geistige Entwicklung im Durchschnitt einen deutlich schwächeren sozioökonomischen Status erreichen, als dies für Kinder und Jugendliche der allgemeinen Schulen der Fall ist. Die großen Unterschiede in der Verteilung werden in Abb. 6 nochmals grafisch dargestellt.

Tab. 16: *Schüler nach familiärem Wohlstand nach der FAS (in Prozent)*

FAS	HBSC-Studie (2010)	SFGE (2009/10)
niedrig	7,8	40,4
mittel	37	41,7
hoch	55,2	17,9
Gesamt:	100	100

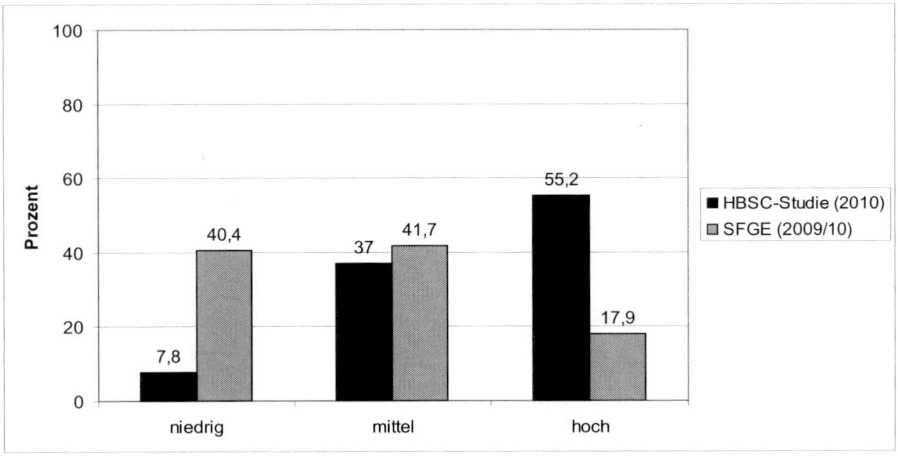

Abb. 6: Familiärer Wohlstand nach der FAS im Studienvergleich

Die ungleiche Verteilung hinsichtlich des sozioökonomisches Status wird noch deutlicher, wenn man sich – leider ohne direkte Vergleichszahlen für die Normalbevölkerung – nochmals die Ergebnisse der FAS für die Einelternfamilien und die Familien mit Migrationshintergrund differenziert betrachtet (vgl. Abb. 7). In beiden Gruppen gelingt es nur rund 5 % der Familien ein hohes Niveau des familiären Wohlstandes zu erreichen. Knapp ein Drittel findet sich auf dem mittleren Niveau und weit über die Hälfte der Einelternfamilien, rund 64 %, findet sich auf niedrigem familiärem Wohlstandsniveau (vgl. Abb. 7). Beide Gruppen, Alleinerziehende und Familien mit Migrationshintergrund können in der Gruppe der Schülerschaft im Förderschwerpunkt geistige Entwicklung demnach als Risikogruppen hinsichtlich des sozioökonomischen Status bezeichnet werden.

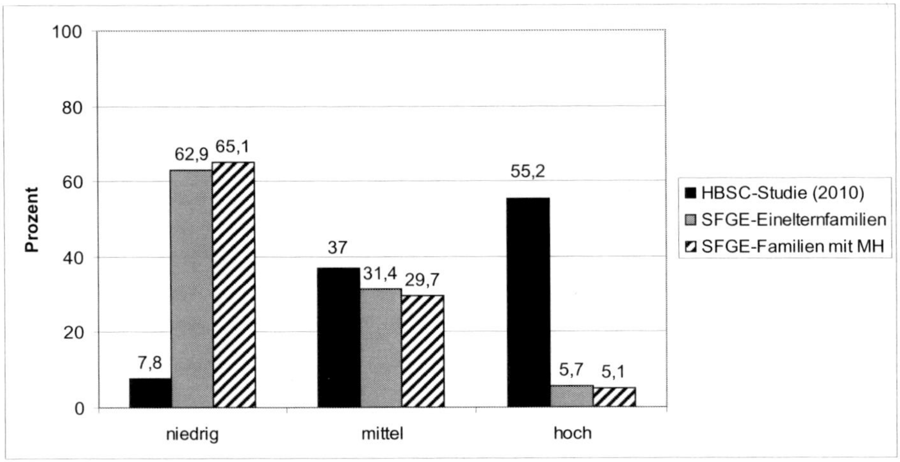

Abb. 7: Familiärer Wohlstand Alleinerziehender und von Familien mit Migrationshintergrund nach der FAS im Studienvergleich

Diese alarmierenden Zahlen verdeutlichen die Notwendigkeit, in Zukunft verstärkt die soziale Ungleichheit im Hinblick auf Familien mit Kindern im Förderschwerpunkt geistige Entwicklung in den Blick zu nehmen, und hierzu verstärkt Forschungsbemühungen zu unternehmen.

Literatur

Autorengruppe Bildungsberichterstattung (2010): Bildungsbericht Deutschland 2010. Verfügbar unter: http://www.bildungsbericht.de/daten2010/bb_2010.pdf [22.09.2011].

Bayerisches Landesamt für Statistik (2010): Volksschulen zur sonderpädagogischen Förderung und Schulen für Kranke in Bayern. Stand: 1.10.2009. Verfügbar unter: http://www.statistik.bayern.de/veroeffentlichungen/download/B1200C %20200900/B1200C %20200900.pdf [22.09.2011].

Boyce, Wiliam/Dallago, Lorenza (2004): Socioeconomic inequality. In: Currie, Candace/Roberts, Chris/Morgan, Antony/Smith, Rebecca/Settertobulte, Wolfgang/Samdal, Oddrun/Barnekow Rasmussen, Vivian: Young people's health in context. Health Behaviour in School-aged Children (HBSC) study: International Report from the 2001/2002 Survey. Verfügbar unter: http://www.euro.who.int/__data/assets/pdf_file/0008/110231/e82923.pdf [22.09.2011], S. 13–25.

Cloerkes, Günther (2007): Soziologie der Behinderten. Heidelberg: Universitätsverlag C. Winter.

Currie, Candace/Elton, Rob/Todd, Joanna/Platt, Stephen (1997): Indicators of socioeconomic status for adolescents: the WHO Health Behaviour in School-aged Children Survey. In: Health Education Research 12 (3), S. 385–397.

Currie, Candace/Molcho, Michal/Boyce, William/Holstein, Bjorn/Torsheim, Torbjorn/ Richter, Matthias (2008): Researching health inequalities in adolescents: The development of the Health Behaviour in School-Aged Children (HBSC) Family Affluence Scale. In: Social Science & Medicine 66, 1429–1436.

Erhart, Michael/Schenk, Liane/Ravens-Sieberer, Ulrike: Migration und gesundheitliche Ungleichheit im Kindes- und Jugendalter. In: Richter, Matthias/Hurrelmann, Klaus/Klocke, Andreas/Melzer, Wolfgang/Ravens-Sieberer, Ulrike (Hg.): Gesundheit, Ungleichheit und jugendliche Lebenswelten. Weinheim, München: Juventa, 141–159.

Fornefeld, Barbara (2004): Einführung in die Geistigbehindertenpädagogik. München u. a.: Reinhardt.

Gontard, Alexander von (2003): Genetische und biologische Faktoren. In: Neuhäuser, Gerhard/Steinhausen, Hans-Christoph (Hg.): Geistige Behinderung. Stuttgart: Kohlhammer, 24–41.

ISB (Staatsinstitut für Schulqualität und Bildungsforschung) (2009): Bildungsbericht Bayern 2009. Verfügbar unter: http://www.isb.bayern.de/isb/download.aspx?DownloadFileID=65e948bc60b12ee6d6afc71c18c5b16a [22.09.2011].

ISB (2010): Bayerische Bildungsberichterstattung: Aktuelles 2010. Verfügbar unter: http://www.isb.bayern.de/isb/download.aspx?DownloadFileID=e2f723ea8a90b0cf4cd1c32a76b9cc44 [22.09.2011].

Kemper, Thomas/Weishaupt, Horst (2011): Zur Bildungsbeteiligung ausländischer Schüler an Förderschulen – unter besonderer Berücksichtigung der spezifischen Staatsangehörigkeit. In: Zeitschrift für Heilpädagogik 62 (10), 419–431.

KMK (Ständige Konferenz der Kultusminister der Länder in der Bundesrepublik Deutschland) (2010): Sonderpädagogische Förderung in Förderschulen (Sonderschulen) 2009/10. Verfügbar unter: http://www.kmk.org/fileadmin/pdf/Statistik/Aus_Sopae_2009.pdf [22.09.2011].

Koch, Katja (2004): Die soziale Lage der Familien von Förderschülern – Ergebnisse einer empirischen Studie. In: Sonderpädagogische Förderung 49 (2), 181–200.

Koch, Katja (2010): Bildung, Behinderung und soziale Ungleichheit. In: Kaiser, Astrid/ Schmetz, Ditmar/Wachtel, Peter/Werner, Birgit (Hg.): Bildung und Erziehung. Stuttgart: Kohlhammer, 155–158.

Lampert, Thomas/Kroll, Lars (2009): Die Messung des sozioökonomischen Status in sozialepidemiologischen Studien. In: Richter, Matthias/Hurrelmann, Klaus (Hg.): Gesundheitliche Ungleichheit. Grundlagen, Probleme, Perspektiven. Wiesbaden: Verlag für Sozialwissenschaften, 309–334.

Mehler-Wex, Claudia/Warnke, Andreas (2003): Medizinische Gesichtspunkte bei geistiger Behinderung. In: Fischer, Erhard (Hg.): Pädagogik für Menschen mit geistiger Behinderung. Sichtweisen – Theorien – aktuelle Herausforderungen. Oberhausen: ATHENA-Verlag, 128–142.

Najmabadi, Hossein et al. (2011): Deep sequencing reveals 50 novel genes for recessive cognitive disorders. In: Nature Vol. 478, Number 7367, 57–63.

Neuhäuser, Gerhard/Steinhausen, Hans-Christoph (2003): Epidemiologie und Risikofaktoren. In: Neuhäuser, Gerhard/Steinhausen, Hans-Christoph (Hg.): Geistige Behinderung. Stuttgart: Kohlhammer, 9–23.

Nieke, Wolfgang (2010): Migration und Bildung. In: Schmetz, Ditmar/Wachtel, Peter/Werner, Birgit (Hg.): Bildung und Erziehung. Stuttgart: Kohlhammer, 159–164.

Richter, Matthias (2008): Soziale Determinanten der Gesundheit im Spannungsfeld zwischen Ungleichheit und jugendlichen Lebenswelten: der WHO-Jugendgesundheitssurvey. In: Richter, Matthias/Hurrelmann, Klaus/Klocke, Andreas/Melzer, Wolfgang/Ravens-Sieberer, Ulrike (Hg.): Gesundheit, Ungleichheit und jugendliche Lebenswelten. Weinheim, München: Juventa, 9–37.

Richter, Matthias/Hurrelmann, Klaus/Klocke, Andreas/Melzer, Wolfgang/Ravens-Sieberer, Ulrike (Hg.) (2008): Gesundheit, Ungleichheit und jugendliche Lebenswelten. Ergebnisse der zweiten internationalen Vergleichsstudie im Auftrag der Weltgesundheitsorganisation. Weinheim, München: Juventa.

Speck, Otto (2005): Menschen mit geistiger Behinderung und ihre Erziehung. München: Reinhardt.

Stanat, Petra (2009): Schülerinnen und Schüler mit Migrationshintergrund. In: Blömeke, Sigrid/Bohl, Thorsten/Haag, Ludwig/Lang-Wojtasik, Gregor/Sacher, Werner (Hg.): Handbuch Schule. Bad Heilbrunn: Klinkhardt, 478–481.

Statistische Ämter des Bundes und der Länder (2010): Bevölkerung nach Migrationsstatus regional. Verfügbar unter: http://www.destatis.de/jetspeed/portal/cms/Sites/destatis/Internet/DE/Content/Publikationen/Fachveroeffentlichungen/Bevoelkerung/MigrationIntegration/BevoelkerungMikrationsstatus5125203087004,property=file.pdf [22.09.2011].

Statistisches Bundesamt (2011a): Bildung und Kultur. Allgemeinbildende Schulen. Schuljahr 2009/2010. Verfügbar unter: http://www.destatis.de/jetspeed/portal/cms/Sites/destatis/Internet/DE/Content/Publikationen/Fachveroeffentlichungen/BildungForschungKultur/Schulen/AllgemeinbildendeSchulen2110100107004,property=file.pdf [22.09.2011].

Statistisches Bundesamt (2011b): Bevölkerung und Erwerbstätigkeit – Bevölkerung mit Migrationshintergrund. Ergebnisse des Mikrozensus 2009. Verfügbar unter: http://www.destatis.de/jetspeed/portal/cms/Sites/destatis/Internet/DE/Content/Publikationen/Fachveroeffentlichungen/Bevoelkerung/MigrationIntegration/Migrationshintergrund2010220097004,property=file.pdf [22.09.2011].

Weiß, Hans (1985): Behinderung und soziale Herkunft. In: Vierteljahresschrift für Heilpädagogik und ihre Nachbargebiete 54 (1), 32–54.

Wolfgang Dworschak

Bildungsbiografische Aspekte der Schülerschaft mit dem Förderschwerpunkt geistige Entwicklung

Zu Beginn jedes Schuljahres erheben die Schulleitungen in Bayern die amtliche Schulstatistik. Diese gibt Aufschluss über zahlreiche Aspekte des Schulwesens, wie z. B. Schülerzahl, Alter oder Ausländeranteil. Im Hinblick auf soziobiografische Aspekte, wie sie in Beitrag 2 des vorliegenden Abschlussberichtes beschrieben wurden, stellt die amtliche Schulstatistik eine wertvolle Vergleichsgrundlage dar. Die Daten finden Einlass in unterschiedliche Publikationen auf Länder- und Bundesebene. So liegen für das Erhebungsjahr 2009/10 mehrere relevante statistische Berichte vor (vgl. Autorengruppe Bildungsberichterstattung 2010; Bayerisches Landesamt für Statistik 2010; Bayerisches Landesamt für Statistik 2011; Bayerisches Staatsministerium für Unterricht und Kultus 2010; KMK 2010a, 2010b; Statistisches Bundesamt 2010).

1 Theoretische Grundlegung und Forschungsstand

Obgleich es also an statistischem Material nicht zu mangeln scheint, lassen diese Daten im Hinblick auf die Nutzung der Bildungsangebote im Förderschwerpunkt geistige Entwicklung (FsgE) und die Schullaufbahnperspektive viele Fragen offen. So gibt die amtliche Statistik keine Auskunft über die Akzeptanz z. B. der vorschulischen Angebote oder der Heilpädagogischen Tagesstätte (HPT). Weiterhin ist es nicht möglich anhand der amtlichen Schulstatistik die Bildungswege der Schüler nachzuzeichnen. Diese Daten erlauben keinen Aufschluss darüber, wie hoch zum Beispiel die Quote an Quereinsteigern, also Schülern, die aus einem anderen Förderschwerpunkt im Laufe ihrer Bildungsbiografie in den Förderschwerpunkt geistige Entwicklung wechseln, ist. Zu solchen Fragen liegt meines Wissens derzeit auch keine wissenschaftliche Studie für den FsgE vor. An dieser Stelle wird der explorative Charakter der Studie SFGE deutlich (vgl. Beitrag 1).

Die Bildungsbiografie deutscher Kinder beginnt zumeist schon deutlich vor dem Schuleintritt. So spielen der Elementarbildungsbereich und die dort angebotene vorschulische Förderung bereits eine wichtige Rolle. In Bayern waren im Jahr 2007 knapp 370.000 der 3- bis unter 7-jährigen Kinder in Tagesbetreuung, das entspricht einer Quote von 78,6 % (vgl. Statistische Ämter des Bundes und der Länder 2009, 12).

Neben der Akzeptanz vorschulischer, schulischer und schulbegleitender Bildungsangebote (HPT) soll in diesem Kapitel die Schulassistenz in Form der Schulbegleitung näher betrachtet werden.

Die Schulbegleitung stellt eine Maßnahme der Eingliederungshilfe dar, wird somit direkt von den Eltern beantragt und ist damit vom Grundsatz her nicht dem Schulbereich zugeordnet. Eine Schulbegleitung stellt eine einzelfallbezogene Hilfe dar, um den Schulbesuch im Rahmen der allgemeinen Schulpflicht zu ermöglichen und darf daher nicht mit den zusätzlichen pädagogisch-pflegerischen Mitarbeitern am Förderzentrum mit dem Förderschwerpunkt geistige Entwicklung (FzgE), den »schulischen Pflegekräften« (§ 40 VSO-F) verwechselt werden, die zur Unterstützung der ganzen Gruppe eingesetzt werden können. Grundlage für die Genehmigung einer Schulbegleitung stellt ein besonderer Betreuungsbedarf dar, dem die Schule im Rahmen ihrer Möglichkeiten so nicht gerecht werden kann. Als Gründe für eine Schulbegleitung kommen unterschiedliche Aspekte in Frage. So werden Schulbegleitungen aus Gründen der Alltagsbewältigung, des Verhaltens, der Kommunikation, des Lernens und/oder der medizinischen Versorgung bewilligt (vgl. Fornefeld 2009, 147; Dworschak 2010, 132–134).

Die Maßnahme der Schulbegleitung ist in Bayern noch relativ jung. Gab es Ende der 1990er Jahre nur vereinzelt Schulbegleiter am FzgE, stieg ihre Zahl in den folgenden Jahren kontinuierlich an (vgl. Beck/Dworschak/Eibner 2010, 247). Im Schuljahr 2007/08 wurden in einer Vollerhebung aller bayerischen FzgE 353 Schulbegleiter erfasst (vgl. ebd., 246). Setzt man diese Zahl mit der Schülerzahl am FzgE in Bayern (10.984) in Beziehung und berücksichtigt dabei den Rücklauf von 71,6 %, kann für das Schuljahr 2007/08 geschätzt[1] werden, dass 4,5 % aller Schüler am FzgE eine Schulbegleitung erhalten haben (vgl. KMK 2009, 5).

1 Dieser Schätzung liegt die Annahme zu Grunde, dass der Rücklauf annähernd normalverteilt ist.

2 Methode

Um die Akzeptanz der Bildungsangebote im Förderschwerpunkt geistige Entwicklung zu eruieren, wurden die Orte der vorschulischen Förderung, der aktuelle Lernort sowie der Besuch der Heilpädagogischen Tagesstätte erfragt. Hierzu kamen mehrere Items zum Einsatz (vgl. Tab. 1).

Tab. 1: *Items zu den Bildungsangeboten im Förderschwerpunkt geistige Entwicklung*

vorschulische Förderung (Mehrfachnennungen möglich): • SVE • Integrativer Kindergarten • Kindergarten • zu Hause
Wo wird der Schüler aktuell beschult? • FzgE • Außenklasse des FzgE • Andere Förderschule (wenn ja: welche?) • Einzelintegration (wenn ja: wo?)
Besucht der Schüler die Heilpädagogische Tagesstätte?

Im Hinblick auf die Beschreibung der Bildungsbiografie der Schüler wurden folgende Aspekte erhoben (vgl. Tab. 2):

Tab. 2: *Items zur Bildungsbiografie im Förderschwerpunkt geistige Entwicklung*

Schulbesuchsjahr
Einschulung erfolgte in • FzgE • anderer Förderschule (wenn ja: welche?) • Grundschule
Seit wann ist der Schüler in den FsgE eingestuft?
Erfolgte zwischenzeitlich ein Schulwechsel? (wenn ja, wie viele?)
Gibt es aktuell Überlegungen zu einem Schulwechsel? (wenn ja, in welche Schulart?)

Während die meisten Aspekte direkt über Einzelitems erhoben werden konnten, mussten andere, wie z. B. der Zeitpunkt des Wechsels in den Förderschwerpunkt geistige Entwicklung abgeleitet werden. Hierfür wurde das Jahr der Einstufung in den FsgE vom Jahr der Einschulung abgezogen. Hierdurch erhält man die Dauer in Jahren, in denen der Schüler nicht dem FsgE zugeordnet war. So konnte der Zeitpunkt des Wechsels in den FsgE ermittelt werden.

Der Aspekt der Schulbegleitung wurde durch einfache Einzelitems erhoben. Die oben genannten Fragen werden in einem ersten Schritt auf die Gesamtstichprobe bezogen analysiert. In einem zweiten Schritt stehen Gruppenvergleiche hinsichtlich des

Alters der Schüler, der unterschiedlichen Einschulungsorte und der Schwere der Behinderung im Mittelpunkt.

3 Ergebnisse[2]

3.1 Bildungsangebote

3.1.1 Vorschulische Förderung

Gesamtstichprobe

Richtet man den Blick auf die vorschulische Förderung, also den Elementarbereich, so zeigt sich, dass der Großteil der Schüler (65,8 %) eine Schulvorbereitende Einrichtung (SVE) besucht hat, während 14,3 % in den »normalen« Kindergarten (Regelkindergarten) gegangen sind und 9,6 % einen integrativen Kindergarten besucht haben (vgl. Tab. 3). Lediglich 2,3 % der Schüler wurden vor Beginn der Schulzeit ausschließlich zu Hause betreut und gefördert.

Tab. 3: *Schüler nach vorschulischer Förderung (n = 1.627, Mehrfachnennungen möglich)*

Vorschulische Förderung	Häufigkeit	in Prozent
SVE	1.070	65,8
Integrativer Kindergarten	156	9,6
Kindergarten	233	14,3
zu Hause	38	2,3

Vorschulische Förderung und Schwere der Behinderung

Im Folgenden soll die Akzeptanz der vorschulischen Förderangebote vor dem Hintergrund des Schweregrades der Behinderung nach ICD-10 (vgl. Beitrag 5) differenziert betrachtet werden. Dabei zeigt sich, dass das Angebot der SVE mit steigendem Schweregrad der Behinderung zunehmend angenommen wird, denn während nur gut ein Drittel der Schüler, die von den Lehrern nicht als geistig behindert eingestuft wurden und etwa die Hälfte der Schüler mit leichter geistiger Behinderung eine SVE besucht haben, sind dies im Falle von Schülern mit schwerster geistiger Behinderung über 80 % (vgl. Tab. 4).

2 Die folgenden Ergebnisse beziehen sich auf eine repräsentative Stichprobe von 1.629 Schülerinnen und Schülern im Förderschwerpunkt geistige Entwicklung in Bayern. Die Daten wurden anhand eines Lehrerfragebogens im Schuljahr 2009/10 erhoben (vgl. Beitrag 1).

Tab. 4: *Akzeptanz vorschulischer Förderangebote nach dem Schweregrad der Behinderung (n = 1.592; Mehrfachnennungen möglich)*

Vorschulische Förderung	keine geistige Behinderung (n = 15)	leichte g. Behinderung (n = 542)	mittelgradige g. Behinderung (n = 571)	schwere g. Behinderung (n = 259)	schwerste g. Behinderung (n = 205)
SVE	36	53,3	68,8	73,7	81,7
Integrativer Kindergarten	6	10	11,6	9,6	3
Kindergarten	21,1	22,4	12	9,7	3,6
zu Hause	0	1,9	1,7	3,6	4,1

Eine so klare Tendenz lässt sich beim Besuch des integrativen Kindergartens nicht feststellen. So variieren die Anteile zwischen 6 und 11,6 %. Einzig die Schüler mit schwerster geistiger Behinderung besuchen nur in 3 % der Fälle einen integrativen Kindergarten. Im Hinblick auf den Besuch eines (Regel-)Kindergartens dreht sich die Tendenz, die bei der SVE sichtbar wird, um. So besuchen rund 20 % der Schüler, die nicht als geistig behindert bzw. als leicht geistig behindert eingestuft wurden einen Regelkindergarten. Im Falle von Schülern mit mittelgradiger bzw. schwerer geistiger Behinderung ist es noch ungefähr die Hälfte, nämlich rund 10 % und im Falle von schwerst geistig behinderten Schülern sind es noch 3,6 %. Eine vorschulische Förderung zu Hause hatten rund 2 % der leicht bzw. mittelgradig geistig behinderten Schüler und rund 4 % der schwer bzw. schwerst geistig behinderten Schüler. Die Tendenzen beim Besuch der SVE bzw. eines Regelkindergartens sind in Abbildung 1 nochmals grafisch dargestellt.

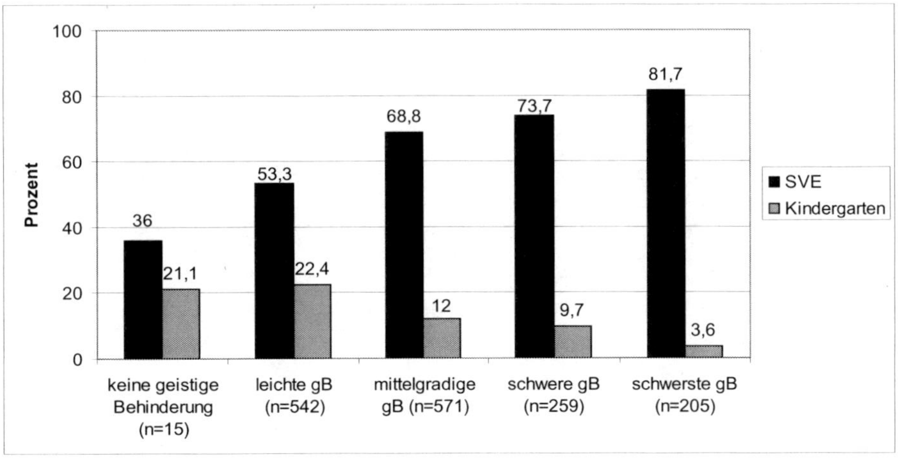

Abb. 1: Besuch von SVE bzw. Kindergarten vor dem Hintergrund des Schweregrades der Behinderung nach ICD-10 (n = 1.592, Mehrfachnennungen möglich)

Die Wahl der institutionellen Bildungsorte SVE und Kindergarten unterscheidet sich vor dem Hintergrund der Schwere der Behinderung nach ICD-10 signifikant (Kruskal-Wallis-Test: $p < 0.001$).

3.1.2 Aktueller Lernort

Gesamtstichprobe

Betrachtet man den aktuellen Lernort der Schülerschaft mit dem Förderschwerpunkt geistige Entwicklung gemäß der Konstruktion der Stichprobe im Rahmen der Studie SFGE[3], so zeigt sich, dass 87,8 % ein FzgE besuchen, 3,4 % eine Außenklasse und 8,8 % eine andere Förderschule.

Tab. 5: *Aktueller Lernort der Schülerschaft im FsgE (n = 1.614)*

Aktueller Lernort	Häufigkeit	in Prozent
FzgE	1.417	87,8
Außenklasse des FzgE	54	3,4
Andere Förderschule	142	8,8
davon:		
FzkmE	99	6,1
Fz Sehen	43	2,7

Aktueller Lernort und Schweregrad der Behinderung

Im Weiteren stellt sich die Frage, ob sich die aktuellen Lernorte vor dem Hintergrund des Schweregrades der Behinderung nach ICD-10 unterscheiden. Hierbei zeigt sich, dass die Schüler, die von den Lehrern als nicht geistig behindert eingestuft wurden, zu Dreiviertel das FzgE besuchen, zu 6 % eine Außenklasse und zu 18 % das FzkmE (vgl. Tab. 6). Schüler mit leichter geistiger Behinderung besuchen zum größten Teil (rund 90 %) das FzgE. 6,3 % gehen in eine Außenklasse und 4,6 % besuchen das FzkmE. Ähnlich ist es bei Schülern mit mittelgradiger geistiger Behinderung, wobei hier auch einige Schüler im Fz Sehen beschult werden. Im Hinblick auf die Schüler mit schwerer bzw. schwerster Behinderung sind die Außenklassen nahezu bedeutungslos. Nur ganz vereinzelt besuchen Schüler dieser Gruppen eine Außenklasse. Ebenso nehmen die Zahlen beim FzgE leicht ab, dafür gewinnen die anderen Förderschularten an Bedeutung. Während 13,2 % der schwer geistig behinderten Schüler entweder das FzkmE oder das Fz Sehen besuchen, sind es in der Gruppe der schwerst geistig behinderten Schüler 20 %. Dabei nimmt das Fz Sehen immer mehr an Bedeutung zu.

3 Schüler in Einzelintegration konnten aus forschungsmethodischen Gründen nicht berücksichtigt werden (vgl. Beitrag 1).

Tab. 6: *Aktueller Lernort nach dem Schweregrad der Behinderung (in Prozent)*

Aktueller Lernort	keine geistige Behinderung (n = 16)	leichte g. Behinderung (n = 524)	mittelgradige g. Behinderung (n = 579)	schwere g. Behinderung (n = 256)	schwerste g. Behinderung (n = 208)
FzgE	75,9	89,1	90,7	86	78,9
Außenklasse	6	6,3	3	0,8	0,5
Andere FöS	18,1	4,6	6,3	13,2	20,6
davon:					
FzkmE	18,1	4,6	4,2	10	9,5
FzSehen	0	0	2,1	3,2	11,1

Zusammenfassend kann also festgestellt werden, dass die Bedeutung der Außenklassen als Lernort mit steigendem Schweregrad der Behinderung abnimmt. Des Weiteren nimmt die Bedeutung der FzkmE und Fz Sehen mit steigendem Schweregrad der Behinderung zu (vgl. Abb. 2). Die aktuellen Lernorte unterscheiden sich hinsichtlich des Schweregrade der Behinderung der Schüler signifikant (Kruskal-Wallis-Test: $p < 0.005$).

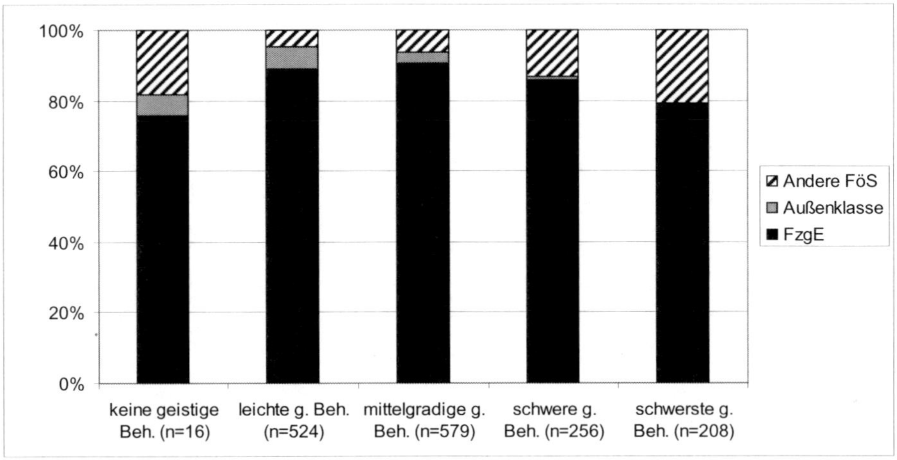

Abb. 2: Aktueller Lernort nach Schweregrad der Behinderung (nach ICD-10)

3.1.3 Heilpädagogische Tagesstätte

Gesamtstichprobe

Neben den Bildungsangeboten im Elementarbereich wurde in SFGE der Besuch der Heilpädagogischen Tagesstätte erfasst, die das Bildungsangebot des FzgE zum Ganztagesangebot ergänzt. Im Schuljahr 2009/10 besuchte ein Großteil der Schüler, nämlich 81,4 % die Heilpädagogische Tagesstätte (n = 1.531).

Heilpädagogische Tagesstätte und Schweregrad der Behinderung

Vor dem Hintergrund des Schweregrades der Behinderung stellen sich die Daten folgendermaßen dar: Sieht man von der Gruppe der Schüler ab, die von den Lehrern als nicht geistig behinderten eingestuft wurden, dann besuchten zwischen 79 und 85 % der Schüler die Tagesstätte (vgl. Tab. 7). Bei der erstgenannten Gruppe sind es 70 %.

Tab. 7: *Tagesstättenbesuch nach Schweregrad der Behinderung*

Besuch der Heilpäd. Tagesstätte	Häufigkeit	in Prozent
keine geistige Behinderung (n = 10)	7	71,9
leichte geistige Behinderung (n = 495)	389	78,7
mittelgradige geistige Behinderung (n = 554)	473	85,5
schwere geistige Behinderung (n = 250)	197	78,8
schwerste geistige Behinderung (n = 193)	153	79,3

Der Besuch der Heilpädagogischen Tagesstätte unterscheidet sich vor dem Hintergrund des Schweregrades der Behinderung signifikant (Kruskal-Wallis-Test: $p < 0.05$). Eine Tendenz ist jedoch nicht abzulesen.

3.2 Schullaufbahn

3.2.1 Einschulungsort

Gesamtstichprobe

Anfänglich soll der Moment der Einschulung betrachtet werden. Während rund Dreiviertel der Schüler direkt in das FzgE eingeschult wurden, begannen rund 20 % der Schüler ihren Bildungsweg in einer Förderschule eines anderen Förderschwerpunktes und 4 % in der Grundschule (vgl. Tab. 8).

Tab. 8: *Schüler nach Einschulungsort*

Einschulung in	Häufigkeit	in Prozent
FzgE	1.215	75,9
Andere Förderschule	324	20,2
Grundschule	63	3,9
Gesamt:	1.602	100

Betrachtet man nur die Schüler, die in einer anderen Förderschule eingeschult wurden, nach Art der Förderschule, dann zeigt sich die ganze Bandbreite des Förderschulsystems in Bayern. Am häufigsten, zu 37,3 % wurden die Schüler am Förderzentrum, Förderschwerpunkt körperliche und motorische Entwicklung (FzkmE) eingeschult, gefolgt von knapp 30 % am Förderzentrum, Förderschwerpunkt Lernen (Fz Lernen), 16,7 % am Sonderpädagogischen Förderzentrum (SFZ), 11,8 % am Förderzentrum, Förderschwerpunkt Sehen (Fz Sehen) und 2,1 % am Förderzentrum, Förderschwerpunkt Sprache (Fz Sprache). Die Förderzentren, Förderschwerpunkt Hören (Fz Hören) und die Förderzentren, Förderschwerpunkt emotionale und soziale Entwicklung (FzesE) sind mit 1,4 bzw. 0,8 % vertreten (vgl. Tab. 9).

Tab. 9: *Schüler nach Einschulungsort – andere Fördeschule*

Einschulung in einer anderen Förderschule	Häufigkeit	in Prozent
Förderzentrum, Förderschwerpunkt Lernen (Fz Lernen)	85	29,2
Förderzentrum, Förderschwerpunkt emotionale und soziale Entwicklung (FzesE)	2	0,8
Förderzentrum, Förderschwerpunkt Sprache (Fz Sprache)	5	1,8
Sonderpädagogisches Förderzentrum (SFZ)	49	17
Förderzentrum, Förderschwerpunkt körperlich-motorische Entwicklung (FzkmE)	110	37,8
Förderzentrum, Förderschwerpunkt Sehen (Fz Sehen)	35	12
Förderzentrum, Förderschwerpunkt Hören (Fz Hören)	4	1,4
Gesamt:	292	100

Fasst man die einzelnen Förderschularten zum Teil zusammen, so stellt sich heraus, dass knapp die Hälfte der Schüler aus dem »LVS-Bereich«[4] stammt (SFZ und Fz Ler-

4 Lernen-Verhalten-Sprache; diese Bereiche wurden in Bayern unter dem Dach des Sonderpädagogischen Förderzentrums zusammengefasst. Daneben existieren die Bereiche jedoch auch alleine weiter, in den Organisationsformen der Förderzentren, Förderschwerpunkt Lernen, Förderzentren, Förderschwerpunkt emotionale und soziale Entwicklung und den Förderzentren, Förderschwerpunkt Sprache.

nen, FzesE und Fz Sprache), gefolgt von über einem Drittel aus dem FzkmE, 12 % aus dem Fz Sehen und 1,4 % aus dem Fz Hören (vgl. Abb. 3).

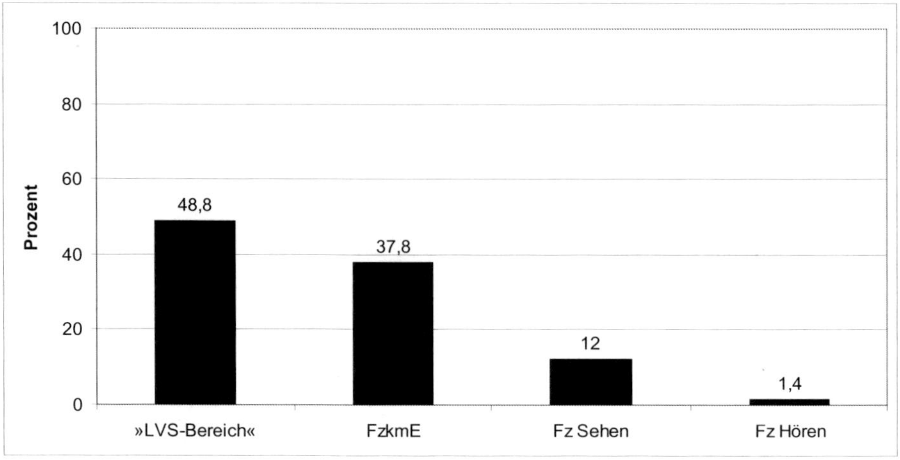

Abb. 3: Schüler nach Einschulungsort – andere Förderschule (n = 292)

Einschulungsort und Alter der Schüler

Im Zusammenhang mit den KMK-Empfehlungen (1994), die die sonderpädagogische Förderung als Aufgabe aller Schularten ausgewiesen und die rigide Sonderschulpflicht abgeschafft haben, lässt sich vermuten, dass die Anteile der Schüler, die bereits zu Beginn in das FzgE eingeschult wurden, in den niedrigeren Jahrgangsstufen kleiner ausfallen als in den höheren. Hierfür wird der Einschulungsort nochmals differenziert nach Alter der Schüler – hier in Form von Schulstufen, also nach Grundschulstufenschülern (GS), Hauptschulstufenschülern (HS) und Berufsschulstufenschüler (BS) betrachtet (vgl. Tab. 10). Dabei werden nur die Schüler berücksichtigt, die bereits zur Einschulung in den Förderschwerpunkt geistige Entwicklung eingestuft waren (n = 1.297; vgl. Kap. 3.2.3). Während von den GS-Schülern rund 87 % direkt ins FzgE eingeschult wurden, waren es von der Gruppe der HS-Schüler 88 % und von der Gruppe der BS-Schüler 89 %. Ähnlich eng liegen die Daten für die Einschulungen an den anderen Förderschulen zusammen, zwischen 10 und 11,5 %. Bei der Einschulung in der Grundschule sind sogar nur Unterschiede von 0,5 % zu beobachten.

Tab. 10: *Einschulungsort nach Schulstufen (in Prozent)*

Einschulung in	Grundschulstufe (GS) (n = 477)	Hauptschulstufe (HS) (n = 489)	Berufsschulstufe (BS) (n = 298)
FzgE	87,4	88,1	89,2
Andere Förderschule	11,5	11,3	10,1
Grundschule	1,1	0,6	0,7
Gesamt:	100	100	100

Zusammenfassend kann man sagen, dass die Zahl der in den unterschiedlichen Schulformen eingeschulten Kinder in etwa gleich bleibt (vgl. Abb. 4). Die Gruppen unterscheiden sich nicht signifikant (Kruskal-Wallis-Test: $p > 0.05$). Die im Zusammenhang mit den KMK-Empfehlungen (1994) formulierte Hypothese bestätigt sich also nicht.

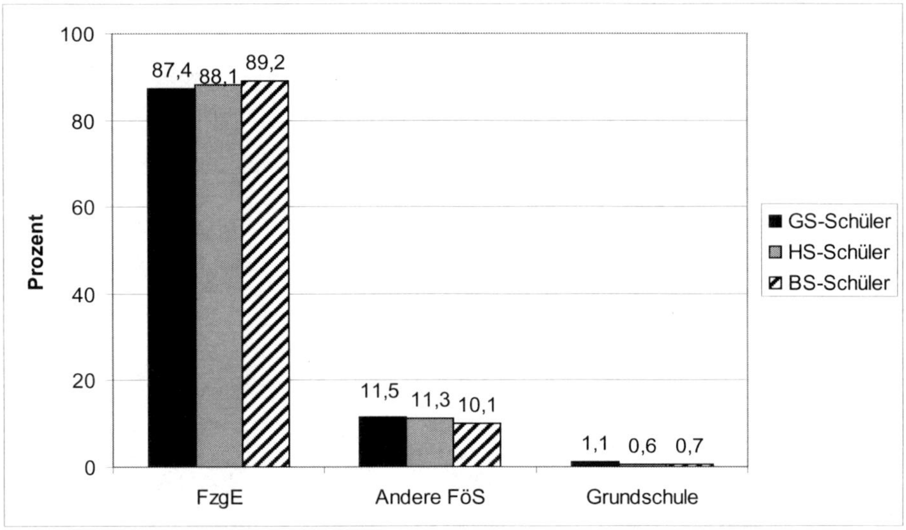

Abb. 4: Schüler nach Schulstufen und Einschulungsorten (n = 1.576)

Einschulungsort und Schweregrad der Behinderung

Neben dem Alter der Schüler erscheint der Schweregrad der Behinderung im Hinblick auf die Wahl der Schulart von Bedeutung. So ist davon auszugehen, dass der Anteil der Schüler, die ins FzgE eingeschult werden mit steigendem Schweregrad der Behinderung zunimmt. Die Daten zu dieser Hypothese stellen sich folgendermaßen dar: Während die Schüler, die von den Lehrern als nicht geistig behindert eingestuft wurden, zu ähnlichen Anteilen (zwischen 28 und 39 %) in die unterschiedlichen Schularten eingeschult wurden, zeigt sich die Verteilung bei den anderen Gruppen deutlich ungleicher (vgl. Tab. 11). So wurden 64 % der Schüler mit leichter geistiger Behinderung in das FzgE, 28,5 % in eine andere Förderschule und 7,5 in die Grundschule eingeschult. Bei den drei restlichen Gruppen, ist die Verteilung sehr ähnlich. Rund 80 % der Schüler, die als mittelgradig, schwer oder schwerst geistig behindert eingestuft wurden, fingen ihre Bildungsbiografie im FzgE an. Rund 18 % in anderen Fördeschulen und rund 2 % an der Grundschule.

Tab. 11: *Einschulungsort nach dem Schweregrad der Behinderung (in Prozent)*

Einschulungs-ort	keine geistige Behinderung (n = 16)	leichte g. Behinderung (n = 521)	mittelgradige g. Behinderung (n = 572)	schwere g. Behinderung (n = 254)	schwerste g. Behinderung (n = 207)
FzgE	39	64	84,7	81,5	76,4
Andere FöS	33,3	28,5	13,4	16,6	22
Grundschule	27,7	7,5	1,9	1,9	1,6
Gesamt:	100	100	100	100	100

Zusammenfassend kann man sagen, dass die Wahl der Grundschule zum Zeitpunkt der Einschulung mit steigendem Behinderungsgrad deutlich abnimmt (vgl. Abb. 5). Im Gegenzug nimmt die Wahl des FzgE deutlich zu. Die gewählte Schulart unterscheidet sich vor dem Hintergrund des Schweregrades der Behinderung signifikant (Kruskal-Wallis-Test: $p < 0.001$).

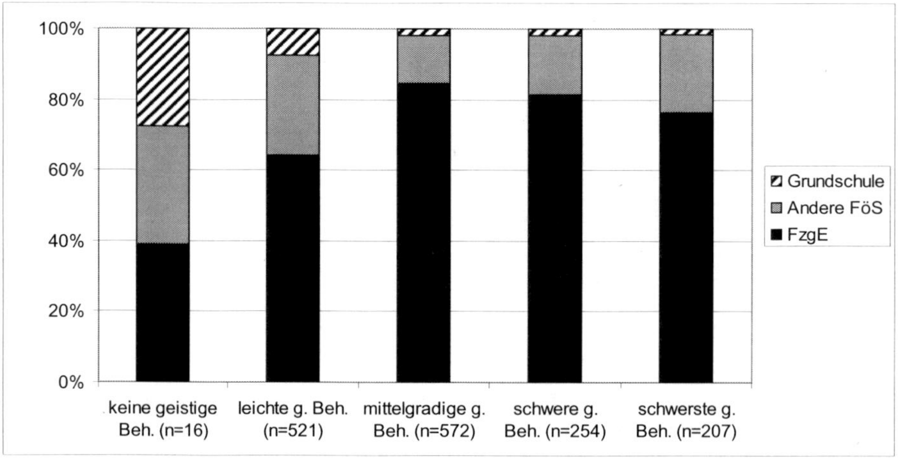

Abb. 5: Einschulungsort nach dem Schweregrad der Behinderung (nach ICD-10) (n = 1.570)

3.2.2 Schulwechsel

Gesamtstichprobe

Dreiviertel der Schüler (74,1 %) haben in ihrer Bildungsbiografie keinen Schulwechsel zu verzeichnen (n = 1.596). Die anderen 25,9 % wechselten zwischen einem und sechs Mal die Schule. Der Großteil davon (78,3 %) hatte einen Schulwechsel, 15,5 % zwei, 4 % drei, 2 % vier und 0,2 % sogar 6 Schulwechsel (n = 356).

Schulwechsel und Einschulungsort

Die Tatsache eines Schulwechsels differiert erheblich, wenn man sich die zur Einschulung gewählten Bildungsorte betrachtet (vgl. Tab. 12). So haben nur 12 % der Schüler, die am FzgE eingeschult wurden, einen Schulwechsel zu verzeichnen. Am Fz Sehen sind dies sogar nur 9,7 % und am FzkmE knapp ein Drittel der Schüler. Dagegen sind es bei den Schülern, die in der Grundschule eingeschult wurden knappe 90 %, bei den Schülern aus dem »LVS-Bereich« 97,2 % und im Förderzentrum Hören sogar 100 %.[5]

Tab. 12: *Schulwechsel nach Einschulungsort (in Prozent)*

Schulwechsel	Einschulung in FzgE (n = 1.201)	... in »LVS-Bereich« (n = 144)	... in FzkmE (n = 109)	... in Fz Sehen (n = 34)	... in Fz Hören (n = 4)	... in Grundschule (n = 63)
ja	12	97,2	31,4	9,7	100	89,5
nein	88	2,8	68,6	90,3	0	10,5
Gesamt:	100	100	100	100	100	100

Die Zahl der Schulwechsel differiert dagegen nicht so deutlich (vgl. Tab. 13). So fällt die Zahl der Schulwechsel bei den Schülern, die in das FzgE oder eine andere Förderschule eingerechnet wurden, nahezu identisch aus. Bei der Gruppe der in die Grundschule eingeschulten Kinder zeigt sich allerdings, dass ein deutlich höherer Prozentsatz zwei- bzw. dreimal die Schule wechselt.

Tab. 13: *Zahl der Schulwechsel nach Einschulungsort (in Prozent)*

Zahl der Schulwechsel	Einschulung in Fzge (n = 138)	... in andere FöS (n = 170)	... in Grundschule (n = 45)
1	83	82,8	46,7
2	10	13,1	40,6
3	4,8	2,1	9
≥ 4	2,2	2	3,7
Gesamt:	100	100	100

Schulwechsel und Schweregrad der Behinderung

Der Anteil der Schüler, die in ihrer Bildungsbiografie einen Schulwechsel erlebt haben, nimmt mit steigendem Behinderungsgrad kontinuierlich ab (vgl. Tab. 14). Ist es noch über die Hälfte der Schüler (56,4 %), die nicht als geistig behindert eingestuft wurden, die mindestens einmal die Schule gewechselt haben, so sind es im Falle der

5 Wobei im Falle des Fz Sehen auf die niedrige Fallzahl hingewiesen werden muss, was die Verallgemeinerbarkeit der Aussage stark einschränkt.

leicht geistig behinderten Schüler noch knapp 40 %, im Falle der mittelgradig geistig behinderten Schüler noch 21 % und im Falle der schwer bzw. schwerst geistig behinderten Schüler nur noch 16 %.

Tab. 14: *Schulwechsel nach dem Schweregrad der Behinderung (in Prozent)*

Schulwechsel	keine geistige Behinderung (n = 16)	leichte g. Beh. (n = 529)	mittelgradige g. Beh. (n = 579)	schwere g. Behinderung (n = 257)	schwerste g. Behinderung (n = 208)
Ja	56,4	39,7	21	16	16
Nein	43,6	60,3	79	84	84
Gesamt:	100	100	100	100	100

Aktueller Lernort und Einschulungsort[6]

Im Hinblick auf die Bildungsbiografie sind besonders Kontinuitäten bzw. Diskontinuitäten von Interesse. So soll im Folgenden der aktuelle Lernort im Zusammenhang mit dem Einschulungsort analysiert werden.

Hierbei zeigt sich, dass 96,1 % der Schüler, die im FzgE eingeschult wurden, auch heute am FzgE unterrichtet werden (vgl. Tab. 15). Weitere 3,1 % besuchen eine Außenklasse und nur 0,8 % eine andere Förderschule. Bei den Schülern, die an einer anderen Förderschule eingeschult wurden, werden aktuell 57,3 % am FzgE beschult, 2,8 % besuchen eine Außenklasse und 39,9 % eine andere Förderschule. Die Schüler, die im ersten Schuljahr die Grundschule besucht haben, werden mittlerweile zu 81 % am FzgE, weitere 12,4 % in einer Außenklasse und 6,6 % an einer anderen Förderschule beschult.

Tab. 15: *Aktueller Lernort vor dem Hintergrund des Einschulungsortes (in Prozent)*

Aktueller Lernort	Einschulung in FzgE (n = 1.210)	... in andere FöS (n = 319)	... in Grundschule (n = 63)
FzgE	96,1	57,3	81
Außenklasse des FzgE	3,1	2,8	12,4
Andere Förderschule	0,8	39,9	6,6
davon:			
FzkmE	0,3	28,7	6,6
Fz Sehen	0,5	11,2	0

6 An dieser Stelle muss darauf hingewiesen werden, dass aus forschungsmethodischen Gründen Schüler, die im Rahmen der Einzelintegration eine allgemeine Schule besuchen, nicht berücksichtigt werden konnten (vgl. Beitrag 1).

Im Folgenden soll nur die Gruppe der Schüler, die an einer anderen Förderschulart eingeschult wurde nochmals näher analysiert werden. Hierbei zeigt sich, dass die Schüler aus dem »LVS-Bereich« zum überwiegenden Teil (93,7 %) mittlerweile am FzgE unterrichtet werden (vgl. Tab. 16). Die Schüler, die am FzkmE eingeschult wurden, werden zumeist auch aktuell am FzkmE unterrichtet (zu 79,2 %). Rund ein Fünftel der Schüler wechselte in das FzgE bzw. in eine Außenklasse. Die Schüler, die am Fz Sehen eingeschult wurden, werden auch aktuell fast in Gänze an dieser Schulart unterrichtet. Lediglich 5,6 % wechselten in das FzgE. Alle Schüler, die zum ersten Schulbesuchsjahr ein Fz Hören besucht haben, haben mittlerweile die Schulart gewechselt und werden aktuell in einem FzgE unterrichtet.[7] Über die Art von Schulwechseln – ob innerhalb einer Schulart oder schulartübergreifend –, die zwischen der Einschulung und dem aktuellen Lernort liegen, kann an dieser Stelle keine Aussage getroffen werden.

Tab. 16: *Aktueller Lernort vor dem Hintergrund des Einschulungsortes (in Prozent)*

Aktueller Lernort	Einschulung in »LVS-Bereich« (n = 146)	... in FzkmE (n = 108)	... in Fz Sehen (n = 34)	... in Fz Hören (n = 4)
FzgE	93,7	18,5	5,6	100
Außenklasse des FzgE	3,6	2,3	0	0
Andere Förderschule	2,7	79,2	94,4	0
davon:				
FzkmE	2,7	79,2	0	0
Fz Sehen	0	0	94,4	0

In Abbildung 6 wird der aktuelle Lernort vor dem Hintergrund des Einschulungsortes nochmals grafisch dargestellt. Hierbei wird die durchgängig hohe Bedeutung des FzgE für die am FzgE, im »LVS-Bereich«, dem Fz Hören und der Grundschule eingeschulten Kinder deutlich. Für die im FzkmE und dem Fz Sehen eingeschulten Kinder sind die jeweiligen anderen Förderschularten auch aktuell von hoher Bedeutung.

Zusammenfassend lässt sich feststellen, dass die meisten Schüler mit dem Förderschwerpunkt geistige Entwicklung eine Bildungsbiografie mit wenigen Schul- bzw. Schulartwechseln aufweisen.

So verbleiben die Schüler mit dem Einschulungsort FzgE zu 88 %, FzkmE zu 68,6 % und Fz Sehen zu 90,3 % in der Schulart, ja sogar in der Schule, in der sie eingeschult wurden (vgl. Tab. 12). In den anderen drei Gruppen ist eine höhere Wechselhäufigkeit festzustellen. So wechseln in den Gruppen der im »LVS-Bereich«, dem

7 Wobei im Falle des Fz Sehen wiederum auf die niedrige Fallzahl hingewiesen werden muss, was die Verallgemeinerbarkeit der Aussage stark einschränkt.

Fz Hören und der Grundschule eingeschulten Kinder, die Schüler zu zwischen knapp 90 und 100 % die Schule (vgl. Tab. 12).

Bei diesen drei Gruppen ist mit dem Schulwechsel auch zumeist ein Schulartwechsel, nämlich ein Wechsel in das FzgE bzw. eine Außenklasse verbunden. Während alle Schüler aus dem Fz Hören in das FzgE wechseln[8], sind es über 90 % der Schüler, die im »LVS-Bereich« eingeschult wurden und bei den in der Grundschule eingeschulten Schülern 80 %. Bei den ehemaligen Grundschülern nimmt die Außenklasse mit 12,4 % im Rahmen der aktuellen Lernorte noch eine bedeutsame Stellung ein (vgl. Tab. 15, 16).

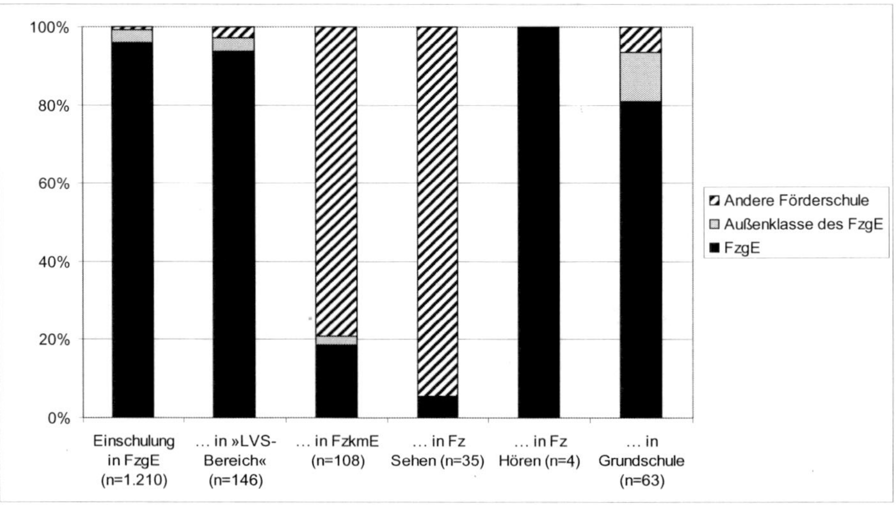

Abb. 6: Aktueller Lernort vor dem Hintergrund des Einschulungsortes

3.2.3 Einstufung in den Förderschwerpunkt geistige Entwicklung

Gesamtstichprobe

Im Hinblick auf die Beschreibung der Schülerschaft im FsgE erscheint es weiterhin interessant, wie viele Schüler es gibt, die erst im Laufe ihrer Bildungsbiografie in den Förderschwerpunkt geistige Entwicklung eingestuft werden. Hierbei zeigt sich, dass der Großteil der Gruppe, 83,8 % vor bzw. in der ersten Klasse bereits in den FsgE eingestuft war (vgl. Tab. 17). Im Laufe der Grundschuljahre (bis Klasse 4) kommen weitere 8,3 % hinzu. Am Ende der Grundschulzeit sind also bereits 92,1 % der Schüler in den FsgE eingestuft. In den Hauptschuljahren (Klasse 5–9) kommen nochmals weitere 6,5 % hinzu. Aber auch noch später, zur Zeit der Berufsschulpflicht, wechseln noch 1,4 % der Schülern in den FsgE.

8 Wobei im Falle des Fz Sehen wiederum auf die niedrige Fallzahl hingewiesen werden muss, was die Verallgemeinerbarkeit der Aussage stark einschränkt.

Tab. 17: *Zeitpunkt der Einstufung in den FsgE*

Einstufung in den FsgE	Häufigkeit	in Prozent
vor bzw. in Klasse 1	1.297	83,8
in Klasse 2–4	129	8,3
in Klasse 5–9	100	6,5
in Klasse 10–12	22	1,4
Gesamt:	1.547	100

Wechsel in den FsgE und Schweregrad der Behinderung

Betrachtet man den Zeitpunkt der Einstufung in den FsgE vor dem Hintergrund des Schweregrades der Behinderung nach der ICD-10, so fällt auf, dass die Einstufung von mittelgradig bis schwerst geistig behinderten Schülern zum größten Teil (über 90 %) bereits vor bzw. zum ersten Schuljahr erfolgte (vgl. Tab. 18). Einstufungen in der Hauptschul- bzw. Berufsschulzeit erfolgen kaum mehr. In der Gruppe der Schüler, die von den Lehrern als nicht geistig behindert bzw. leicht geistig behindert eingestuft wurden, erfolgte zu 45,3 % bzw. 67,4 % eine frühe Einstufung. Während der übrigen Grundschul- und der Hauptschulzeit waren es dann je ca. 22 % bzw. ca. 15 %. In der Gruppe, der Schüler, die nicht als geistig behindert gelten, wurden in der Berufsschulzeit weitere 10 % in den FsgE eingestuft, von den leicht geistig behinderten Schülern nur noch 3,3 %.

Tab. 18: *Zeitpunkt der Einstufung in den FsgE nach dem Schweregrad der Behinderung (in Prozent)*

Einstufung in den FsgE	keine geistige Behinderung (n = 14)	leichte g. Behinderung (n = 494)	mittelgradige g. Behinderung (n = 556)	schwere g. Behinderung (n = 252)	schwerste g. Behinderung (n = 202)
vor bzw. zu Klasse1	45,4	67,4	91,1	93	94,8
Klasse 2–4	22,6	14,4	6,2	5,8	1,9
Klasse 5–9	21,9	14,9	2,5	1,1	2,2
Klasse 10–12	10,1	3,3	0,2	0,1	1,1
Gesamt:	100	100	100	100	100

Zusammenfassend kann festgehalten werden, dass der Zeitpunkt der Einstufung in den FsgE bei von den Lehrern als nicht bzw. leicht geistig behindert eingestuften Kindern deutlich variiert, während schwerer behinderte Kinder überwiegend im vorschulischen Alter bzw. zur Einschulung in den FsgE eingestuft werden (vgl. Abb. 7).

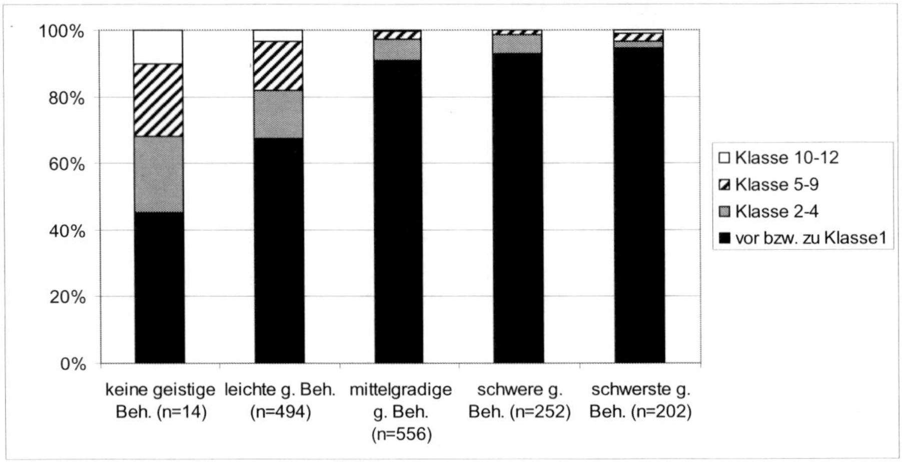

Abb. 7: Zeitpunkte der Einstufung in den FsgE nach Schweregrad der Behinderung

Die Zeitpunkte der Einstufung in den FsgE unterscheiden sich hinsichtlich des Schweregrades der Behinderung signifikant (Kruskal-Wallis-Test: $p < 0.001$).

Wechsel in den FsgE und andere Einschulungsorte

Von besonderem Interesse erscheint der Zeitpunkt des Wechsels in den FsgE bei den Schülern, die in die Grundschule bzw. eine andere Förderschulart eingeschult wurden.

Tab. 19: *Zeitpunkt der Einstufung in den FsgE vor dem Hintergrund des Einschulungsortes (in Prozent)*

Einstufung in den FsgE	Einschulung in FzgE (n = 1.162)	... in anderer FöS (n = 310)	... in Grundschule (n = 63)
vor bzw. zu Klasse 1	97,2	45,7	21,9
Klasse 2–4	2,3	26,1	35,4
Klasse 5–9	0,4	22,6	38,3
Klasse 10–12	0,1	5,6	4,4
Gesamt:	100	100	100

Während 97,2 % der Schüler, die im FzgE eingeschult wurden, vor bzw. zur ersten Klasse in den FsgE eingestuft wurden, waren dies bei den an der Grundschule eingeschulten Schülern nur 21,9 % und denen, die an einer anderen Förderschulart eingeschult wurden 45,7 % (vgl. Tab. 19). In den weiteren Grundschuljahren kommen nochmals 35,4 % der Grundschüler und 26,1 % der an einer anderen Förderschulart eingeschulten Kinder hinzu.

Die Zeitpunkte der Einstufung in den FsgE unterscheiden sich hinsichtlich der Einschulungsorte signifikant (Kruskal-Wallis-Test: $p < 0.001$). Die Schüler, die an anderen Förderschulen bzw. der Grundschule eingeschult wurden, wurden tendenziell später in den FsgE eingestuft. Diese Tendenz ist in Abbildung 8 nochmals grafisch dargestellt.

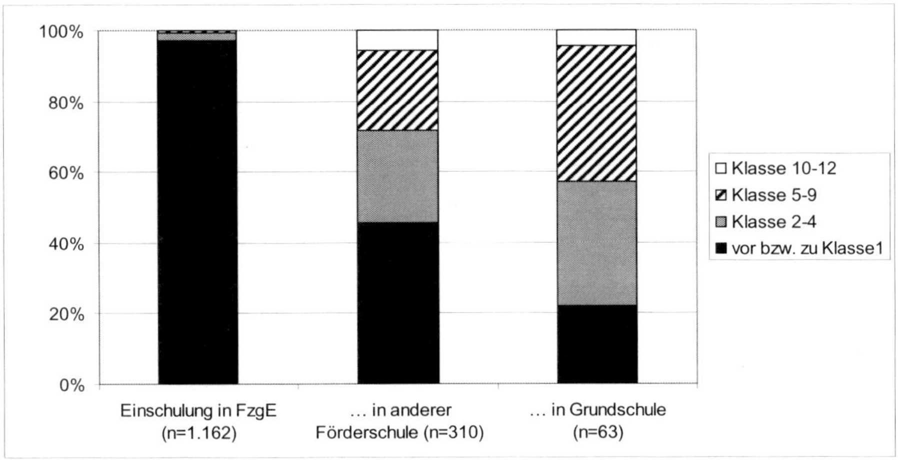

Abb. 8: Zeitpunkt der Einstufung in den FsgE nach Einschulungsort

3.2.4 Überlegungen zu einem Schulartwechsel

Gesamtstichprobe

Über einen Wechsel in eine andere Förderschulart denken die Familien der Schüler im FsgE im Schuljahr 2009/10 nur sehr vereinzelt nach. Lediglich in 1,1 % der Fälle gibt es aktuell Überlegungen zu einem Schulartwechsel (vgl. Tab. 20).

Falls ein Schulwechsel thematisiert wird, dann zumeist zum Fz Lernen (47,5 %), gefolgt vom SFZ (17,4 %), dem FzkmE (11 %), der Grundschule (10,7 %), dem Fz Sehen (4,7 %), dem FzesE (4,6 %) und der Berufsschule zur sonderpädagogischen Förderung (4,1 %).

Tab. 20: *Überlegungen zu einem Schulartwechsel bei Schülern im Förderschwerpunkt geistige Entwicklung*

Überlegungen Schulwechsel	Häufigkeit	in Prozent
Nein	1.580	98,9
Ja	18	1,1
Gesamt:	1.598	100

Die Schüler, deren Familien aktuell über einen Schulwechsel nachdenken, haben in weiten Teilen noch keinen Schulwechsel absolviert (61,1 %). In 38,9 % der Fälle wäre das mindestens der zweite Schulwechsel für das Kind (n = 18).

Ein Blick auf das Alter dieser Schüler zeigt, dass der größte Teil von ihnen (72,5 %) zwischen 6 und 10 Jahre, also im Grundschulalter ist. Im Hauptschulalter (11 bis 15

Jahre) sind weitere 21,5 % und im Berufsschulalter (≥ 16 Jahre) 6 % (n = 18). Die überwiegende Anzahl der Schulwechsel wird also bei jungen Schülern überlegt.

Rund Dreiviertel der Schüler (74,1 %), bei denen ein Schulwechsel aktuell thematisiert wird, wurde im FzgE eingeschult, dagegen 14,3 % in einer anderen Förderschulart und 11,6 % in der Grundschule (n = 18).

Interessant erscheint darüber hinaus, dass die 18 Schüler, deren Familien aktuell über einen Schulartwechsel nachdenken, von den Lehrern ausnahmslos als nicht bis mittelgradig geistigbehindert eingestuft werden. Im Hinblick auf die Schüler mit schwerer bzw. schwerster geistiger Behinderung bestehen während der Erhebung von SFGE keine Überlegungen zu einem Schulartwechsel.

3.3 Schulassistenz

Gesamtstichprobe

Im Rahmen der Studie SFGE haben die Lehrer angegeben, dass 117 Schüler mit dem Förderschwerpunkt geistige Entwicklung im Schuljahr 2009/10 eine individuelle Begleitung zur Unterstützung im Schulalltag erhalten (n = 1.605). Das entspricht 7,3 %.

Betrachtet man sich die Stundenumfänge (vgl. Tab. 21), so stellt man fest, dass die Schüler im Durchschnitt 23 Unterrichtsstunden begleitet werden, wobei die Assistenzzeit im geringsten Fall nur zwei, im höchsten Fall 35 Unterrichtsstunden umfasst. Die sich hier bereits andeutende erhebliche Varianz der Stundenumfänge wird durch die Standardabweichung von 5,9 bestätigt. Der Median, als mittlerer Wert, liegt bei 24 Stunden, d. h. dass 50 % der Schüler weniger als 24 Stunden und 50 % mehr als 24 Stunden begleitet werden.

Tab. 21: *Angaben zum Stundenumfang der Schulbegleitung*

	n	Min	Max	Mittelwert	s	Median
Stundenumfang Schulbegleitung	99	2	35	22,58	5,9	24

Die genaue Verteilung der Daten kann mit Hilfe des Boxplots in Abbildung 9 näher beschrieben werden, der v. a. die Konzentration bzw. die Ausdehnung, also Streuung der Werte veranschaulicht.[9]

9 Die Box selbst, die 50 % der Werte umfasst, wird durch den Median »geteilt« (= mittlerer Wert). Die äußeren Querstriche, die sogenannten ›Whisker‹ kennzeichnen die restlichen Werte, die nicht weiter als 1,5 Boxlängen vom unteren bzw. oberen Rand der Box entfernt liegen. Innerhalb der Box und der Querstriche liegen also auch je 25 % der Werte. Es sei denn es gibt einzelne Werte, die weiter entfernt als 1,5 Boxlängen liegen, die dann als Ausreißer durch ›°‹ oder als Extremwerte durch ›*‹ gekennzeichnet werden.

Bei der Betrachtung des Boxplot wird deutlich, dass der Median die Box zwar nicht exakt in der Mitte teilt, sich die Ausdehnung der Werte innerhalb der Box jedoch in Grenzen hält. So liegen 50 % der Werte zwischen 20 und 27 Stunden, d. h. die Hälfte der Schüler erhalten eine Schulbegleitung im Umfang zwischen 20 und 27 Unterrichtsstunden. Des Weiteren macht der untere Whisker sowie die beiden Ausreißer deutlich, dass es sich insgesamt um eine leicht linksschiefe Verteilung der Werte handelt, d. h. die Werte unterhalb des Median streuen weiter als die Werte oberhalb des Median. Die beiden Ausreißer kennzeichnen zudem einzelne Schüler, die nur in geringem Stundenumfang eine Schulbegleitung erhalten.

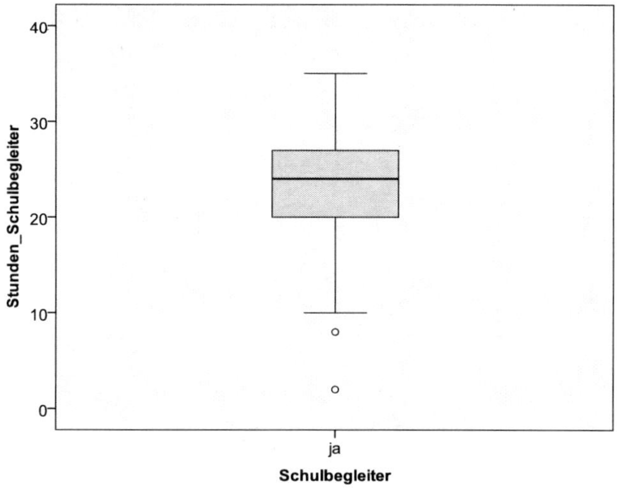

Abb. 9: Verteilung der Stundenumfänge von Schulbegleitung bei Schülern im FsgE (n = 99)

Schulassistenz und Schulstufe

Betrachtet man die Maßnahme der Schulbegleitung im Hinblick auf das Alter der Schüler nach Schulstufen, so stellt sich heraus, dass 8,7 % der Grundschulstufenschüler, 5,8 % der Hauptschulstufenschüler und 7,2 % der Berufsschulstufenschüler von einem Schulbegleiter unterstützt werden (n = 1.580).

Betrachtet man sich die Stundenumfänge auf die Schulstufen bezogen (vgl. Tab. 22), so stellt man fest, dass der Mittelwert zwischen den Schulstufen kaum variiert, also die Schüler im Durchschnitt ungefähr gleich viel (22 bzw. 23) Unterrichtsstunden begleitet werden, unabhängig davon, in welcher Schulstufe sie sind. Die Stundenumfänge für die Schulbegleitung unterscheiden sich hinsichtlich der Schulstufen nicht signifikant (Kruskal-Wallis-Test: $p > 0.05$).

Tab. 22: *Angaben zum Stundenumfang der Schulbegleitung nach Schulstufen*

Stundenumfang Schulbegleitung	n	Min	Max	Mittelwert	s	Median
in Grundschulstufe	42	8	35	22,	5,3	22
in Hauptschulstufe	30	2	30	23	5,9	25
in Berufsschulstufe	24	8	32	22,9	7,3	24

Allerdings deuten die unterschiedlichen Minima, Maxima und Standardabweichungen auf eine ungleiche Verteilung innerhalb der Gruppen hin. Daher soll wiederum die Verteilung der Daten anhand eines Boxplots beschrieben werden (vgl. Abb. 10).

Der Boxplot macht deutlich, dass die Werte innerhalb der Box mit steigender Schulstufe breiter streuen. So erhält die Hälfte der GS-Schüler zwischen 20 und 25 Stunden Schulbegleitung, während die Hälfte der HS-Schüler zwischen 20 und 27 Stunden und die Hälfte der BS-Schüler zwischen 15 und 29 Stunden erhalten. Diese Tendenz setzt sich bei der Betrachtung der Whisker fort. Zusammenfassend kann man also sagen, dass die Stundenbescheide für die Schüler der Grundschulstufe einheitlicher ausfallen, als für die Schüler der Haupt- und Berufsschulstufe.

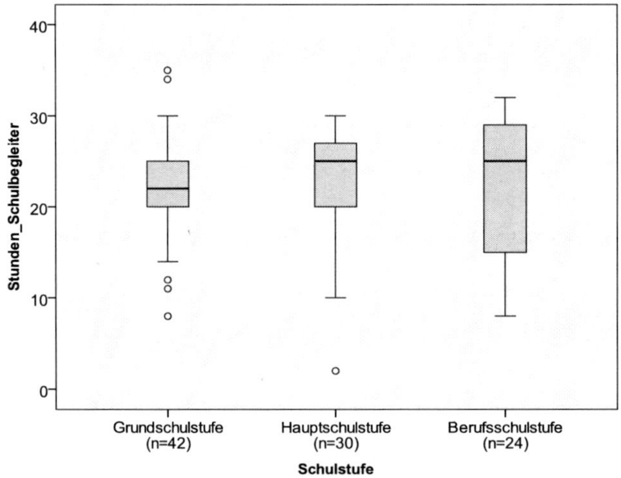

Abb. 10: Verteilung der Stundenumfänge von Schulbegleitung nach Schulstufen (n = 96)

Schulassistenz und aktueller Lernort

Während sich die Häufigkeit einer Schulassistenz vor dem Hintergrund der Schulstufe der Schüler also nicht besonders unterscheidet, variiert die Maßnahme je nach besuchter Schulart stärker. So erhalten 7,9 % der Schüler, die aktuell am FzgE unterrichtet werden eine Schulbegleitung, gegenüber 4,5 % in Außenklassen und 2,8 % in einer anderen Förderschulart (vgl. Tab. 23). Hinsichtlich des Stundenumfangs an

Schulbegleitung an den jeweiligen Lernorten werden aufgrund zu geringer Fallzahlen (n < 10) keine weiteren Analysen vorgenommen.

Tab. 23: *Schulbegleitung nach aktuellem Lernort (in Prozent)*

Schulbegleitung	FzgE (n = 1.210)	Außenklasse (n = 54)	Andere FöS (n = 137)
Schulbegleitung erhalten	7,9	4,5	2,8

Schulassistenz und Schweregrad der Behinderung

Des Weiteren soll die Maßnahme der Schulbegleitung vor dem Hintergrund des Schweregrades der Behinderung analysiert werden. Hierbei zeigt sich, dass 10,9 % der Schüler, die von den Lehrern nicht als geistig behindert eingestuft wurden, eine Schulbegleitung erhalten, gegenüber 3,5 % bzw. 4 % der leicht bzw. mittelgradig geistig behinderten Schülern und 12,1 % bzw. 17,1 % schwer bzw. schwerst geistig behinderten Schüler (vgl. Tab. 24).

Tab. 24: *Schulbegleitung nach Schweregrad der Behinderung (in Prozent)*

Schulbegleitung	keine geistige Behinderung (n = 15)	leichte g. Behinderung (n = 526)	Mittelgradige g. Behinderung (n = 569)	schwere g. Behinderung (n = 255)	schwerste g. Behinderung (n = 208)
Schulbegleitung erhalten	10,9	3,5	4	12,1	17,7

Betrachtet man die Stundenumfänge der Schulbegleitung vor dem Hintergrund des Schweregrades der Behinderung, fallen wiederum kaum Unterschiede hinsichtlich der Mittelwerte auf (vgl. Tab. 25), d. h. der Schweregrad der Behinderung nach ICD-10 hat keine unmittelbaren Auswirkungen auf den Stundenumfang für eine Schulbegleitung. Die Stundenumfänge unterscheiden sich nicht signifikant (Kruskal-Wallis-Test: $p > 0.05$).

Tab. 25: *Angaben zum Stundenumfang der Schulbegleitung nach Schweregrad der Behinderung*[10]

Stundenumfang Schulbegleitung	n	Min	Max	Mittelwert	s	Median
leichte g. Beh.	15	11	28	23,3	3,7	24
mittelgradige g. Beh.	23	2	30	22,2	6,7	22,8
schwere g. Beh.	27	8	32	22,2	6,6	24
schwerste g. Beh.	30	10	35	23,1	6	23

10 Aufgrund der zu geringen Fallzahl für den Stundenumfang von Schulbegleitung für Kinder, die von den Lehrern als nicht geistig behindert eingestuft wurden, wird diese Gruppe aus der Analyse ausgeschlossen.

4 Diskussion

Abschließend sollen die im Rahmen des Projektes SFGE ermittelten Daten zu bildungsbiografischen Aspekten diskutiert und so weit möglich mit vorliegenden Bezugsdaten verglichen werden.

4.1 Bildungsangebote

Im Jahr 2007 waren 78,6 % der zwischen 3- und 7-jährigen Kinder in einer institutionalisierten Kindertagesbetreuung. Dementsprechend wurden 21,4 % der Kinder zu Hause betreut (vgl. Statistische Ämter des Bundes und der Länder 2009, 12). Für diese Altersgruppe ist auf Bayern bezogen von einem flächendeckenden Versorgungsgrad an Betreuungsplätzen auszugehen (vgl. IFP Bayern o. J.), d. h., dass für jedes Kind ein solcher Platz zur Verfügung gestanden hätte. Die Daten aus SFGE deuten auf eine deutlich höhere Akzeptanz institutionalisierter Bildungsangebote im Bereich der vorschulischen Förderung im FsgE hin. Hier wurden lediglich 2,3 % der Kinder zu Hause betreut.

Innerhalb der unterschiedlichen Bildungsangebote lassen sich allerdings Unterschiede erkennen. Schwerer behinderte Kinder besuchen in größerem Ausmaß die SVE als leichter behinderte Kinder. Genau die gegenläufige Tendenz ist beim Besuch eines Regelkindergartens festzustellen (vgl. Abb. 1). Über Gründe für diese Tendenz können an dieser Stelle keine Aussagen getroffen werden. Es bleibt jedoch festzuhalten, dass die Kinder mit steigendem Schweregrad der Behinderung vermehrt eine SVE besuchen, was die hohe Bedeutung und Akzeptanz der SVE für diesen Personenkreis verdeutlicht.

Mit Blick auf den aktuellen Lernort wird deutlich, dass – gemäß der Konstruktion der Stichprobe im Rahmen der Studie SFGE – neben dem FzgE und den Außenklassen für knapp 9 % der Schüler die FzkmE und Fz Sehen eine schulische Heimat darstellen (vgl. Tab. 5).

Hinsichtlich des Besuchs der Heilpädagogischen Tagesstätte fällt auf, dass die Akzeptanz ähnlich hoch ist, wie bei den Bildungsangeboten im vorschulischen Bereich. Über 80 % der Schüler im Förderschwerpunkt geistige Entwicklung besuchen die Heilpädagogische Tagesstätte.

4.2 Schullaufbahn

Die meisten Schüler im FsgE beginnen ihre Schullaufbahn am Förderzentrum mit dem Förderschwerpunkt geistige Entwicklung und werden auch aktuell dort beschult (vgl. Tab. 5, 8). An anderen Förderschulen beginnt ein Fünftel der Schüler, an der Grundschule nur knapp 4 %. Diese 4 %, eine – absolut gesehen – niedrige Zahl, liegt jedoch knapp doppelt so hoch wie die Zahl der Einzelintegrationen im Schuljahr 2009. Diese lagen bei 2,2 % (vgl. KMK 2010a, 5; 2010b, 7; eigene Berechnungen). Von den knapp 4 % in der Grundschule eingeschulten Schülern waren zu dem damaligen Zeitpunkt jedoch Dreiviertel noch nicht im Förderschwerpunkt geistige Entwicklung eingestuft, was die Zahlenverhältnisse wieder ausgleicht (vgl. Tab. 19). Im Hinblick auf die Einschulungen an den anderen Förderschularten konnte aufgezeigt werden, dass vor allem der »LVS-Bereich« als »Zubringer« für das FzgE gelten kann. Hiervon wechseln rund 95 % in das FzgE bzw. eine Außenklasse im Laufe ihrer Bildungsbiografie. Diejenigen Schüler, die zur Einschulung ein FzkmE und ein Fz Sehen besuchen, werden zumeist auch aktuell dort beschult (vgl. Abb. 6). Insgesamt betrachtet ist die Bildungsbiografie von Schülern mit dem Förderschwerpunkt geistige Entwicklung von wenigen Diskontinuitäten geprägt. Dies zeigt sich weiterhin darin, dass nur in 1,1 % der Fälle zum Zeitpunkt der Erhebung von SFGE Überlegungen zu einem Schulartwechsel angestellt wurden (vgl. Tab. 20).

Interessant erscheint weiterhin, dass entgegen den Bemühungen der KMK-Empfehlungen (1994) die Zahl der Einschulungen an den Grundschulen in den letzten Jahren nicht zunimmt (vgl. Abb. 4). So wurden die erfassten Grundschulstufenschüler genauso häufig in die Grundschule eingeschult wie die Hauptschulstufen- und Berufsschulstufenschüler. Über die Gründe hierfür kann an dieser Stelle keine Aussage gemacht werden. Die Wahl der Förderschule nimmt des Weiteren mit steigendem Schweregrad der Behinderung deutlich zu (vgl. Abb. 5). Dies bestätigen auch Ergebnisse einer Elternbefragung zum Thema Schulwahl für Kinder mit sonderpädagogischem Förderbedarf. Dabei präferierten Eltern von Kindern mit geistiger und/oder Mehrfachbehinderung überwiegend die Förderschule (vgl. Fickenscher/Kannewischer/Wagner 2010, 257).

Das macht insgesamt deutlich, dass die Grundschule in Bayern bis dato für die Eltern von Kindern mit schwerer geistiger Behinderung keine Alternative darzustellen scheint. Diese Aussage muss jedoch vor dem Hintergrund gesehen werden, dass bis zum Schuljahr 2010/11 in Bayern die »aktive Teilnahme« als Bedingung für eine Einzelintegration vorausgesetzt wurde (vgl. BayEUG Art. 41). Diese »Klausel« machte es für Schüler mit schwerer geistiger Behinderung bis dato kaum möglich an einer allgemeinen Schule beschult zu werden. Es bleibt abzuwarten, wie sich die Zahl an Einzelintegrationen insgesamt und besonders im Hinblick auf Schüler mit schwerer geistiger Behinderung nach der Novellierung des BayEUG, das seit dem Schuljahr 2011/12 in Kraft ist, entwickeln wird.

4.3 Schulassistenz

Im Zusammenhang mit der Schulbegleitung liegt vergleichbares Datenmaterial vor. So kann die hier erhobene Quote an Schülern, die am FzgE unterrichtet werden und eine Schulbegleitung erhalten, mit den Quoten verglichen werden, die Beck/Dworschak/Eibner (2010) im Schuljahr 2007/08 erhoben haben. In der damaligen Untersuchung wurden 353 Schulbegleiter an bayerischen FzgE erfasst. Diese Zahl führt (unter Berücksichtigung des Rücklaufes (71,6 %) und der Annahme einer annähernden Normalverteilung) zu der Schätzung, dass im Schuljahr 2007/08 4,5 % der Schüler am FzgE eine Schulbegleitung erhalten haben (vgl. Kap. 1). Auf der Basis der Studie SFGE werden 7,3 % der Schüler, die am FzgE unterrichtet werden, von einem Schulbegleiter unterstützt. Dies macht deutlich, dass die rasante Zunahme der Schulbegleiter, die Beck/Dworschak/Eibner belegen konnten (vgl. 2010, 247), offensichtlich bis zum Schuljahr 2009/10 ungebrochen angehalten hat.

Im Zusammenhang mit der Schulbegleitung erscheint darüber hinaus interessant, dass sich die Stundenumfänge vor dem Hintergrund der unterschiedlichen Schulstufen kaum unterscheiden (vgl. Tab. 22). Dies überrascht insofern, als die Schulstufen laut amtlicher Stundentafel deutlich unterschiedliche Schulwochenstunden haben (vgl. VSO-F 2008). Während in der Grundschulstufe zwischen 22 und 28 Wochenstunden vorgesehen sind, sind es in der Hauptschulstufe zwischen 25 und 32 sowie in der Berufsschulstufe zwischen 32 und 36. Die unterschiedliche Anzahl an Wochenstunden hat offensichtlich keinen unmittelbaren Einfluss auf die Stundenumfänge der Schulbegleitungen, denn diese unterscheiden sich hinsichtlich der Schulstufen nicht signifikant.

Des Weiteren überrascht, dass zwar die Schulbegleitungen mit steigendem Schweregrad der Behinderung nach ICD-10 in der Zahl zunehmen, die Stundenumfänge jedoch kaum (vgl. Tab. 24, 25). Diese unterscheiden sich nicht signifikant. Dies erscheint bei der z. T. multiplen Problemlage von Schülern mit schwerer geistiger Behinderung, z. B. Probleme im Kontext Verhalten, in der Alltagsbewältigung, der Kommunikation und evtl. der medizinischen Versorgung, als sehr überraschend und zeigt weiteren Forschungsbedarf in dieser Hinsicht an.

Literatur

Autorengruppe Bildungsberichterstattung (2010): Bildungsbericht Deutschland 2010. Verfügbar unter: http://www.bildungsbericht.de/daten2010/bb_2010.pdf [22.09.2011].

Bayerisches Landesamt für Statistik (2010): Volksschulen zur sonderpädagogischen Förderung und Schulen für Kranke. Stand: 1.10.2009. Verfügbar unter: http://www.statistik.bayern.de/veroeffentlichungen/download/B1200C %20200900/B1200C %20200900.pdf [22.09.2011].

Bayerisches Landesamt für Statistik (2011): Volksschulen zur sonderpädagogischen Förderung und Schulen für Kranke. Stand: 1.10.2010. Verfügbar unter: https://www.statistik.bayern.de/veroeffentlichungen/download/B1200C %20201000/B1200C %20201000.pdf [22.09.2011].

Bayerisches Staatsministerium für Unterricht und Kultus (2010): Schule und Bildung in Bayern 2010. Verfügbar unter: http://www.verwaltung.bayern.de/egov-portlets/xview/Anlage/4023425/Dokumentation %20Schule %20und %20Bildung %20in %20Bayern %202010.pdf [22.09.2011].

Beck, Christoph/Dworschak, Wolfgang/Eibner, Sarah (2010): Schulbegleitung am Förderzentrum mit dem Förderschwerpunkt geistige Entwicklung. In: Zeitschrift für Heilpädagogik 61 (7), 244–254.

Dworschak, Wolfgang (2010): Schulbegleiter, Integrationshelfer, Schulassistent? Begriffliche Klärung einer Maßnahme zur Integration in die Allgemeine Schule bzw. die Förderschule. In: Teilhabe 49 (3), 131–135.

Fickenscher, Florian/Kannewischer, Sybille/Wagner, Michael (2010): Gemeinsamer Unterricht oder Förderschule. In: Zeitschrift für Heilpädagogik 61 (7), 255–260.

Fornefeld, Barbara (2009): Grundwissen Geistigbehindertenpädagogik. München: Reinhardt.

IFP Bayern (Staatsinstitut für Frühpädagogik) (o. J.): Weiterentwicklung der Kinderbetreuung in Bayern. Verfügbar unter: http://www.ifp.bayern.de/veroeffentlichungen/infodienst/weiterentwicklung.html [22.09.2011].

KMK (Kultusministerkonferenz) (1994): Empfehlungen zur sonderpädagogischen Förderung in den Schulen in der Bundesrepublik Deutschland. Verfügbar unter: http://www.kmk.org/doc/beschl/sopae94.pdf [22.09.2011].

KMK (2009): Sonderpädagogische Förderung in Förderschulen (Sonderschulen) 2007/08. Verfügbar unter: http://www.kmk.org/fileadmin/pdf/Statistik/Aus_SoPae_2007_Werte.pdf [22.09.2011].

KMK (2010a): Sonderpädagogische Förderung in Förderschulen (Sonderschulen) 2009/10. Verfügbar unter: http://www.kmk.org/fileadmin/pdf/Statistik/Aus_Sopae_2009.pdf [22.09.2011].

KMK (2010b): Sonderpädagogische Förderung in allgemeinen Schulen (ohne Förderschulen) 2009/10. Verfügbar unter: http://www.kmk.org/fileadmin/pdf/Statistik/Aus_SoPae_Int_2009.pdf [22.09.2011].

Statistische Ämter des Bundes und der Länder (2009): Demografischer Wandel in Deutschland. Heft 3. Auswirkungen auf Kinderbetreuung und Schülerzahlen im Bund und in den Ländern. Verfügbar unter: http://www.destatis.de/jetspeed/portal/cms/Sites/destatis/Internet/DE/Content/Publikationen/Fachveroeffentlichungen/Bevoelkerung/VorausberechnungBevoelkerung/KindertagesbetreuungSchuelerzahlen5871103099004,property=file.pdf [22.09.2011].

Statistisches Bundesamt (2010): Bildung und Kultur. Allgemeinbildende Schulen. Fachserie 11, Reihe 1. Verfügbar unter: http://www.destatis.de/jetspeed/portal/cms/Sites/destatis/Internet/DE/Content/Publikationen/Fachveroeffentlichungen/BildungForschungKultur/Schulen/AllgemeinbildendeSchulen2110100107004,property=file.pdf [22.09.2011].

VSO-F (Schulordnung für die Volksschulen zur sonderpädagogischen Förderung) (2008). Verfügbar unter: http://www.km.bayern.de/imperia/md/content/pdf/aktuelles/2008/vso_f_2008.pdf [22.09.2011].

VSO-F Stundentafel (Schulordnung für die Volksschulen zur sonderpädagogischen Förderung, Stundentafel) (2008). Verfügbar unter: http://www.km.bayern.de/imperia/md/content/pdf/aktuelles/2008/vso_f_stundentafeln_2008.pdf [22.09.2011].

Sybille Kannewischer & Michael Wagner

Diagnosen im Förderschwerpunkt geistige Entwicklung

1 Theoretischer Hintergrund

Dem Phänomen geistige Behinderung nähern sich unterschiedliche Forschungsdisziplinen aus verschiedenen Perspektiven an. So versuchen u. a. psychologische, pädagogische, soziologische und medizinische Ansätze dieses Phänomen besser zu verstehen. Die geistige Behinderung eines Individuums wird dabei als Ergebnis des Zusammenwirkens von vielfältigen sozialen, interaktionalen und medizinischen Faktoren interpretiert (vgl. Neuhäuser/Steinhausen 2003, 10).

Der Aspekt der Diagnose ist insbesondere aus medizinischer Perspektive von großer Bedeutung. Bei einer ärztlichen Untersuchung eines Menschen mit einer geistigen Behinderung soll möglichst eine Diagnose gestellt werden, die im naturwissenschaftlichen Sinn exakt und logisch, erklärend und nachvollziehbar ist (vgl. Neuhäuser 2008, 165). Ziel ist es, »die Frage nach der Ätiologie und Pathogenese einer Behinderung so klar als möglich zu beantworten« (Neuhäuser 2010, 14).

Historisch betrachtet bestimmt dieses Ziel mit den Fortschritten der naturwissenschaftlich orientierten Medizin zunehmend das ärztliche Denken.

Die Entwicklung zytogenetischer und molekulargenetischer Techniken, der Einsatz von bildgebenden Verfahren zur Darstellung cerebraler Strukturen und Funktionen, biochemische Analysen bei Stoffwechselerkrankungen und die neurobiologische und neurogenetische Grundlagenforschung ermöglichen der Medizin neue Einsichten und Kenntnisse und führen dazu, dass die Ursachen vieler Krankheiten und Störungen aufgedeckt werden. Bereits Mitte des 19. Jahrhunderts und Anfang des 20. Jahrhunderts kommt es zu ersten Beschreibungen von genetischen Syndromen auf der Grundlage von Symptomen. So beschreibt beispielsweise 1866 John Haydon Langdon Down das später nach ihm benannte Down-Syndrom und 1896 wird das Apert Syndrom von dem Kinderarzt Apert erstmals erwähnt.

Seit 1970 kann durch die Technik der Chromosomenbänderung eine genaue Identifizierung aller menschlichen Chromosomen erfolgen. Mit der Einführung molekulargenetischer Methoden in den 1970er-Jahren beginnt eine revolutionäre Entwicklung in der Humangenetik. Im Jahr 2000 erfolgt die Sequenzierung des gesamten menschlichen Genoms (vgl. Grimm 2008, 270). Durch die Molekulare Karyotypisierung gelingt es beispielsweise der Forschergruppe um Anita Rauch in den letzten Jahren 4 neue Gene zu identifizieren, die in Verbindung mit schweren mentalen Retardierungen stehen (vgl. Rauch 2010). Michaelis/Niemann gehen davon aus, dass bei 40–80 % sowohl der leichten als auch der schweren Intelligenzminderung sich mit den derzeit zur Verfügung stehenden diagnostischen Mitteln eine Ursache finden lässt (vgl. Michaelis/Niemann 2010, 349). Nach Warnke lassen sich »bei schweren Graden der Behinderung ... 50–70 %, bei leichteren Schweregraden nur etwa 30–50 % ätiologisch aufklären« (Warnke 2008, 508).

Bei der Ursache von Funktions- und Entwicklungsstörungen kann man nach der Zeit des Einwirkens differenzieren, also eine Einteilung nach prä-, peri- und postnatalen Ursachen vornehmen. ›Perinatal‹ umfasst dabei nach Warnke den Zeitraum zwischen der 24. Gestationswoche und der ersten Woche nach der Geburt (vgl. 2008, 512).

In Tabelle 1 werden verschiedene Ursachen von Entwicklungsstörungen den drei unterschiedlichen Zeitabschnitten zugeordnet.

Tab. 1: *Ursachen von Entwicklungsstörungen (aus: Neuhäuser 2008, 166)*

Pränatal	Genetisch	Fehlbildungssyndrome, neurodegenerative oder neurometabolische Erkrankungen
	Chromosomal	Down-Syndrom, Prader-Willy-Syndrom
	Exogen	Virusinfektionen, Alkohol, Drogen, Toxine, Medikamente
	Multifaktoriell	Neuralrohrdefekte
	Unbekannt	Etwa 40–50 %
Perinatal	Asphyxie, hypoxisch-ischämische Enzephalopathie, periventrikuläre Leukomalazie Intrakranielle Blutung, epi- oder subdurales Hämatom, intraventrikuläre Hämorrhagie Hypoglykämie, Azidose, Hyperbilirubinämie (Kernikterus) Atemstörungen (Apnoen), Herzfehler	
Postnatal	Hypothyreose, angeborene Stoffwechselstörung Meningitis, Meningoenzephalitis Trauma (Kindesmisshandlung) Akut lebensbedrohliches Ereignis (ALTE)	

2 Forschungsstand

Im Hinblick auf ›schwere‹ geistige Behinderungen überwiegen pränatale Ursachen (vgl. Abb. 1). Suchodoletz geht von einem Anteil von pränatalen Ursachen von insgesamt 55 % aus (vgl. 2004, 91). Strømme und Hagberg ermitteln in ihrer Studie einen Anteil von 70 % (vgl. 2000, 79). Auch Warnke geht davon aus, dass die Ursachen im Kontext schwerer geistiger Behinderung überwiegend pränatal sind (vgl. 2008, 508).

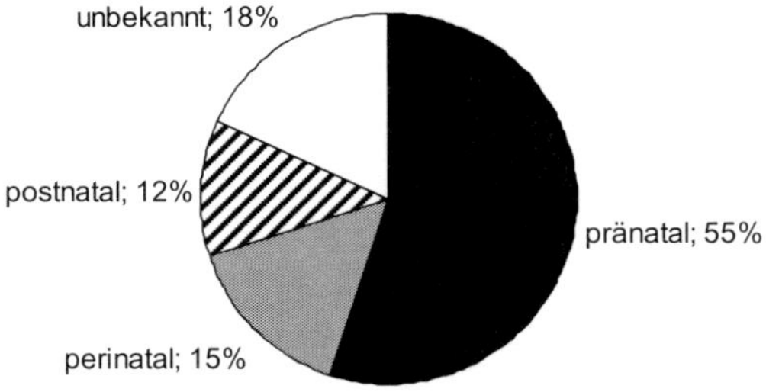

Abb. 1: Verteilung der Ursachen bei schwerer geistiger Behinderung (aus: Suchodoletz 2004, 91)

Bei ›leichter‹ geistiger Behinderung kann überwiegend keine eindeutige Ursache bestimmt werden (vgl. Abb. 2). Für Neuhäuser besteht eine multifaktorielle Bedingtheit (vgl. Neuhäuser 2008, 167).

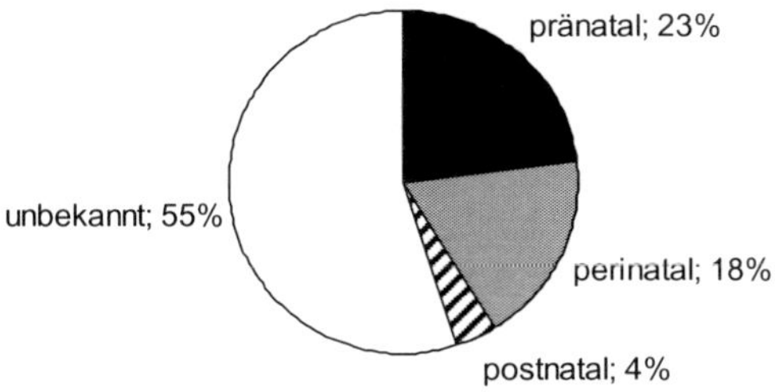

Abb. 2: Verteilung der Ursachen bei leichter geistiger Behinderung (aus: Suchodoletz 2004, 91)

Warnke macht allerdings deutlich, dass durch die verbesserten diagnostischen Möglichkeiten auch für leichte Intelligenminderungen aktuell vermehrt biologische Ursachen identifiziert werden können (vgl. 2008, 512). So kann nach Rauch heute bei bis zu 40 % der Menschen mit geistiger Behinderung eine genetische Diagnose gestellt werden (vgl. 2010, 10).

Die häufigste Einzelursache im Kontext geistiger Behinderung ist nach wie vor das Down-Syndrom mit einer Trisomie des Chromosoms 21. Es liegen hier allerdings sehr unterschiedliche Prävalenzangaben vor. Nach Ropers hat die Häufigkeit der Trisomie 21 seit der Entwicklung der pränatalen Untersuchungsmethoden nur geringfügig abgenommen. Vor deren Einführung (ab ca. 1980) belief sich der Anteil von Down-Syndrom an der Gesamtzahl geistiger Behinderung auf ca. 11 % (vgl. Ropers 2009, 197). Rauch gibt im Jahr 2010 die Häufigkeit mit 9 % an (vgl. 2010, 10). Neuhäuser geht beim Anteil von Down-Syndrom von 15–20 % der Menschen mit einer geistigen

Behinderung aus (vgl. 2010, 113), Strømme und Hagberg kommen in ihrer Untersuchung transformiert auf ca. 16 % (vgl. 2000, 80).

Weitere häufige Einzeldiagnosen beziehen sich auf die beiden Mikrodeletionssyndrome 22q11.2 des Di George/Sphrintzen Syndrom mit einer Prävalenz von 2,4 % (vgl. Rauch 2010, 11) und das Williams Beuren Syndrom (7q11.23) mit 1,3 % Prävalenz (vgl. Rauch 2010,11) beziehungsweise nach Strømme/Hagberg transformiert ca. 2,8 % (vgl. 2000, 80).

Die vierthäufigste Einzeldiagnose stellt nach Rauch das Fragile X Syndrom dar. Es ist bei etwa 1,2 % der Männer mit einer geistigen Behinderung festgestellt worden (vgl. 2010, 12). Neuhäuser geht hier von einer Häufigkeit von 1,7–6,2 % aus (vgl. 2010, 138).

Neben den genannten Mikrodeletionen gibt es zahlreiche weitere verschiedene Mikrodeletionen oder Mikroduplikationen, die insgesamt bei 10–20 % der Kinder mit unklarer Entwicklungsverzögerung oder mentaler Retardierung vorliegen (vgl. Rauch 2010, 12).

3 Methode

Im Fragebogen SFGE wurde zunächst allgemein gefragt ›Liegen medizinische Diagnosen für die geistige Behinderung vor?‹ Wenn ja, sollten die Lehrerinnen und Lehrer in einer offenen Frage angeben, welche Diagnosen dies im Einzelnen sind.

Tab. 2: *Übergeordnete Aspekte bei der Auswertung der Einzeldiagnosen*

- *Genetische Stoffwechselstörungen* (u. a. PKU, Galaktosämie, Leukodystrophie, Meulengracht Syndrom, Opitz Syndrom, Willebrand Jürgens Syndrom, CDG Syndrom, Citrulliämie, Niemann Pick Syndrom)
- *Fehlbildungssyndrome* (u. a. Mikrozephalie, Formen von Hydrozephalus, Gehirnanomalien)
- *Chormosomendeletionen und weitere Chromosomenstörungen* [außer Down-Syndrom] (u. a. Angelman Syndrom, Cornelia-de-Lange-Syndrom, Rubinstein-Taybi-Syndrom, Williams-Beuren Syndrom, Katzenschrei Syndrom, Wolf-Hirschhorn Syndrom, De-Grouchy Syndrom, Prader Willi Syndrom, Smith-Magenis Syndrom)
- *X-chromosomal gebundene Syndrome* (u. a. Rett Syndrom, Fragiles X, MCT8-THCT, Turner Syndrom, Meinik-Needles Syndrom, Coffin-Lowry Syndrom, Masa Syndrom)
- *Pränatale exogene Einflüsse* (u. a. Virusinfektionen, Alkohol, Medikamente, Drogen)
- *Perinatale Einflüsse* (u. a. Frühgeburt, Geburtstrauma)
- *Postnatale Einflüsse* (u. a. Entzündungen des ZNS, Schädel-Hirn-Trauma)

Die verschiedenen angegebenen Diagnosen wurden zunächst aufgelistet und dann den Zeiträumen prä-, peri- und postnatal zugeordnet. Außerdem wurden einzelne Diagnosen zu unterschiedlichen übergeordneten Aspekten zusammengefasst (vgl. Tab. 2). Die Kategorien ›Down-Syndrom‹ und ›Autismus‹ wurden einzeln aufgeführt.

Darüber hinaus wurde im Fragebogen SFGE abgefragt, ob zusätzlich eine Körperbehinderung und/oder eine Sinnesschädigung vorliegt und wenn ja, welche.

4 Ergebnisse[1]

Bei der Befragung liegen nach Einschätzung der Lehrkräfte bei 958 von 1.542 Schülerinnen und Schülern (62,1 %) Diagnosen vor. Bei 623 werden genaue medizinische Diagnosen auf dem Fragebogen angegeben.

Tab. 3: *Häufigkeit der medizinischen Diagnosen*

Liegen medizinische Diagnosen für die geistige Behinderung vor?	Häufigkeit	in Prozent
Ja	958	62,1
Nein	584	37,9
Gesamt:	1.542	100
Genaue medizinische Diagnosen:	623	40,4

Pränatale Ursachen werden bei 82,1 % (n = 511), perinatale bei 10,4 % (n = 65) und postnatale Ursachen bei 7,5 % (n = 46) vermerkt (vgl. Abb. 3)

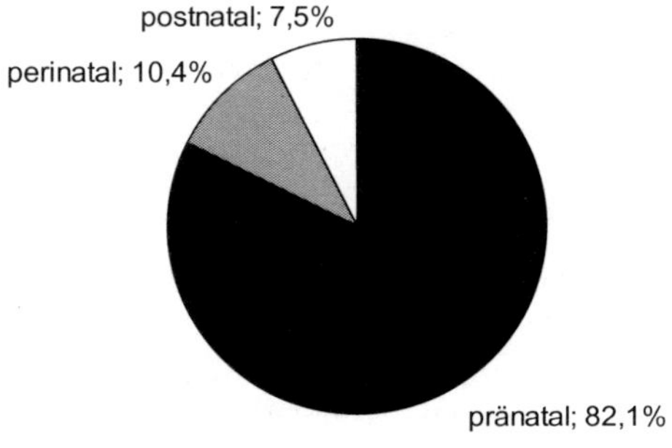

Abb. 3: Darstellung der Verteilung der Ursachen geistiger Behinderung nach dem Entstehungszeitpunkt (n = 623)

1 Die folgenden Ergebnisse beziehen sich auf eine repräsentative Stichprobe von Schülerinnen und Schülern mit dem Förderschwerpunkt geistige Entwicklung in Bayern. Die Daten wurden anhand eines Lehrerfragebogens im Schuljahr 2009/10 erhoben (vgl. Beitrag 1).

Bei den unterschiedlichen Einzeldiagnosen werden die Diagnose Down-Syndrom (30,5 %, n = 190) und die Diagnose Autismus (13,2 %, n = 82) am häufigsten genannt.

Genetische Stoffwechselstörungen zeichnen sich bei 2,1 % der Diagnosen ab. Fehlbildungssyndrome werden bei 18,5 % genannt.

Formen von Chromosomendeletionen oder Chromosomenstörungen werden bei 9,9 % der erfassten Schülerinnen und Schüler mit geistiger Behinderung angegeben. Das Angelman Syndrom wird dabei am häufigsten ermittelt (n = 12).

X-chromosomal gebundene Syndrome können bei 5,9 % festgestellt werden. Das Fragile X-Chromosom wird dabei bei 17 Schülern und das Rett Syndrom bei 12 Schülern als Diagnose gestellt.

Exogene Einflüsse im Pränatalzeitraum erfahren eine Nennung mit 2,1 %.

Bei den perinatal bedingten Diagnosen (10,4 %) dominiert die Angabe ›Frühgeburt‹ (n = 47). ›Geburtstrauma‹ wird bei 15 Schülerinnen und Schülern angegeben.

7,4 % der Angaben beziehen sich auf Erkrankungen im Postnatalzeitraum. Entzündliche Erkrankungen des ZNS, Schädel-Hirn Traumen und Hirnschädigungen werden hier überwiegend genannt.

In Tabelle 4 und Abbildung 4 werden die ermittelten Häufigkeiten der verschiedenen Diagnosen zusammengefasst.

Tab. 4: *Häufigkeit der unterschiedlichen Diagnosen*

Diagnosen	Häufigkeit	in Prozent
Down-Syndrom	190	30,5
Autismus	82	13,2
Genetische Stoffwechselstörungen	13	2,1
Fehlbildungssyndrome	115	18,5
Chromosomendeletionen und Chromosomenstörungen (ohne Down-Syndrom)	62	9,9
X-chromosomal gebundene Syndrome	37	5,9
Pränatale exogene Einflüsse	13	2,1
Perinatale Einflüsse	65	10,4
Postnatale Einflüsse	46	7,4
Gesamt:	623	100

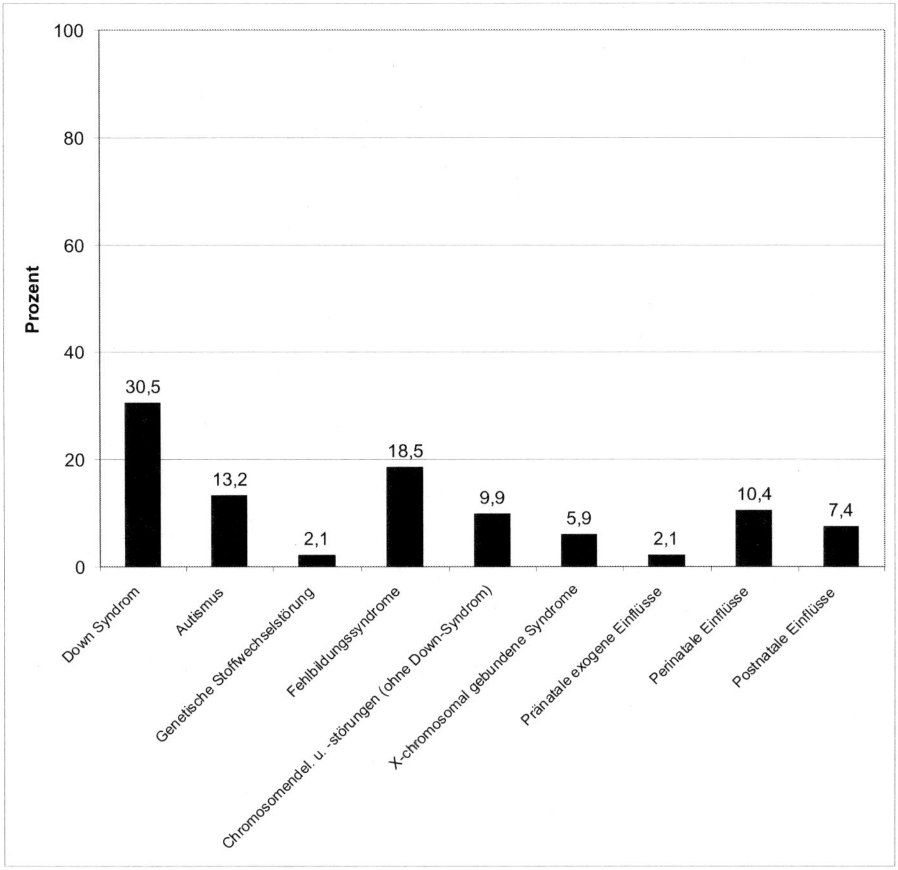

Abb. 4: Darstellung der Häufigkeit unterschiedlicher Diagnosen (n = 623)

Bei der Gruppe der Schülerinnen und Schüler, für die genaue medizinische Diagnosen vorliegen (n = 623), werden als weitere Diagnose bei 149 Epilepsien angegeben, das entspricht 23,9 %. Bezogen auf die Grundgesamtheit der Studie (N = 1.629) sind dies 9,1 %.

Bei 33,5 % der Schülerinnen und Schüler im Förderschwerpunkt geistige Entwicklung liegt nach Einschätzung der Lehrerinnen und Lehrer zusätzlich eine Körperbehinderung vor (vgl. Tab. 5). Die cerebrale Bewegungsstörung zeichnet sich dabei als die häufigste Nennung ab (n = 241).

Eine zusätzliche Sinnesbeeinträchtigung liegt bei 28,2 % vor (vgl. Tab. 6).

Bei n = 273 wird eine Sehbehinderung angegeben, bei n = 29 Schülerinnen und Schüler Blindheit, bei n = 36 eine Schwerhörigkeit und bei n = 17 eine Hörsehbehinderung.

Tab. 5: *Häufigkeit einer zusätzlichen Körperbehinderung*

Liegt zusätzlich eine Körperbehinderung vor?	Häufigkeit	in Prozent
Ja	510	33,5
Nein	1.012	66,5
Gesamt:	1.522	100

Tab. 6: *Häufigkeit einer zusätzlichen Sinnesbeeinträchtigung*

Liegt zusätzlich eine Sinnesbeeinträchtigung vor?	Häufigkeit	in Prozent
Ja	414	28,2
Nein	1.054	71,8
Gesamt:	1.468	100

Für die Gruppe der Kinder und Jugendlichen mit einer zusätzlichen Behinderung (n = 924) wird bei n = 241 angegeben, dass sowohl eine Körperbehinderung als auch eine Sinnesbeeinträchtigung vorliegt. Bezogen auf die Grundgesamtheit der Untersuchung (N = 1.629) sind dies 14,8 % mit einer mehrfachen Behinderung.

4 Diskussion

Die Studie zeigt, dass nach Einschätzung der Lehrkräfte bei 62,1 % der Schülerinnen und Schüler eine Diagnose vorliegt. Zu den verbleibenden 37,9 % können sie keine Aussage machen. Eine genaue medizinische Diagnosebezeichnung konnte bei 623 Schülerinnen und Schülern von den Lehrkräften angegeben werden. Bei der Befragung zeichnet sich ab, dass bei dieser Gruppe (n = 623) pränatale Ursachen mit einer Häufigkeit von 82,1 % im Vordergrund stehen. Dieses Ergebnis stimmt mit den Prävalenzangaben anderer Autoren weitgehend über ein (vgl. Strømme/Hagberg 2000; Neuhäuser 2008; Warnke 2008).

Für die Diagnose Down-Syndrom ergibt sich in dieser Studie eine Prävalenz von 30,5 % (n = 190), bezogen auf die Grundgesamtheit der Untersuchung (N = 1.629) sind dies 11,7 %. Strømme/Hagberg, Neuhäuser und Rauch liegen mit ihren diesbezüglichen Angaben bei ähnlichen Werten (vgl. Strømme/Hagberg 2000; Neuhäuser 2010; Rauch 2010). Offen ist allerdings, in wie weit die Prävalenzangaben der einzelnen Autoren direkt miteinander vergleichbar sind.

Die Häufigkeit der Diagnose Autismus wird bei der vorliegenden Studie mit 13,2 % (n = 82) angegeben. Bezieht man auch dies auf die Grundgesamtheit der Studie (N = 1.629), so ergibt sich hier ein Wert von 5 %.

Der frühkindliche Autismus galt lange als sehr seltene Erkrankung mit einer Häufigkeit von 0,04 % der Gesamtbevölkerung (vgl. Noterdaeme 2011, 10). »In neueren epidemiologischen Studien lässt sich ein deutlicher Anstieg der Prävalenzraten für

Störungen aus dem autistischen Spektrum feststellen« (Noterdaeme 2011, 11). Die Angaben liegen bei 0,3 % für Autismus und 0,9 % für die anderen Autismus Spektrum Störungen (vgl. Bölte 2009, 69; Noterdaeme 2011, 11). Nach Noterdaeme ist die Zunahme der Prävalenzrate durch veränderte Definitionen in den Klassifikationen und durch eine frühere und bessere Diagnostik zu erklären, nicht durch eine tatsächliche Zunahme der Erkrankungen.

Das Ergebnis der Studie lässt sich kaum mit den in der Literatur vorgefundenen Prävalenzen vergleichen, da diese sich häufig auf Geburtsjahrgänge beziehen (vgl. Bölte 2009, 68ff.).

Die Diagnose einer autistischen Störung beruht überwiegend auf der Beobachtung und Beschreibung der Verhaltensebene, valide Biomarker fehlen. Es ist also die Frage, ob für Autismus wirklich eine eindeutige medizinische Diagnose vorliegt, die Zunahme des Bewusstseins für Autismus eine Rolle spielt oder ob es sich bei den Angaben durch die Lehrkräfte dieser Studie auch um das Beobachten sogenannter ›autistischer Züge‹ handelt.

Es ist ebenfalls zu berücksichtigen, dass insbesondere Kinder und Jugendliche mit einer schweren Behinderung Auffälligkeiten im Sozialverhalten aufweisen können. Eine klare Abgrenzung zwischen der Diagnose ›frühkindlicher Autismus‹ und anderen möglichen Ursachen für diese Auffälligkeiten ist kaum möglich (vgl. u. a. Noterdaeme 2009, 57).

Insgesamt sind die Ergebnisse der unterschiedlichen Studien nur schwer vergleichbar. Sie sind methodisch zu heterogen angelegt, variieren hinsichtlich der Art und Größe der Stichprobe, der Untersuchungsprozeduren, der verwendeten Instrumente und bezüglich der diagnostischen Kriterien.

In der vorliegenden Studie weisen 33,5 % der Schülerinnen und Schüler mit dem Förderschwerpunkt geistige Entwicklung eine zusätzliche Körperbehinderung auf. Die cerebrale Bewegungsstörung ist dabei die häufigste Nennung.

28,2 % weisen eine zusätzliche Sinnesbeeinträchtigung auf. Sehbehinderung wird am häufigsten angegeben, gefolgt von Schwerhörigkeit und Hörsehbehinderung.

Die Befragung zeigt, dass in Bayern ca. 30 % der Schülerinnen und Schüler im Förderschwerpunkt geistige Entwicklung neben ihrer kognitiven Beeinträchtigung noch eine zusätzliche Behinderung aufweisen. Ca. 15 % (bezogen auf die Grundgesamtheit der Studie von N = 1.629) haben sowohl eine zusätzliche Körperbehinderung als auch eine zusätzliche Sinnesschädigung.

Diese Zahlen machen deutlich, dass in den Schulen sowohl unterschiedlichste therapeutische, förderspezifische als auch methodisch-didaktische Kompetenzen vorgehalten und sichergestellt werden müssen.

Literatur

Bölte, Sven (2009) (Hg.): Autismus. Spektrum, Ursachen, Diagnostik, Intervention, Perspektiven. Bern: Huber.

Grimm, Tiemo (2008): Prinzipien der Vererbung. In: Herpertz-Dahlmann, Beate/Resch, Franz/Schulte-Markwort, Michael/Warnke, Andreas (Hg.): Entwicklungspsychiatrie. Stuttgart: Schattauer, 270–278.

Korinthenberg, Rudolf/Panteliadis, Christos P./Hagel, Christian (Hg.) (2009): Neuropädiatrie. München: Urban & Fischer.

Michaelis, Richard/Niemann, Gerhard (2010): Entwicklungsneurologie und Neuropädiatrie. 4. Auflage. Stuttgart: Thieme.

Neuhäuser, Gerhard (2008): Medizinische Aspekte. In: Nußbeck, Susanne et al. (Hg.): Sonderpädagogik der geistigen Entwicklung. Göttingen: Hogrefe, 159–178.

Neuhäuser, Gerhard (2010): Syndrome bei Menschen mit geistiger Behinderung. Marburg: Lebenshilfe-Verlag.

Neuhäuser, Gerhard/Steinhausen Christoph (2003): Geistige Behinderung. Grundlagen, klinische Syndrome, Behandlung und Rehabilitation. 3. Auflage. Stuttgart: Kohlhammer.

Noterdaeme, Michelle (2009): Komorbidität und Differenzialdiagnose. In: Bölte, Sven (Hg.): Autismus. Spektrum, Ursachen, Diagnostik, Intervention, Perspektiven. Bern: Huber, 46–64.

Noterdaeme, Michelle (2011): Autismus-Spektrum-Störungen – ein Überblick zum aktuellen Forschungsstand. Stuttgart: Thieme.

Rauch, Anita (2010): Genetik der mentalen Retardierung und Intelligenzminderung. In: Pädiatrie, 6/10, 10–14.

Ropers, Hilger H. (2009): Genetik der geistigen Behinderung. Einführung und Überblick. Verfügbar unter: http://www.springerlink.com/content/1008410067118h5x/fulltext.pdf.

Strømme, Petter/Hagberg, Gudrun (2000): Aetiology in severe and mild mental retardation: a population-based study of Norwegian children. In: Developmental Medicine & Child Neurology 42, 76–86.

Suchodoletz, Waldemar v. (2004) (Hg.): Welche Chancen haben Kinder mit Entwicklungsstörungen? Göttingen: Hogrefe.

Warnke, Andreas (2008): Kinder- und Jugendpsychiatrische Erkrankungen und Entwicklungsstörungen. In: Herpertz-Dahlmann, Beate/Resch, Franz/Schulte-Markwort, Michael/Warnke, Andreas (Hg.): Entwicklungspsychiatrie. Stuttgart: Schattauer, 487–599.

Michael Wagner & Sybille Kannewischer

Einschätzung der Schwere der Behinderung nach ICD-10 und des Pflegebedarfs

1 Theoretischer Hintergrund

1.1 Schwere der Behinderung nach ICD-10

Bei der ICD-10 (International Statistical Classification of Diseases and Related Health Problems) handelt es sich um ein internationales Instrument zur statistischen Klassifikation von Krankheiten und verwandter Gesundheitsprobleme, das seit dem 01.01.2000 zur Verschlüsselung von Diagnosen in der ambulanten und stationären Versorgung (§§ 295 und 301 SGB V) eingesetzt wird. Seit dem 01.01.2011 wird die Version ICD-10-GM Version 2011 verwendet.

Nach der ICD-10 erfolgt die Einteilung von geistiger Behinderung nach dem Aspekt der Intelligenzminderung (vgl. ICD-10-GM Version 2011, Kap. V). Intelligenzminderung wird dabei verstanden als »eine sich in der Entwicklung manifestierende, stehen gebliebene oder unvollständige Entwicklung der geistigen Fähigkeiten, mit besonderer Beeinträchtigung von Fertigkeiten, die zum Intelligenzniveau beitragen, wie z. B. Kognition, Sprache, motorische und soziale Fähigkeiten« (Dilling/Mombour/Schmidt 2005, 254).

Unberücksichtigt bleiben im Kontext der ICD-10 dynamische und umweltbezogene Erklärungsmodelle von ›geistiger Behinderung‹, wie sie z. B. in der Internationalen Klassifikation der Funktionsfähigkeit, Behinderung und Gesundheit (ICF) der Weltgesundheitsorganisation (WHO) entwickelt werden (WHO 2001).

Der Begriff der Intelligenzminderung im Rahmen der ICD-10 verweist auf eine deutlich unterdurchschnittliche Ausbildung der kognitiven Leistungsfähigkeit – meist einhergehend mit Schwierigkeiten im Adaptionsbereich des alltäglichen Lebens. Die Intelligenzminderung ist frühkindlich veranlagt und besteht meist lebenslang (vgl. Warnke 2008, 489).

Das Ausmaß einer möglichen Intelligenzminderung erfolgt nach der ICD-10 auf der Basis des Intelligenzquotienten. Geht man von einer Normalverteilung des Intelligenzquotienten um den Mittelwert 100 und einer Standardabweichung von 15 aus, so weisen ca. 2,3 % aller Individuen einen IQ < 70 auf (vgl. Ropers 2009, 197). Unterhalb dieses IQ-Wertes wird in der ICD-10 von einer Intelligenzminderung ausgegangen. Es werden insgesamt 4 Schweregrade der Intelligenzminderung unterschieden (vgl. ICD-10-GM Version 2011):

- IQ 50–69: Leichte Intelligenzminderung
- IQ 35–49: Mittelgradige Intelligenzminderung

- IQ 20–34: Schwere Intelligenzminderung
- IQ < 20: Schwerste Intelligenzminderung.

In der aktuellen klinischen Forschung hat sich »die gröbere Unterteilung zwischen ›leicht geistig behindert‹ (IQ-Grenze = 50–70) und ›schwer geistig behindert‹ (IQ-Grenze < 50) aus verschiedenen Gründen (Messbarkeit, ätiologische Zuordnungen) bewährt« (Hennicke et al. 2009, 11).

1.2 Pflegebedarf

Pflegebedürftig im Sinne des Sozialgesetzbuches (SGB XI) sind Personen, »die wegen einer körperlichen, geistigen oder seelischen Krankheit oder Behinderung für die gewöhnlichen und regelmäßig wiederkehrenden Verrichtungen im Ablauf des täglichen Lebens auf Dauer … der Hilfe bedürfen« (Bundesministerium der Justiz, 2011, § 14, 12). Pflege umfasst verschiedene Bereiche (vgl. Tab. 1).

Tab. 1: *Verschiedene Bereiche der Pflege (vgl. Bundesministerium der Justiz 2011, § 14)*

Körperpflege	Waschen, Duschen, Baden, Zahnpflege, Kämmen, Rasieren, Darm- oder Blasenentleerung
Ernährung	mundgerechtes Zubereiten und/oder Aufnahme der Nahrung
Mobilität	selbstständiges Aufstehen und Zu-Bett-Gehen, An- und Auskleiden, Gehen, Stehen, Treppensteigen, Verlassen und Wiederaufsuchen der Wohnung
Hauswirtschaftliche Versorgung	Einkaufen, Kochen, Reinigen der Wohnung, Spülen, Wechseln und Waschen der Wäsche und Kleidung, Beheizen

Der individuelle Pflegebedarf kann in drei offizielle Pflegestufen eingeteilt werden (vgl. Tab. 2).

Tab. 2: *Einteilung in Pflegestufen (vgl. Bundesministerium der Justiz 2011, § 15)*

Pflegestufe I (erheblich Pflegebedürftige) sind Personen, die bei der Körperpflege, der Ernährung oder der Mobilität für wenigstens zwei Verrichtungen aus einem oder mehreren Bereichen mindestens einmal täglich der Hilfe bedürfen und zusätzlich mehrfach in der Woche Hilfen bei der hauswirtschaftlichen Versorgung benötigen (Zeitbedarf mind. 90 Min.)
Pflegestufe II (Schwerpflegebedürftige) sind Personen, die bei der Körperpflege, der Ernährung oder der Mobilität mindestens dreimal täglich zu verschiedenen Tageszeiten der Hilfe bedürfen und zusätzlich mehrfach in der Woche Hilfen bei der hauswirtschaftlichen Versorgung benötigen (Zeitbedarf mind. 3 Std.)
Pflegestufe III (Schwerstpflegebedürftige) sind Personen, die bei der Körperpflege, der Ernährung oder der Mobilität täglich rund um die Uhr, auch nachts, der Hilfe bedürfen und zusätzlich mehrfach in der Woche Hilfen bei der hauswirtschaftlichen Versorgung benötigen (Zeitbedarf mind. 5 Stunden)

2 Forschungsstand

Für die Gesamtzahl der Menschen mit geistiger Behinderung in Deutschland gibt es keine zuverlässigen Angaben (vgl. Sarimski/Steinhausen 2008, 2). Die Gesamtprävalenz bei einem IQ < 50 ist für den deutschen Sprachraum bei 0,3–0,49 % anzunehmen. Das heißt, in der Bundesrepublik leben derzeit etwa 350.000–400.000 Menschen mit geistiger Behinderung (vgl. Warnke 2008, 490). Roeleveld et al. (1997) haben 43 Studien zur Prävalenz geistiger Behinderung betrachtet. Es wird dabei von ihnen eine Enteilung von leichter geistiger Behinderung (IQ 50–70) und schwerer geistiger Behinderung (IQ < 50) vorgenommen. Es zeichnet sich für beide Gruppen eine deutliche Varianz ab: Für leichte Intelligenzminderung zwischen 0,39–5,76 % und für schwere geistige Behinderung zwischen 0,28–0,73 % (vgl. Warnke 2008, 490).

Hennicke et al. gehen auf der Grundlage der Einteilung der ICD-10 davon aus, dass 80 % der Menschen mit geistiger Behinderung eine leichte Intelligenzminderung, 12 % eine mittelgradige, 7 % eine schwere und weniger als 1 % eine schwerste Intelligenzminderung haben (vgl. 2009, 168).

Bei der Einteilung nach einem gemessenen Intelligenzquotienten müssen allerdings verschiedene Aspekte beachtet werden: bei jedem Testverfahren besteht eine Fehlervarianz, die Abrufbarkeit intellektueller Leistungsfähigkeit ist im Zusammenhang mit psychischen und körperlichen Aspekten zu sehen, die Angaben im unteren Intelligenzbereich sind nur ungenau bestimmbar, das Alter des Kindes ist von Bedeutung, die errechneten IQ-Werte sind testabhängig und sind in der Relation zu den unterschiedlichen Verfahren zu sehen (vgl. Warnke 2008, 489).

Nach Angaben des statistischen Bundesamtes besuchten zum Schuljahr 2009/2010 387.792 Schülerinnen und Schüler Förderschulen, davon 75.193 die Förderschule mit dem Förderschwerpunkt geistige Entwicklung. In Bayern besuchten von insgesamt 58.573 Schülerinnen und Schülern an Förderschulen 11.075 die Schulen mit dem Förderschwerpunkt geistige Entwicklung (vgl. Statistisches Bundesamt 2011a, 189).

Die nachfolgende Tabelle dokumentiert die Häufigkeitsverteilung innerhalb der Population der Menschen mit geistiger Behinderung nach den Kriterien des DSM-IV (annährend identische IQ-Einteilungen bezüglich der Schweregrade wie ICD-10) und schulpsychologischer Klassifikationen. Es werden hier deutlich unterschiedliche Häufigkeitsverteilungen sichtbar. Schwere und schwerste geistige Behinderung sind im schulischen Bereich mit 31 % repräsentiert, im DSM-IV nur mit etwa 5 %. Die aufgeführten Zahlen machen deutlich, dass es in der schulisch orientierten und in der klinisch orientierten Psychologie unterschiedliche Auffassungen und Vorstellungen von geistiger Behinderung gibt.

Tab. 3: *Vergleich der IQ-Häufigkeitsverteilungen DSM-IV versus Schulangaben (aus: Irblich/Stahl 2003, 13)*

<table>
<tr><th>IQ-Bereich</th><th>DSM-IV Bezeichnung</th><th>prozentualer Anteil Geistigbehinderter nach DSM-IV</th><th>prozentualer Anteil Geistigbehinderter nach Kriterien der Schule für Geistigbehinderte</th></tr>
<tr><td>> 50</td><td>leichte geistige Behinderung</td><td>85 %</td><td>43 %</td></tr>
<tr><td>40–50</td><td>mittelschwere geistige Behinderung</td><td>10 %</td><td>26 %</td></tr>
<tr><td>20–40</td><td>schwere geistige Behinderung</td><td>3–4 %</td><td rowspan="2">31 %</td></tr>
<tr><td>< 20</td><td>schwerste geistige Behinderung</td><td>1–2 %</td></tr>
</table>

Holtz und Nassal führten eine bundesweite Befragung zum Themenbereich schwere und schwerste geistige Behinderung bei Schulleitern von insgesamt 246 ausgewählten Schulen mit dem Förderschwerpunkt geistige Entwicklung im Bundesgebiet durch (1999). Die in dieser Befragung verwendete Definition von schwerer bzw. schwerster geistiger Behinderung entspricht weitgehend dem Begriffsverständnis der ICD-10. Der Anteil der Schülerinnen und Schüler mit schwerer und schwerster geistiger Behinderung im Bundesgebiet beträgt laut der Studie 40,5 % (schwere geistige Behinderung: 21,8 %, schwerste geistige Behinderung: 18,5 %). Für Bayern liegen folgende Zahlen vor: Einschätzung schwere und schwerste geistige Behinderung 34,9 %, schwere geistige Behinderung 18,2 % und schwerste geistige Behinderung 16,7 % (vgl. Holtz/Nassal 1999, 93).

Laut der Pflegestatistik 2009 waren im Dezember 2009 2.34 Millionen Menschen in Deutschland pflegebedürftig im Sinne des Pflegeversicherungsgesetzes (SGB XI). Gegenüber 2007 hat die Zahl der Pflegebedürftigen um 4 % zugenommen. Der Anteil der Pflegebedürftigen unter 15 Jahren (n = 66.474) beträgt, bezogen auf die Bevölkerungsgruppe 0,6 % (vgl. Statistisches Bundesamt 2011b, 6, 8). Spezifische Daten zum Pflegebedarf von Kindern und Jugendlichen mit dem Förderschwerpunkt geistige Entwicklung konnten nicht eruiert werden.

3 Methode

Im Fragebogen SFGE wurde durch die Lehrerinnen und Lehrer eine Einschätzung des Schweregrades der geistigen Behinderung nach ICD-10 vorgenommen. Um dies zu erleichtern, waren die zentralen Charakteristika der 4 Stufen nach ICD-10 zur Information und Orientierung auf dem Fragebogen abgedruckt. In Anlehung an das DSM-IV wurde der in der ICD-10 verwendete Begriff ›Intelligenzminderung‹ durch ›geistige Behinderung‹ ersetzt. Außerdem wurden die 4 Schweregrade um eine 5. Kategorie (›keine geistige Behinderung‹) erweitert.

Der individuelle Pflegebedarf der Schülerinnen und Schüler wurde nach verschiedenen Kriterien erhoben.

In einem ersten Schritt wurde nach einer Einschätzung des zeitlichen Aufwandes für die Pflege während der Schulzeit gefragt (vgl. Tab. 4).

Zur Unterstützung dieser Einschätzung wurde der Begriff ›Pflegebedarf‹ durch einen Info-Block präziser inhaltlich bestimmt. Dabei wurde auf verschiedene pflegerische Tätigkeiten nach SGB XI, § 14 und 15 in den Bereichen Körperpflege, Ernährung und Mobilität hingewiesen.

Tab. 4: *Einschätzung des zeitlichen Aufwandes für die Pflege*

Wie schätzen Sie den Pflegebedarf des Schülers zwischen 8 und 13 Uhr ein?
- kein Pflegebedarf
- 0 bis 30 Min.
- 30 bis 90 Min.
- 90 Min. bis 3 Std.
- über 3 Std.

In einem zweiten Schritt wurde mit der Frage ›Wurde eine Pflegestufe anerkannt?‹ Bezug genommen auf die amtlichen Pflegestufen. Wenn eine Pflegestufe anerkannt war, wurde zusätzlich abgefragt, um welches es sich handelt.

4 Ergebnisse[1]

4.1 Einschätzung des Schweregrades der geistigen Behinderung nach ICD-10

Bei der durchgeführten Befragung zeigt sich gemäß der Einteilung nach der ICD-10 folgende Einschätzung der Lehrerinnen und Lehrer:

Eine ›leichte geistige Behinderung‹ wird bei 33,2 % Schüler gesehen. Bei 36,3 % erfolgt die Einschätzung ›mittelgradige geistige Behinderung‹. Rund 30 % der Schü-

1 Die folgenden Ergebnisse beziehen sich auf eine repräsentative Stichprobe von 1.629 Schülerinnen und Schülern im Förderschwerpunkt geistige Entwicklung in Bayern. Die Daten wurden anhand eines Lehrerfragebogens im Schuljahr 2009/10 erhoben (vgl. Beitrag 1).

lerinnen und Schüler haben nach Einschätzung der Lehrerinnen und Lehrer eine ›schwere‹ (16,3 %) bzw. ›schwerste geistige Behinderung‹ (13,2 %). Bei 1 % der Schüler wird keine geistige Behinderung ausgewiesen (vgl. Tab. 5, Abb. 1).

Tab. 5: *Einschätzung des Schweregrades der geistigen Behinderung nach ICD-10*

Welche Schwere der geistigen Behinderung liegt nach ICD-10 vor?	Häufigkeit	in Prozent
keine geistige Behinderung	16	1
leichte geistige Behinderung	529	33,2
mittelgradige geistige Behinderung	579	36,3
schwere geistige Behinderung	260	16,3
schwerste geistige Behinderung	210	13,2
Gesamt:	1.594	100

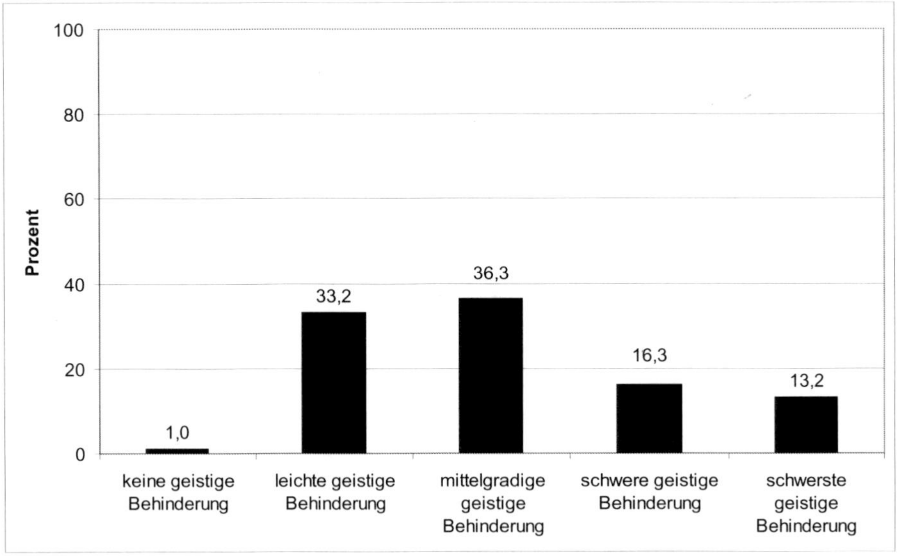

Abb. 1: Einschätzung des Schweregrades der geistigen Behinderung nach ICD-10 (n = 1.594)

4.2 Einschätzung des Pflegebedarfs

Im Hinblick auf die zeitliche Einschätzung des Pflegebedarfs zwischen 8 und 13 Uhr besteht nach Einschätzung der Lehrerinnen und Lehrer bei 43,1 % der Schülerinnen und Schüler kein Pflegebedarf. 24 % haben einen Pflegebedarf von 0 bis 30 Min., 15,8 % von 30 bis 90 Min. und 10,8 % von 90 Min. bis 3 Std. Bei 6,3 % der Schülerinnen und Schüler liegt der Pflegebedarf bei über 3 Std. (vgl. Tab. 6, Abb. 2).

Tab. 6: *Zeitliche Einschätzung des Pflegebedarfs*

Wie schätzen Sie den Pflegebedarf des Schülers zwischen 8 und 13 Uhr ein?	Häufigkeit	in Prozent
kein Pflegebedarf	689	43,1
0 bis 30 Min.	384	24
30 bis 90 Min.	252	15,8
90 Min. bis 3 Std.	173	10,8
über 3 Std.	102	6,3
Gesamt:	1.600	100

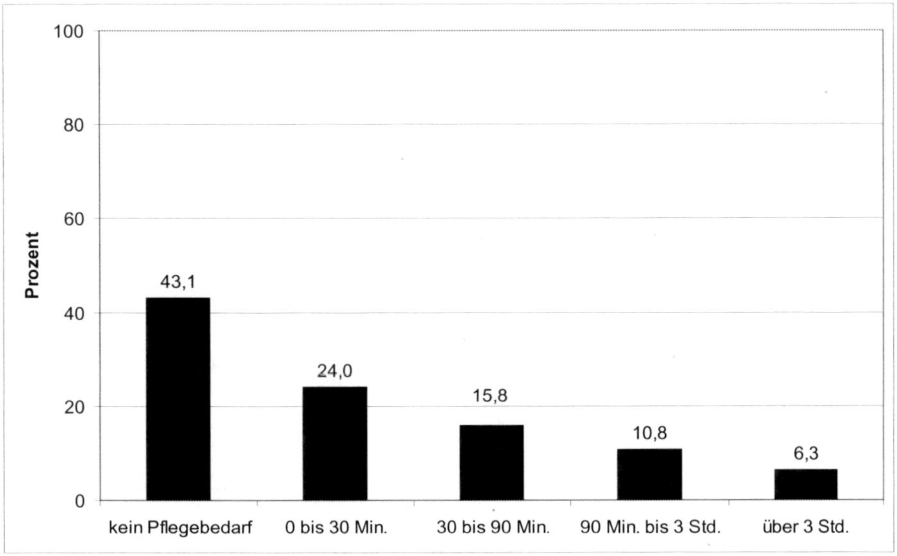

Abb. 2: Zeitliche Einschätzung des Pflegebedarfs (n = 1.600)

Betrachtet man den Zusammenhang zwischen dem Schweregrad der geistigen Behinderung und der zeitlichen Einschätzung des Pflegebedarfs in der Zeit von 8.00–13.00 Uhr, so zeigt sich, dass mit zunehmender Schwere der geistigen Behinderung der zeitliche Umfang für die Pflege zunimmt (vgl. Tab. 7). Die Gruppen der verschiedenen Schweregrade nach ICD-10 unterscheiden sich im Kontext Pflegebedarf statistisch signifikant (Kruskal-Wallis-Test: $p < 0.001$).

Tab. 7: *Schweregrad der geistigen Behinderung nach ICD-10 und zeitliche Einschätzung des Pflegebedarfs zwischen 8.00–13.00 Uhr*

		Häufigkeit	in Prozent
Keine geistige Behinderung			
	kein Pflegebedarf	12	75
	0 bis 30 Min.	1	6,2
	30 bis 90 Min.	3	18,8
	Gesamt:	16	100
Leichte geistige Behinderung			
	kein Pflegebedarf	392	74,5
	0 bis 30 Min.	99	18,9
	30 bis 90 Min.	27	5,2
	90 Min. bis 3 Std.	5	0,9
	über 3 Std.	3	0,5
	Gesamt:	526	100
Mittelgradige geistige Behinderung			
	kein Pflegebedarf	256	45,3
	0 bis 30 Min.	183	32,4
	30 bis 90 Min.	93	16,4
	90 Min. bis 3 Std.	18	3,2
	über 3. Std.	15	2,7
	Gesamt:	565	100
Schwere und schwerste geistige Behinderung			
	kein Pflegebedarf	21	4,5
	0 bis 30 Min.	87	18,8
	30 bis 90 Min.	124	26,9
	90 Min. bis 3 Std.	147	31,9
	über 3 Std.	82	17,9
	Gesamt:	461	100

Für 28,3 % der Kinder und Jugendlichen im Förderschwerpunkt geistige Entwicklung wird angegeben, dass eine Pflegestufe anerkannt ist, bei 28,1 % nicht. Beim überwiegenden Teil (43,6 %) können die Lehrerinnen und Lehrer keine Angabe machen (vgl. Tab. 8).

Tab. 8: *Schülerinnen und Schüler mit einer anerkannten Pflegestufe*

Wurde eine Pflegestufe anerkannt?	Häufigkeit	in Prozent
Ja	398	28,3
Nein	394	28,1
Weiß nicht	612	43,6
Gesamt:	1.404	100

Im Hinblick auf anerkannte Pflegestufen liegt der Anteil bei Schülerinnen und Schülern mit schwerer bzw. schwerster Behinderung mit 55 % am höchsten (vgl. Tab. 9).

Tab. 9: *Schweregrad der geistigen Behinderung nach ICD-10 und Anerkennung von Pflegestufen*

Wurde eine Pflegestufe anerkannt?		Häufigkeit	in Prozent
Keine geistige Behinderung	ja	1	6,2
	nein	9	56,3
	weiß nicht	6	37,5
	Gesamt:	16	100
Leichte geistige Behinderung	ja	49	11
	nein	215	48,6
	weiß nicht	179	40,4
	Gesamt:	443	100
Mittelgradige geistige Behinderung	ja	117	23
	nein	139	27,4
	weiß nicht	251	49,6
	Gesamt:	507	100
Schwere/schwerste geistige Behinderung	ja	226	55
	nein	29	7,1
	weiß nicht	156	37,9
	Gesamt:	411	100

Bei der Gruppe der Kinder und Jugendlichen, bei denen die Anerkennung einer Pflegestufe bejaht wird und weitere Angaben gemacht werden (n = 275), ist der Anteil der Pflegestufe III mit 41,8 % am höchsten (vgl. Tab. 10)

Tab. 10: *Angaben bezüglich anerkannter Pflegestufen*

Wurde eine Pflegestufe anerkannt? Wenn ja, welche?	Häufigkeit	in Prozent
Pflegestufe I	80	29,1
Pflegestufe II	80	29,1
Pflegestufe III	115	41,8
Gesamt:	275	100

Betrachtet man auch hier den Zusammenhang zwischen Schwere der geistigen Behinderung nach ICD-10 und Anerkennung einer Pflegestufe, so wird bei der Gruppe der Schülerinnen und Schüler mit schwerer bzw. schwerster Behinderung die Pflegestufe III mit 61,3 % am häufigsten genannt. Für Pflegestufe II werden hier 31,8 % angegeben (vgl. Tab. 11). Der Unterschied zwischen den verschiedenen Schweregraden der geistigen Behinderung nach ICD-10 im Hinblick auf anerkannte Pflegestufen ist statistisch signifikant (Kruskal-Wallis-Test: $p < 0.001$).

Tab. 11: *Schweregrad der geistigen Behinderung nach ICD-10 und anerkannte Pflegestufe*

	Häufigkeit	in Prozent
Leichte geistige Behinderung		
Pflegestufe I	21	58,3
Pflegestufe II	10	27,8
Pflegestufe III	5	13,9
Gesamt:	36	100
Mittelgradige geistige Behinderung		
Pflegestufe I	46	61,4
Pflegestufe II	19	25,3
Pflegestufe III	10	13,3
Gesamt:	75	100
Schwere und schwerste geistige Behinderung		
Pflegestufe I	11	6,9
Pflegestufe II	51	31,8
Pflegestufe III	98	61,3
Gesamt:	160	100

5 Diskussion

Die Einschätzung der Schülerschaft mit dem Förderschwerpunkt geistige Entwicklung in Bayern durch die Lehrkräfte unterscheidet sich im Hinblick auf die Schwere der Behinderung zum Teil wesentlich von Angaben im Rahmen der ICD-10 bzw. des DSM-IV. Gehen beide Klassifikationseinteilungen von einem Anteil von ca. 80 % von Menschen mit einer ›leichten Intelligenzminderung‹ aus, zeigt die Untersuchung hier einen Anteil von 33 %. Bei der Einschätzung einer ›mittelgradigen Intelligenzminderung‹ stellt sich eine Diskrepanz von 12 % zu 36 % bei der Studie SFGE dar. Im Hinblick auf ›schwere‹ und ›schwerste Intelligenzminderungen‹ ergibt die Studie einen Anteil von zusammen 30 %. ICD-10 und DSM-IV gehen hier von einem Anteil von zusammen ca. 8 % aus.

Diese Ergebnisse spiegeln in etwa die Unterschiede wider, wie sie sich in Tabelle 3 abzeichnen. Im Hinblick auf die dort angegebenen Verteilungen aus schulpsychologischer Sicht besteht weitgehend Übereinstimmung. Die deutlichen Unterschiede bei der Einschätzung ›leichte geistige Behinderung‹ können als Hinweis interpretiert werden, dass ein nicht geringer Anteil dieser Schülerinnen und Schüler an Schulen mit dem Förderschwerpunkt Lernen unterrichtet wird.

Insgesamt machen die Ergebnisse der Befragung deutlich, dass die Schülerschaft im Förderschwerpunkt geistige Entwicklung in Bayern aus Sicht der Lehrerschaft sich in 3 annähernd gleich große Gruppen aufteilt: Schülerinnen und Schüler mit einer ›leichten geistigen Behinderung‹ 33 %, mit einer ›mittelgradigen geistigen Behinderung‹ 36 % und mit einer ›schweren und schwersten geistigen Behinderung‹ 30 %.

Der Anteil der Einschätzung ›schwere und schwerste geistige Behinderung‹ stimmt weitgehend mit den Ergebnissen von Holtz und Nassal (1999) überein.

Bei 1 % der Schülerinnen und Schüler ist nach der Einschätzung der Lehrkräfte keine geistige Behinderung gegeben. Die Frage, warum diese Schülerinnen und Schüler dem Förderschwerpunkt geistige Entwicklung zugeordnet sind, ist im Rahmen dieser Studie nicht eruierbar. Im Hinblick auf die Aufenthaltsdauer in Deutschland, Sprachkenntnisse und geografische Lage der Schule (Siedlungsstruktur) haben sich keine statistisch relevanten Ergebnisse abgezeichnet.

Im Kontext Pflegebedarf in der Zeit von 8.00–13.00 Uhr besteht nach Einschätzung der Lehrkräfte bei ca. 57 % der Schülerinnen und Schüler ein Pflegebedarf. Bei ca. 11 % liegt er zwischen 90 Minuten und 3 Stunden. Übertragen auf den Zeitraum von 8.00–13.00 Uhr bedeutet dies, dass 30–60 % dieser Zeit durch Pflegesituationen gekennzeichnet sind. 6 % der Kinder und Jugendlichen weisen einen Pflegebedarf von über 3 Stunden auf. Für diese Gruppe bestimmen nach Einschätzung der Lehrkräfte Pflegesituationen zu über 60 % den Zeitraum von 8.00–13.00 Uhr.

Bei der Gruppe der Kinder und Jugendlichen mit schwerer und schwerster geistiger Behinderung – ca. 30 % der gesamten Schülerschaft – beträgt der Anteil eines Pflegebedarfs von über 90 Minuten ca. 50 %. Bei 61,3 % ist die Pflegestufe III anerkannt.

Diese Zahlen machen deutlich, dass in der Schülerschaft mit dem Förderschwerpunkt geistige Entwicklung pflegerische Tätigkeiten während der Schulzeit eine hohe zeitliche Bedeutung haben.

Vor dem Hintergrund des prinzipiellen Bildungsrechtes jedes Menschen führt dies zu zwei unterschiedlichen Konsequenzen: Zum einen sollten Lehrerinnen und Lehrer eine ausgeprägte Kompetenz in pflegerischen Tätigkeiten haben und zum zweiten wird deutlich, wie wichtig pädagogisch gestaltete Pflegesituationen auch aufgrund des notwendigen zeitlichen Umfangs im Schulalltag, insbesondere für Kinder und Jugendliche mit schwerer und schwerster Behinderung im Kontext von Pädagogik und Bildung sind.

Literatur

Bundesministerium für Justiz: Sozialgesetzbuch (SGB) – Elftes Buch (XI) – Soziale Pflegeversicherung (Artikel 1 des Gesetzes vom 26. Mai 1994, BGBl. I S. 1014), Stand 28.07.2011. Verfügbar unter: http://www.gesetze-im-internet.de/bundesrecht/sgb_11/gesamt.pdf.

Dilling, Horst/Mombour, Werner/Schmidt, Martin (Hg.) 2005: Internationale Klassifikation psychischer Störungen ICD-10 Kapitel V (F). 5. ergänzte Aufl. Bern: Huber.

Irblich, Dieter/Stahl, Burkhard (2003): Menschen mit geistiger Behinderung. Göttingen: Hogrefe.

Holtz, Karl Ludwig/Nassal, Angela (1999): Epidemiologische Analysen zur Zusammensetzung der Schülerschaft an Schulen für Geistigbehinderte unter besonderer Berücksichtigung der schweren und schwersten geistigen Behinderung. In: Zeitschrift für Heilpädagogik, Jg. 50, H. 3, 90–98.

Hennicke, Klaus/Buscher, Michael/Häßler, Frank/Roosen-Runge, Gotthard (2009): Psychische Störungen und Verhaltensauffälligkeiten bei Kindern und Jugendlichen mit Intelligenzminderung. Berlin: Med. Wissenschaftl. Verlagsgesellschaft.

Meyer, Hermann (2003): Geistige Behinderung. Terminologie und Begriffsverständnis. In: Irblich, Dieter/Stahl, Burkhard (Hg.): Menschen mit geistiger Behinderung. Göttingen: Hogrefe, 4–30.

Roeleveld, Nel/Zielhuis, Gerhard/Gabreels, Fons (1997): The prevalence of mental retardation: a critical review of recent literature. In: Developmental Medicine & Child Neurology 39, 125–132.

Ropers, Hilger H. (2009): Genetik der geistigen Behinderung. Einführung und Überblick. Verfügbar unter: http://www.springerlink.com/content/1008410067118h5x/fulltext.pdf.

Statistisches Bundesamt (2011a): Bildung und Kultur. Allgemeinbildende Schulen. Schuljahr 2009/10 (Fachserie 11, Reihe 1). Verfügbar unter: http://www.destatis.de/jetspeed/portal/cms/Sites/destatis/Internet/DE/Content/Publikationen/Fachveroeffentlichungen/BildungForschungKultur/Schulen/AllgemeinbildendeSchulen2110100107004,property=file.pdf.

Statistisches Bundesamt (2011b): Pflegestatistik 2009. Verfügbar unter: http://www.destatis.de/jetspeed/portal/cms/Sites/destatis/Internet/DE/Content/Publikationen/Fachveroeffentlichungen/Sozialleistungen/Pflege/PflegeDeutschlandergebnisse5224001099004,property=file.pdf.

Warnke, Andreas (2008): Kinder- und Jugendpsychiatrische Erkrankungen und Entwicklungsstörungen. In: Herpertz-Dahlmann, Beate/Resch, Franz/Schulte-Markwort, Michael/Warnke, Andreas (Hg.): Entwicklungspsychiatrie. Stuttgart: Schattauer, 487–599.

World Health Organization (2001): ICF. International classification of functioning disability and health. Genf.

World Health Organization (2011): ICD-10-GM Version 2011. Verfügbar unter: http://www.dimdi.de/static/de/klassi/diagnosen/icd10/htmlgm2011/block-f70-f79.htm.

Michael Wagner & Sybille Kannewischer

Einschätzung der Kompetenzen im Bereich Sprache/Kommunikation

1 Theoretischer Hintergrund

1.1 Sprache/Sprachentwicklung

»Die Sprache ist in sich ein sehr komplexes System, das vom Kind erworben werden muss. Es ist aber auch ein System, das auf viele andere Funktionen zurückgreift und auf ihnen aufbaut. Gleichzeitig beeinflusst es viele andere Funktionen und Entwicklungsbereiche« (Amorosa 2008, 571).

Sprache ist das wichtigste Kommunikationsmittel, ist ein wesentliches Instrument der Selbstregulation im emotionalen und kognitiven Bereich, ist für Kinder ein wichtiger Faktor in der Beziehung zu Erwachsenen und in der Interaktion und Kommunikation mit Gleichaltrigen (vgl. Amorosa 2008, 571).

Der Erwerb der Sprache beginnt lange vor der Geburt. Bereits der Säugling verfügt über unglaubliche präverbale Fähigkeiten. Das Neugeborene erkennt bereits die Stimme der Mutter und reagiert auf die Muttersprache anders als auf fremdsprachige Äußerungen (vgl. Suchodoletz 2004, 156).

Die präverbale Sprachentwicklung weist vokalartige Laute, silbenähnliche Äußerungen, alternierende Silben bis hin zu Protowörtern auf. Betrachtet man die weitere Sprachentwicklung, so sprechen etwa 75 % aller Kinder mit zwölf Monaten die ersten sinnbezogenen Wörter. Mit 1 ½ Jahren verfügt ein Kind über einen aktiven Wortschatz von etwa 50 Wörtern. Mit sechs Jahren zeichnet sich ein aktiver Wortschatz von 5.000 und ein passiver Wortschatz von 20.000 Wörtern ab (vgl. Suchodoletz 2004, 156). Der Beginn des produktiven Grammatikerwerbs wird dann angesetzt, wenn erstmals Wortkombinationen gebildet werden (vgl. Weisenborn 2000). In der Sprachentwicklung wird allgemein zwischen Sprachverständnis und Sprachproduktion unterschieden. Einen Überblick über Meilensteine der Sprachentwicklung gibt Tabelle 1.

Tab. 1: *Überblick über Meilensteine der Sprachentwicklung (aus: Sachse 2005, 156)*

Alter	Sprachverständnis	Sprachproduktion
0–5 Monate	• Lautwahrnehmung • Erkennen der Muttersprache • Erkennen und Unterscheiden von Intonationen • Präferenz für Baby Talk	• Schreien • Gurren, Lachen • Nachahmung von Vokabeln
6–12 Monate	• Erkennen von Phrasenstrukturgrenzen • Aufbau der phonologischen Struktur • Worterkennen • Wortverständnis	• Spiel mit Lauten • kanonisches Lallen • muttersprachliche Intonation • lange Lallsequenzen • erste Wörter
12–16 Monate	• 100 bis 150 Wörter • einfache Aufforderungen	• 20 bis 30 Wörter
16–20 Monate	• mind. 200 Wörter • Etablierung von Wortkategorien	• 50 bis 200 Wörter • Wortexplosionen • Funktionswörter
20–24 Monate	• Relationen • Wortordnung	• Wortschatzausbau • Ausspracheorganisation • Erste Zwei- und Mehrwortäußerungen
ab 24 Monate	• komplexere Sätze	• Ausbau von Syntax und Morphologie

Diese Stufen der sprachlichen Entwicklung werden von allen Kindern in der gleichen Reihenfolge durchlaufen, es ist allerdings ein zeitlich sehr variabler Prozess (vgl. Sachse 2005, 157).

Spracherwerbstheorien versuchen zu erklären, in welcher Weise es dem Kind gelingt abstrakte Spracheinheiten und komplexe formale Regularitäten zu erwerben. Einerseits wird von behavioristischen Spracherwerbstheorien Sprache als erlernte Fähigkeit, deren Erwerb den Menschen aufgrund seiner allgemeinen geistigen Fähigkeiten möglich ist, betrachtet. Andererseits gehen nativistische bzw. generative Spracherwerbstheorien davon aus, dass sich der Spracherwerb als genetisch kodiertes Programm bei minimaler Anregung aus der Umwelt, als Reifungsprozess entfaltet (vgl. Suchodoletz 2007, 47)

1.2 Sprach- und Sprechstörungen

Sprach- und Sprechstörungen treten im Kindesalter als spezifische Störungsbilder auf. Sie können aber auch im Zusammenhang mit psychiatrischen oder neurologischen Erkrankungen auftreten.

»Sprachentwicklungsstörungen sind nach heutiger Auffassung multifaktoriell bedingt. Neben genetischen Komponenten werden psychosoziale Einflüsse sowie hirnorganische und auditorische Faktoren als mögliche Ursache diskutiert« (Suchodoletz 2007, 50). Die möglichen Faktoren für die Entstehung einer Sprachentwicklungsstörung verdeutlicht Abbildung 1.

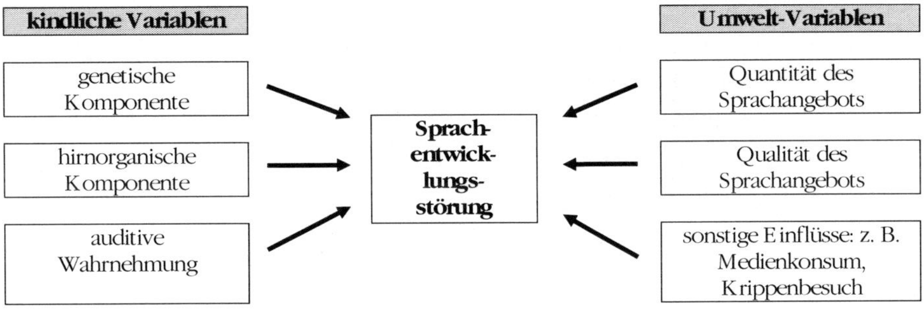

Abb. 1: Mögliche ursächliche Faktoren für Sprachentwicklungsstörungen (aus: Suchodoletz 2007, 51)

Nach der ICD-10 erfolgt eine Einteilung nach expressiver und rezeptiver Sprachentwicklungsstörung (vgl. Amorosa 2008, 572). Die expressive Sprachentwicklungsstörung ist gekennzeichnet durch Einschränkungen im Wortschatz, Auffälligkeiten in der Syntax, Morphologie, Artikulation und Wortfindung. Für die rezeptive Sprachentwicklungsstörung gelten Einschränkungen im Wort-, Satz- und Textverständnis. Stottern und Poltern gehören zu den Störungen im Redefluss. Bei Kindern mit Sprachentwicklungsstörungen ist auch der Aufbau kommunikativer Fähigkeiten erschwert.

1.3 Kommunikation/Unterstützte Kommunikation

Das Wort ›Kommunikation‹ leitet sich vom lateinischen Wort ›communicare‹ ab und bedeutet so viel wie teilen, mitteilen, teilnehmen lassen, gemeinsam machen. Kommunikation bezeichnet »ein gemeinschaftliches Handeln, in dem durch die Verwendung von Zeichen (in Sprache, Gestik, Mimik, Schrift oder Bild) Gedanken, Ideen, Wissen, Erkenntnisse, Erlebnisse (mit) geteilt werden und auch neu entstehen« (ISB 2009, 15). Wir bezeichnen damit »alle Verhaltensweisen und Ausdrucksformen, mit denen wir mit anderen Menschen bewusst oder unbewusst in Beziehung treten. Kommunikation umfasst deshalb viel mehr als nur die verbale Sprache« (Wilken 2006, 4).

Die verbale Kommunikation erlaubt es, unabhängig von Zeit und Ort komplexe Inhalte eindeutig darzustellen und abstrakte Ideen beziehungsweise logische Verknüpfungen zu explizieren (vgl. Braun 1994, 25). Damit eröffnet verbale Kommunikation dem Menschen die Möglichkeit, Erfahrungen, Wissen, Informationen und Errungenschaften über Generationen hinweg zu übermitteln, zu sammeln und ständig zu modifizieren.

Das Fehlen verbaler Kommunikationsmöglichkeiten führt zu Problemen in vielen Bereichen, insbesondere im sozialen Zusammenleben. Dies kann Erschwernisse bei der Aufnahme von sozialen Kontakten, bei der kognitiven Entwicklung, bei der Identitätsentwicklung und der Möglichkeit zur Selbstbestimmung zur Folge haben (vgl. Kannewischer/Wagner 2004, 10).

Nonverbale Kommunikation umfasst vor allem Formen der Körpersprache (Mimik, Gestik, Körperhaltung), aber auch Aspekte wie Tonfall, Sprechweise und Lautstärke. Nonverbale Kommunikation bringt vieles zum Ausdruck, was verbal so nicht ausgedrückt werden kann. Sie verläuft meist unbewusst und ist durch ein hohes Maß an Mehrdeutigkeit charakterisiert.

Der Terminus ›Unterstützte Kommunikation‹ hat sich in Deutschland seit 1992 als Oberbegriff für alle pädagogischen oder therapeutischen Maßnahmen durchgesetzt, deren Ziel es ist, Menschen ohne Lautsprache eine Erweiterung der kommunikativen Möglichkeiten zu eröffnen. Der Ausdruck entspricht dem angloamerikanischen Fachterminus ›AAC‹ (Augmentative and Alternative Communication), was sich mit ›ergänzende‹ und ›alternative‹ Kommunikation übersetzen lässt (vgl. ISB 2009, 16).

Nach Tetzchner/Martinsen lassen sich im Kontext der Unterstützten Kommunikation drei Zielgruppen unterscheiden (vgl. 2000, 80ff.):

Die Menschen, die der Gruppe 1 zugerechnet werden, können die Lautsprache gut verstehen, sie besitzen aber unzureichende Möglichkeiten, sich selbst auszudrücken. Für sie dient die Unterstützte Kommunikation als expressives Kommunikationsmittel.

Gruppe 2 bezieht sich auf Menschen, die Unterstützung zum Lautspracherwerb benötigen beziehungsweise deren lautsprachliche Fähigkeiten nur dann verständlich sind, wenn sie bei Bedarf über ein zusätzliches Hilfsmittel verfügen. Unterstützte Kommunikation dient hier als Unterstützung für die Lautsprache.

Die 3. Gruppe umfasst Menschen, für die Lautsprache als Kommunikationsmedium zu komplex ist und die daher eine geeignete Alternative benötigen. Unterstützte Kommunikation hat hier die Funktion einer Ersatzsprache.

Die unterschiedlichen Formen der Unterstützten Kommunikation, die unter dem Oberbegriff subsumiert werden, sind in Abbildung 2 grob dargestellt.

Im Kontext körpereigener Kommunikationsformen umfasst die Bezeichnung ›Originäre Sprache‹ Laute und Vokalisationen sowie Gestik, Mimik, Blick, Zeigebewegungen und Körperausdruck. ›Konventionelle Systeme‹ sind beispielsweise Formen der Gebärdensprache.

Bei den externen Kommunikationshilfen sind nicht-elektronische Kommunikationsmittel Fotos, ikonische Symbole, arbiträre Symbole und Schrift. Elektronische Kommunikationshilfen können nach der Möglichkeit einer Sprachausgabe unterschieden werden.

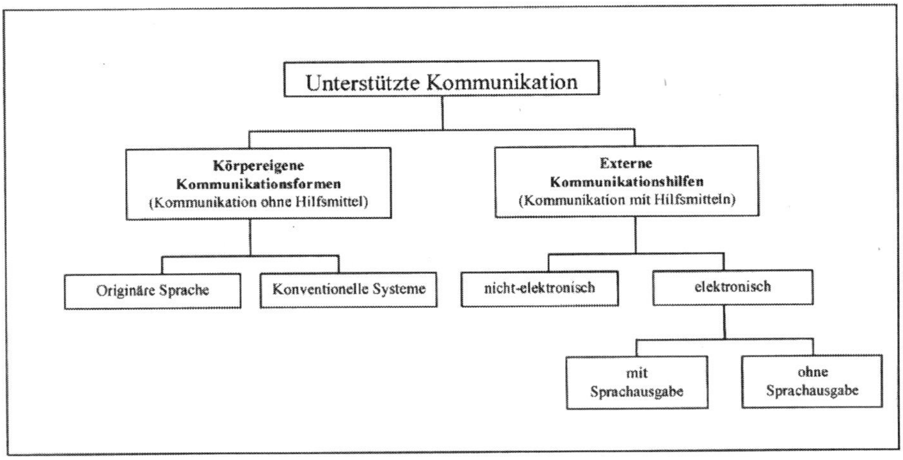

Abb. 2: Formen der Unterstützten Kommunikation (aus: Kannewischer/Wagner 2004, 11)

2 Forschungsstand

Nach Suchodoletz treten Sprachentwicklungsstörungen bei 7 % aller Kinder auf. Jungen sind zwei- bis dreimal so oft betroffen wie Mädchen (vgl. 2007, 45).

Die Prävalenzrate für Störungen im Redefluss liegt für das Stottern in der Gesamtbevölkerung bei einem Prozent, für das Kindergartenalter finden sich Angaben von 2,4 % und für das Schulalter 0,8 %. Die Rate für das Poltern liegt deutlich unter einem Prozent (vgl. Amorosa 2008, 572).

Im Hinblick auf Menschen mit einer geistigen Behinderung kann man davon ausgehen, dass »prinzipiell alle vorkommenden Sprachstörungen [...] anzutreffen sind« (Biermann 2003, 212). Prävalenzangaben bei Kindern und Jugendlichen mit geistiger Behinderung liegen allerdings nicht vor. Muff kommt in seiner Studie zu dem eher allgemeinen Ergebnis, dass »sich eine deutliche Verzögerung sprachlicher Fähigkeiten bei den geistig behinderten Kindern (zeigt). [...] Bei sieben von zehn geistig behinderten Kindern sind Störungen festzustellen. [...] Es zeigen sich eindeutig mehr Sprachstörungen bei den geistig behinderten Kindern« (Muff 2009, 69, 73).

Eindeutigere Prävalenzangaben gibt es im Hinblick auf Kinder und Jugendliche ohne Lautsprache.

Fröhlich/Kölsch erfassen in ihrer Studie (1998) schulpflichtige Kinder und Jugendliche (n = 1776) mit der Diagnose einer ›geistigen Behinderung‹ im Alter von 6 bis ca. 18 Jahren an Schulen mit unterschiedlichen Förderschwerpunkten im Saarland und in Rheinland-Pfalz. Befragt werden von ihnen die Schulleiterinnen und Schulleiter. Von den erfassten Kindern und Jugendlichen sind rund 24 % nicht sprechend. Von diesen verfügen 72 % über ein Sprachverständnis (vgl. 1998, 25).

1999 befragen Theunissen/Ziemen die Klassenlehrerinnen und -lehrer von 2150 Schülerinnen und Schüler aus 183 Klassen an Schulen für geistig Behinderte in Sachsen-Anhalt. Insgesamt werden in der Studie 38,6 % nicht oder kaum sprechende Kinder und Jugendliche ermittelt (vgl. Theunissen/Ziemen 2000, 363).

Eine bundesweite Datenerhebung durch Boenisch (2004) im Rahmen einer Lehrerbefragung an Schulen mit dem Förderschwerpunkt körperliche und motorische Entwicklung (n = 11.666) ergibt einen Anteil von 20 % Kinder und Jugendliche ohne Lautsprache (n = 2.291). 82 % davon sind Schülerinnen und Schüler mit einer geistigen Behinderung (vgl. Boenisch 2009, 127f.).

Boenisch bezieht in seine Studie Kommunikationsformen ein, mit denen die Kinder und Jugendlichen ohne Lautsprache sich verständigen. Er kommt zu dem Ergebnis, dass 53 % über Mimik, 46 % mittels Blickbewegungen, 41 % mittels ihrer unartikulierten Laute, 33 % über Gestik, 10 % über Gebärden, 10 % mittels elektronischer Geräte, 4 % über Kommunikationstafeln und über 3 % über Kommunikationsbücher kommunizieren (vgl. Boenisch 2009, 131).

3 Methode

Die Einschätzung der Kompetenzen der Schülerinnen und Schüler im Bereich der expressiven und rezeptiven Sprache erfolgte im Fragebogen SFGE anhand mehrerer Items (vgl. Tab. 2).

Tab. 2: *Items zur Einschätzung der Kompetenzen im Bereich der expressiven und rezeptiven Sprache*

Wie spricht der Schüler?
- keine Lautsprache
- Einwortsätze/Zweiwortsätze
- Mehrwortsätze
- Sätze mit Haupt- und Nebensatz

Wie schätzen Sie das Sprachverständnis des Schülers ein?
- nicht einschätzbar
- versteht Worte, einfache Sätze und Anweisungen
- versteht komplexe Sätze und Anweisungen

Im Kontext Sprach- und Sprechstörungen wurde nach der allgemeinen Frage ›Hat der Schüler Sprach- und Sprechstörungen?‹ eine weitere Unterteilung nach verschiedenen Formen und Ausprägungen vorgenommen (vgl. Tab. 3).

Tab. 3: *Unterteilung der einzuschätzenden Sprach- und Sprechstörungen*

- Artikulationsstörungen (für Fremde verständlich)
- Artikulationsstörungen (für Fremde unverständlich)
- Redeflussstörungen (Stottern/Poltern)
- Dysgrammatismus
- Andere

Bezüglich der Kompetenzen im Bereich ›Kommunikation‹ wurde von den Lehrerinnen und Lehrern eine Einschätzung hinsichtlich der Bedeutung unterschiedlicher Kommunikationsformen vorgenommen (Mehrfachnennung möglich) (vgl. Tab. 4).

Tab. 4: *Unterschiedliche Kommunikationsformen hinsichtlich derer eine Einschätzung erfolgt*

Welche Kommunikationsformen sind für den Schüler von Bedeutung?

- Lautsprache
- Gebärden(-sprache)
- körpereigene Kommunikationsformen (Mimik, Gestik)
- Gestützte Kommunikation
- Bilder
- Symbole
- Talker

4 Ergebnisse[1]

Im Kontext expressiver Sprache haben 19,5 % der Schülerinnen und Schüler mit dem Förderschwerpunkt geistige Entwicklung in Bayern die Möglichkeit zu Ein- und Zweiwortsätzen, 34,5 % sprechen Mehrwortsätze und 26,9 % sprechen Sätze mit Haupt- und Nebensatz. 19,1 % verfügen über keine Lautsprache (vgl. Tab. 5, Abb. 3).

Tab. 5: Einschätzung der Kompetenzen im Bereich der expressiven Sprache

Wie spricht der Schüler?	Häufigkeit	in Prozent
keine Lautsprache	308	19,1
Einwortsätze/Zweiwortsätze	315	19,5
Mehrwortsätze	557	34,5
Sätze mit Haupt und Nebensatz	434	26,9
Gesamt:	1.614	100

1 Die folgenden Ergebnisse beziehen sich auf eine repräsentative Stichprobe von 1.629 Schülerinnen und Schülern im Förderschwerpunkt geistige Entwicklung in Bayern. Die Daten wurden anhand eines Lehrerfragebogens im Schuljahr 2009/10 erhoben (vgl. Beitrag 1).

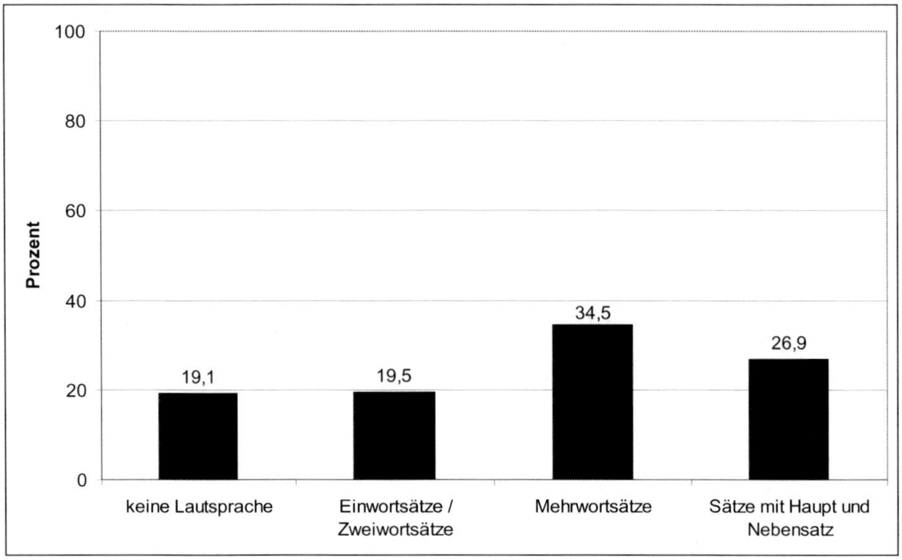

Abb. 3: Einschätzung der Kompetenzen im Bereich der expressiven Sprache (n = 1.614)

Im Hinblick auf rezeptive Sprache werden bei 48,9 % der Schülerinnen und Schüler angegeben, dass sie Worte, einfache Sätze und Anweisungen verstehen. 41,2 % verstehen komplexe Sätze und Anweisungen. Bei 9,9 % ist das Sprachverständnis nicht einschätzbar (vgl. Tab. 6, Abb. 4).

Tab. 6: *Einschätzung der Kompetenzen im Bereich der rezeptiven Sprache*

Wie schätzen Sie das Sprachverständnis ein?	Häufigkeit	in Prozent
nicht einschätzbar	154	9,9
versteht Worte, einfache Sätze und Anweisungen	761	48,9
versteht komplexe Sätze und Anweisungen	641	41,2
Gesamt:	1.556	100

Tab. 7: *Einschätzung von Sprach- und Sprechstörungen*

Hat der Schüler Sprach- und Sprechstörungen?	Häufigkeit	in Prozent
Ja	990	68,2
Nein	462	31,8
Gesamt:	1.452	100

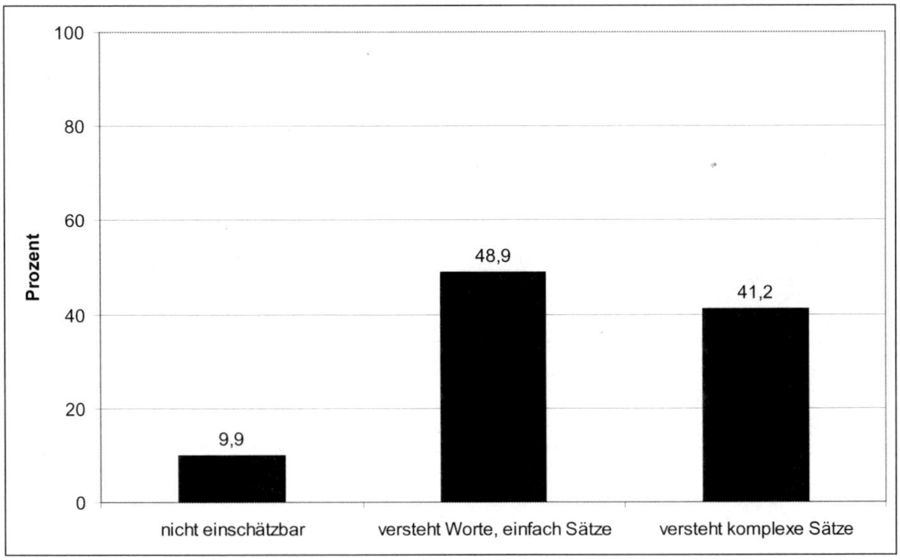

Abb. 4: Einschätzung der Kompetenzen im Bereich der rezeptiven Sprache (n = 1.556)

Die allgemeine Frage ›Hat der Schüler Sprach- und Sprechstörungen‹ wird von den befragten Lehrerinnen und Lehrern bei 68,2 % der Schülerinnen und Schülern bejaht (vgl. Tab. 7). 20,5 % dieser Gruppe weisen eine Redeflussstörung (Stottern/Poltern) und 46,2 % Dysgrammatismus auf. Bei 31,1 % der Kinder und Jugendlichen mit Sprach- und Sprechstörungen ist die Artikulationsstörung so ausgeprägt, dass sie von Fremden nicht verstanden werden können. Bezogen auf die Gesamtstichprobe (N = 1.629) sind dies 12,4 % (Redeflussstörungen), 28,1 % (Dysgrammatismus) und 19,4 % (Artikulationsstörung – für Fremde unverständlich) (vgl. Tab. 8).

Tab. 8: *Häufigkeit einzelner Sprach- und Sprechstörungen bezogen auf die Schülerinnen und Schüler mit Sprach- und Sprechstörungen (n = 990) und bezogen auf die Gesamtstichprobe (N = 1.629) (Mehrfachnennungen möglich)*

Von den Schülern mit Sprach- und Sprechstörungen haben …	Häufigkeit	in Prozent für n = 990	in Prozent für alle (N = 1.629)
Artikulationsstörungen (für Fremde verständlich)	316	31,9	19,4
Artikulationsstörungen (für Fremde unverständlich)	308	31,1	18,9
Redeflussstörungen	203	20,5	12,4
Dysgrammatismus	458	46,2	28,1
Andere	206	20,8	12,6

Hinsichtlich der Frage ›Welche Kommunikationsformen sind für den Schüler von Bedeutung?‹ zeichnen sich folgende Ergebnisse ab (Mehrfachnennungen sind möglich): 16,3 % kommunizieren mittels Gebärden, für 43,8 % sind körpereigene Kommunikationsformen von Bedeutung, 4,4 % kommunizieren über Gestützte Kommunikation, 31,9 % kommunizieren mittels Bilder, 25,9 % über Symbole und 10 % mit Hilfe eines Talkers (vgl. Tab. 9, Abb. 5).

Tab. 9: *Bedeutung verschiedener Kommunikationsformen (Mehrfachnennungen möglich, n = 1.629)*

Welche Kommunikationsformen sind für den Schüler von Bedeutung	Häufigkeit	in Prozent
Gebärden	266	16,3
Körpereigene Kommunikationsformen	714	43,8
Gestützte Kommunikation	72	4,4
Bilder	520	31,9
Symbole	421	25,9
Talker	163	10

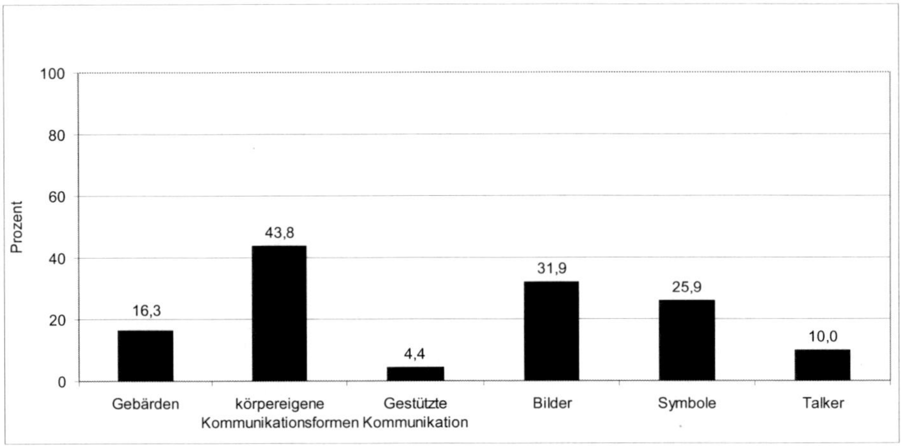

Abb. 5: Bedeutung unterschiedlicher Kommunikationsformen mit Mehrfachnennungen (n = 1.629)

5 Diskussion

In der vorliegenden Studie werden bei 68,2 % der Kinder und Jugendlichen mit dem Förderschwerpunkt geistige Entwicklung in Bayern Sprach- und Sprechstörungen angegeben. Dysgrammatismus liegt bei 46,2 % dieser Gruppe vor und eine Redeflussstörung wie Stottern oder Poltern bei 20,5 %. Somit liegen die ermittelten Werte wesentlich höher, wie die entsprechenden Prävalenzangaben, die sich auf die Gesamtbevölkerung oder auf Kinder und Jugendliche ohne Behinderung beziehen (vgl. Suchodoletz 2007, 45; Amorosa 2008, 572). Die von Muff formulierte Annahme, dass sich bei Kindern mit geistiger Behinderung deutlich mehr Sprachstörungen zeigen (vgl. Muff 2009, 73), wird durch die Ergebnisse der Studie gestützt.

Im Rahmen der Unterscheidung zwischen expressiver und rezeptiver Sprache zeigt sich, dass trotz der ermittelten hohen Zahl von Sprach- und Sprechstörungen 61,4 % der Kinder und Jugendlichen Mehrwortsätze beziehungsweise Sätze mit Haupt- und Nebensatz sprechen können und somit über eine deutliche Kompetenz in der expressiven Sprache verfügen.

Noch deutlicher wird die Kompetenz bei der rezeptiven Sprache – 90,1 % werden von ihren Lehrerinnen und Lehrern so eingeschätzt, dass sie Worte, einfache Sätze oder auch komplexe Sätze verstehen. Bei 9,9 % der erfassten Schülerinnen und Schüler kann deren Sprachverständnis nicht eingeschätzt werden.

Berücksichtigt man aber darüber hinaus, dass bei einem Drittel der Kinder und Jugendlichen mit einer Sprach- und Sprechstörung die Artikulation so eingeschränkt ist, dass sie von Fremden nicht verstanden werden können (31,1 %), so wird ein ausgeprägter Bedarf an Angeboten und Unterstützungsmaßnahmen im Kontext Sprachentwicklung und Sprachförderung erkennbar.

Die Gruppe derjenigen Kinder und Jugendlichen die über keine Lautsprache verfügen, umfasst nach dieser Studie 19 %. Diese Angabe stimmt mit anderen Studienergebnissen weitgehend überein (vgl. Fröhlich/Kölsch 1998; Boenisch 2004). Der von Theunissen/Ziemen in ihrer Studie ermittelte Wert von 38,6 % liegt zwar deutlich höher, er bezieht sich aber auf die Gruppe von Kindern und Jugendlichen die nicht oder kaum sprechen (vgl. 2000, 363). Ein direkter Vergleich ist hier nicht möglich. Unabhängig davon, macht der Anteil von 19 % Kindern und Jugendlichen ohne Lautsprache deutlich, dass es nicht nur im Förderschwerpunkt körperliche und motorische Entwicklung, sondern auch in der Schülerschaft im Förderschwerpunkt geistige Entwicklung in Bayern einen enormen Bedarf an Unterstützter Kommunikation gibt.

Als bedeutungsvolle Kommunikationsformen (Mehrfachnennungen) werden die körpereigenen Kommunikationsformen (Mimik, Gestik) an erster Stelle benannt (43,8 %) über Bilder und/oder Symbole kommunizieren zusammen 57,8 %, Gebärden verwenden 16,3 %, Talker setzen 10 % ein und über FC kommunizieren 4,4 %.

Bezüglich der Bedeutung körpereigener Kommunikationsformen und Gebärden sowie des Einsatzes elektronischer Hilfsmittel besteht weitgehend Übereinstimmung mit den Ergebnissen von Boenisch (2004).

Die Ergebnisse der Studie zeigen, dass weit über die Hälfte der erfassten Kinder und Jugendlichen Sprach- und Sprechstörungen aufweist. Ein Drittel der Schülerinnen und Schüler dieser Gruppe spricht dabei so unverständlich, dass sie von Fremden nicht verstanden werden. 19 % der Kinder und Jugendlichen der Gesamtstichprobe verfügen über keine Lautsprache.

Diese Zahlen machen deutlich, dass im Hinblick auf die Schülerschaft mit dem Förderschwerpunkt geistige Entwicklung in Bayern der Sprachförderung eine besondere

Bedeutung zukommt und dass ein großer Bedarf an verschiedenen Formen Unterstützter Kommunikation besteht. Entsprechende Kompetenzen der Lehrerinnen und Lehrer müssen daher sichergestellt sein.

Literatur

Amorosa, Hedwig (2008): Umschriebene Entwicklungsstörungen der Sprache. In: Herpertz-Dahlmamm, Beate/Resch, Franz/Schulte-Markwort, Michael/Warnke, Andreas (Hg.): Entwicklungspsychiatrie. Stuttgart: Schattauer, 570–589.

Biermann, Adrienne (2003): Sprache und Kommunikation bei geistig behinderten Menschen. In: Irblich, Dieter/Stahl, Burkhard (Hg.): Menschen mit geistiger Behinderung. Göttingen: Hogrefe, 205–229.

Boenisch, Jens (2009): Kinder ohne Lautsprache. Karlsruhe: Loeper.

Braun, Ursula (1994): Unterstützte Kommunikation bei körperbehinderten Menschen mit einer schweren Dysarthrie. Frankfurt: Peter Lang.

Fröhlich, Andreas/Kölsch, Sandra (1998): Alles was wir sind, sind wir in Kommunikation. In: Geistige Behinderung, Jg. 37, H. 1, 22–36.

Kannewischer, Sybille/Wagner, Michael (Hg.) (2004): Projekt Unterstützte Kommunikation. München.

Muff, Albin (2009): Sprachentwicklung geistig behinderter Kinder. München: Grin Verlag.

Sachse, Steffi (2005): Früherkennung von Sprachentwicklungsstörungen. In: Suchodoletz, Waldemar v. (Hg.): Früherkennung von Entwicklungsstörungen. Göttingen: Hogrefe, 155–189.

Staatsinstitut für Schulqualität und Bildungsforschung [ISB] (2009): Unterstützte Kommunikation in Unterricht und Schule. München: Hintermaier.

Suchodoletz, Waldemar v. (2004) (Hg.): Welche Chancen haben Kinder mit Entwicklungsstörungen. Göttingen: Hogrefe.

Suchodoletz, Waldemar v. (2007): Prävention umschriebener Sprachentwicklungsstörungen. In: Suchodoletz, Waldemar v. (Hg.): Prävention von Entwicklungsstörungen. Göttingen: Hogrefe, 45–79.

Tetzchner, Stephen v./Martinsen, Harald (2000): Einführung in Unterstützte Kommunikation. Heidelberg: Edition S.

Theunissen, Georg/Ziemen, Kerstin (2000): Unterstützte Kommunikation. In: Zeitschrift für Heilpädagogik, Jg. 51, H. 9, 361–367.

Weissenborn, Jürgen (2000): Der Erwerb von Morphologie und Syntax. In: Grimm, Hannelore (Hg.): Enzyklopädie der Psychologie, CIII, Bd. 3: Sprachentwicklung. Göttingen: Hogrefe, 141–169.

Wilken, Etta (2010) (Hg.): Unterstützte Kommunikation. Eine Einführung in Theorie und Praxis. 3. Auflage. Stuttgart: Kohlhammer.

Christoph Ratz

Schriftsprachliche Fähigkeiten von Schülern mit dem Förderschwerpunkt geistige Entwicklung

1 Theoretischer Hintergrund

Während der Schriftspracherwerb in der Grundschule unbestritten ein maßgebliches und unbedingt zu erreichendes Ziel darstellt, ist dies im Förderschwerpunkt geistige Entwicklung als eigentlich einzige Schulart so eindeutig nicht zu sagen. Lange Jahre stand die »praktische Bildbarkeit« im Vordergrund, was sich noch in den KMK-Empfehlungen (KMK 1980) widerspiegelt, und sogar noch heute in Hessen im Namen der Schulart steht. Die Bedeutung der Kulturtechniken, vor allem aber des Schriftspracherwerbs, hat jedoch in den letzten Jahren erheblich zugenommen, was sich in den aktuellen Lehrplänen und Didaktiklehrbüchern deutlich spiegelt (Bayer. Staatsministerium 2003; Ministerium Baden-Württemberg 2009; vgl. Ratz 2011). Diese Veränderung der Bedeutung des Schriftspracherwerbs ist derart grundsätzlich, dass sie durchaus als Paradigmenwechsel zu bezeichnen ist.

Das Bildungsziel Schriftsprache als einer zentralen Kulturtechnik ist heute auch im Förderschwerpunkt geistige Entwicklung (FsgE) unbestritten. Dennoch bleibt aufgrund der sehr heterogenen Schülerschaft im FsgE doch die Frage bestehen: Wie viele Schüler mit einer geistigen Behinderung können lesen und schreiben lernen? Und wie gut gelingt es ihnen? Während wie erwähnt zur Zeit der Gründung der »Schulen für Geistigbehinderte« dies noch überwiegend verneint wurde, gibt es inzwischen Erfahrungsberichte und auch vereinzelte Studien (vgl. Katims 2001; Koch 2008), die dieser Frage nachgehen und auf einzelne Schulen bezogene Prävalenzen zu beschreiben versuchen. Im Ergebnis geben beide Autoren an, dass es innerhalb von ihren sehr kleinen Stichproben eine überaus große Streubreite an Fähigkeiten gibt. So gibt es derzeit keine grundlegenden Forschungsergebnisse, die eine verlässliche und belastbare Antwort geben können.

Im vorliegenden Forschungsprojekt »Schülerschaft im Förderschwerpunkt geistige Entwicklung (SFGE)« gehörte auch diese Frage zu den Fragestellungen, der in Bayern flächendeckend und repräsentativ nachgegangen werden sollte.

Schriftsprache bzw. ›Literacy‹ ist als komplexes Konstrukt auf sehr viele Fähigkeiten bezogen, die sich über die phonologische Bewusstheit, die Beachtung von Buchstabe-Laut-Korrespondenzen, einem inneren orthografischen Lexikon, und schließlich den verschiedenen Ebenen verstehenden Lesens, die als »Lesekompetenz« in PISA und IGLU erforscht wurden, erstreckt (Marx 2007, 19 bzw. 33ff.). Forschung im Bereich des Schriftspracherwerbs kann diese Komplexität nie im Ganzen aufgreifen, sondern betrachtet immer einzelne Aspekte. Die vorliegende Studie bezieht sich in diesem

Sinne auf das entwicklungsbezogene Modell des Schriftspracherwerbs (s. u.), das den Prozess des Schriftspracherwerbs in Stufen darstellt.

Das »erweiterte Lesen« wurde seit den 80er-Jahren in der Geistigbehindertenpädagogik diskutiert, vor allem Hublow (1985) und Günthner (1999) haben nennenswerte Beiträge zu dieser Diskussion geliefert. Doenges (2007) hat die bisherige Diskussion sehr gut zusammengefasst und kommentiert. Inzwischen hat Koch (2008; Euker/Koch 2010) die Diskussion um das »erweitere Lesen« kritisiert und gefordert, die betreffenden Fähigkeiten in bestehende Modelle des Schriftspracherwerbs einzuordnen. Das Erkennen oder »Lesen« von Bildern und Symbolen sind demnach Fähigkeiten, die der logographemischen Phase des Schriftspracherwerbs entsprechen (s. u.), und sollten daher nicht besondert werden als ›erweitertes Lesen‹ – es *ist* Lesen in einer frühen Form. Dagegen ist das Erkennen von Situationen, das von Hublow und Günthner auch mit einbezogen wurde, etwas sehr viel Allgemeineres, und nur schwer in den Zusammenhang der Entwicklung des Schriftspracherwerbs zu bringen. Im Lehrerfragebogen (vgl. Beitrag 1) sind dennoch drei Fragen zum erweiterten Lesen gestellt worden, deren Auswertung hier auch aufgeführt wird. Diese Daten können zur laufenden Diskussion um das »erweiterte Lesen« beitragen.

2 Methode

Wie in Beitrag 1 dieses Bandes ausgeführt, sind auch die Fragen zum Schriftspracherwerb mittels eines Lehrerfragebogens erhoben worden, der für jeden Schüler einzeln von seiner Lehrkraft ausgefüllt wurde. Die Fragen zum Schriftspracherwerb unterliegen theoretischen Modellen, die hier kurz beschrieben werden.

2.1 Entwicklung der Schriftsprache

Die Entwicklung der Schriftsprache in Stufen wurde zunächst von Frith (1985) beschrieben. Sie teilte den Prozess des Schriftspracherwerbs in drei Stufen ein, die logographemische, die alphabetische und die orthografische Phase. Die logographemische Stufe ist sehr optisch und ganzheitlich geprägt, und weniger analytisch. Wörter werden als Bilder wahrgenommen und mehr oder weniger auswendig gelernt, wobei jegliche Assoziation als Interpretationshilfe genutzt wird wie in vielen Firmenlogos. Die logographemische Stufe spielt in der deutschen Sprache eine geringere Rolle als im Englischen, da Deutsch lautreiner ist (vgl. Wimmer/Hartl/Moser 1990, 152; Koch 2008, 40). Es folgt die alphabetische Stufe, die wesentlich analytischer ist. Hier werden die Buchstaben gelernt, ihre lautsprachlichen Korrespondenzen und die Technik, sie zu Wörtern zu verbinden. Schließlich lernen Kinder in der orthografischen Phase die Wörter und Silben in größeren Einheiten zu erkennen, werden geläufiger und lernen immer mehr Regeln kennen.

Frith hatte außerdem herausgearbeitet, dass jede Stufe sowohl für das Lesen als auch für das Schreiben Gültigkeit besitzt. Tatsächlich sah sie eine parallele Entwicklung des Lesens und Schreibens, und zwar als sich gegenseitig fördernde Fähigkeiten. In Tabelle 1 ist sehr gut zu erkennen wie dies gemeint ist, jeweils eine Stufe des Lesens initiiert die entsprechende Stufe des Schreibens und umgekehrt. Die Abhängigkeit dieser Entwicklung von Lesen und Schreiben untereinander ist für sie derart grundsätzlich, dass sie das Modell »Six-step-Model« nennt (ebd., 311).

Tab. 1: *Die gegenseitige Förderung von Lesen und Schreiben im Entwicklungsmodell des Schriftspracherwerbs von Frith (1985, 311; Übersetzung CR).*

Stufe	*Lesen*		*Schreiben*
1a	*logographemisch*$_1$		(symbolisch)
1b	logographemisch$_2$	→	logographemisch$_2$
2a	logographemisch$_3$		*alphabetisch*$_1$
2b	alphabetisch$_2$	←	alphabetisch$_2$
3a	*orthografisch*$_1$		alphabetisch$_3$
3b	orthografisch$_2$	→	orthografisch$_2$

International gab und gibt es vielfältige Weiterentwicklungen ihres ursprünglichen dreistufigen Modells des Schriftspracherwerbs, im deutschen Sprachraum sind vor allem die Modelle von Günther (1989) mit sechs Stufen, Scheerer-Neumann (2002) mit sieben Stufen, Helbig/Kirschhock/Martschinke/Kummer (2005) mit neun Stufen sowie Valtin (2000) mit sechs Stufen sehr verbreitet.

Für den SFGE-Fragebogen wurden die sechs Stufen von Valtin ausgewählt, und zwar weil sie in ihren Formulierungen gut zu operationalisieren sind, und damit für die Lehrer in einem Fragebogen eindeutiger zu verstehen sind – selbst für den Fall, dass Lehrkräfte mit diesem Entwicklungsmodell des Schriftspracherwerbs nicht vertraut sind. Valtin hat leicht zu unterscheidende Stufen für das Lesen und das Schreiben formuliert, die in dieser Studie beide abgefragt werden und minimal umformuliert wurden um die Verständlichkeit zu steigern (Abb. 1). Hinzugefügt wurde jeweils die erste Frage »Der Schüler liest (noch) überhaupt nicht«.

Fragen zum Lesen (nach Valtin) im Fragebogen SFGE:
Der Schüler »liest« (noch) überhaupt nicht
Der Schüler beherrscht
1. … das »Als ob«-Vorlesen (Nachahmung)
2. … das »Erraten von Wörtern« (aufgrund visueller Merkmale, McDonalds o. ä.)
3. … das »Benennen von Lautelementen« (beginnende Einsicht in den Buchstaben-Laut-Bezug)
4. … das »buchstabenweise Erlesen«? (Einsicht in die Buchstaben-Laut-Verbindung)
5. … das »fortgeschrittene Lesen« (Lesen in größeren Einheiten, Lautverschmelzung)
6. … das »automatisierte Worterkennen« (Lesen ohne Anstrengung)

Fragen zum Schreiben (nach Valtin) im Fragebogen SFGE:
Der Schüler »schreibt« (noch) überhaupt nicht
Der Schüler beherrscht
1. … das »Kritzeln«
2. … das »Malen von Buchstabenreihen« (z. B. eigener Name)
3. … das »Schreiben von Lautelementen« (Anlaute, Wortteile, Silben, ›Skelettwörter‹)
4. … »phonetische Schreibungen«? (nach dem Prinzip ›schreibt wie er spricht‹)
5. … die »Verwendung orthografischer Muster« (einige Rechtschreibregeln)
6. … »gute orthografische Kenntnisse«

Abb. 1: Fragen des SFGE-Fragebogens zu den Stufen des Schriftspracherwerbs (nach Valtin 2000)

Die Stufen des Schriftspracherwerbs nach Valtin können – wie fast alle Stufenmodelle – in grober Weise auf die ursprünglichen Stufen von Frith zurückgeführt werden. Damit können gewisse Vergleiche gezogen werden. Tabelle 2 zeigt eine grobe Synopse.

Tab. 2: *Gegenüberstellung der Stufen des Schriftspracherwerbs von Frith (1985) und den in SFGE verwendeten Stufen von Valtin (2000)*

Frith	Valtin Lesen (= SFGE)	Valtin Schreiben (= SFGE)
1. logographemisch	1. »Als ob«- Vorlesen	1. »Kritzeln«
	2. »Erraten von Wörtern«	2. »Malen von Buchstabenreihen«
2. alphabetisch	3. »Benennen von Lautelementen«	3. »Schreiben von Lautelementen«
	4. »buchstabenweises Erlesen«	4. »phonetische Schreibungen«
3. orthografisch	5. »fortgeschrittenes Lesen«	5. »Verwendung orthografischer Muster«
	6. »automatisiertes Worterkennen«	6. »gute orthografische Kenntnisse«

Die Stufen des Lesens und Schreibens nach Valtin sind hierarchisch und somit ordinalskaliert, jedoch nicht in gleichmäßigen Schritten, also nicht intervallskaliert. Dennoch lässt sich sowohl beim Lesen als auch Schreiben ein Mittelwert bilden, um die Entwicklung des Lesens und Schreibens miteinander zu vergleichen.

2.2 Erweitertes Lesen

Wie erwähnt wurden auch drei Fragen zum erweiterten Lesen gestellt. Sie orientieren sich grob an den Stufen von Günthner (1999), der allerdings sechs Stufen formuliert hatte. Da sie jedoch weder theoretisch noch faktorenanalytisch begründet wurden, entsteht kein Erkenntnisgewinn, wenn sie vollständig übernommen werden. Aus diesem Grund und der klareren Operationalisierung wegen wurden die drei wichtigsten Stufen herausgenommen (vgl. Abb. 2).

Fragen zum erweiterten Lesen im Fragebogen SFGE
Der Schüler kann … (Mehrfachnennungen möglich, jede Frage wird mit »ja« oder »nein« beantwortet)

- Personen, Tiere, Pflanzen, Gegenstände, Orte in ihrem jeweiligen situativen Kontext als solche erkennen
- Bilder lesen z. B. Fotos, grobe Strichzeichnung wie pcs-Bilder (Boardmaker)
- Symbole lesen (etwas abstrakter, mit nur geringem bildlichen Anteil)

Abb. 2: Fragen des SFGE-Fragebogens zu den Stufen des »erweiterten Lesens« (nach Günthner 1999)

Neben diesen theoriegeleiteten Fragen wurden noch einzelne Fragen gestellt, ob die Schüler eher sinnerfassend oder mechanisch lesen, und welchen Umfang die gelesenen Texte haben. Auch die von den Schülern verwendete Schriftart wurde mit den Möglichkeiten »Druckschrift« und »Schreibschrift« erfragt.

3 Ergebnisse[1]

Die Stichprobe speist sich aus der gesamten Spanne des Schulalters (6–21 Jahre). Die Betrachtung dieser gesamten Schülerschaft ist zunächst ganz allgemein sinnvoll, weil man damit einen Überblick über die Gesamtaufgabe der Schulart bzw. des Förderschwerpunktes geistige Entwicklung gewinnt. Die Schulen im Förderschwerpunkt geistige Entwicklung unterscheiden in Bayern analog zu den »Regelschulen« mit der Grund-, Haupt- und Berufsschulstufe (GS, HS, BS) drei Stufen, deren Bildungsaufträge und didaktische Konzeptionen sich deutlich unterscheiden – diese drei Stufen bilden deshalb eine sinnvolle zweite Ebene der Betrachtung. Darüber hinaus liegen Ergebnisse hinsichtlich des Leseverständnisses (mechanisch – sinnerfassend) vor, der verwendeten Schriftart, sowie zum »erweiterten Lesen«.

3.1 Lese- und Schreibfähigkeiten im FsgE über die gesamte Altersspanne hinweg

Auf die *gesamte Schülerschaft* im FsgE in Bayern bezogen, verteilen sich die von den Lehrern erkannten Lesestufen wie in Tabelle 3 und Abbildung 3 dargestellt. Etwas über ein Viertel der Schüler lesen demnach (noch) überhaupt nicht, während andererseits 11,2 % sehr flüssig lesen, und 21,1 % »fortgeschritten lesen«, also in größeren Einheiten lesen können (s. o.). Damit ist die Spannweite der Fähigkeiten dieser Schüler im Lesen von Schrift sehr hoch.

Tab. 3: *Verteilung der Lesestufen (nach Valtin) in allen Schulstufen des Förderschwerpunkts geistige Entwicklung*

Lesestufe (nach Valtin)	Häufigkeit	in Prozent
»liest« (noch) überhaupt nicht	424	26,4
»Als ob«-Vorlesen	40	2,5
»Erraten von Wörtern«	112	7
»Benennen von Lautelementen«	207	12,8
»buchstabenweises Erlesen«	305	19
»fortgeschrittenes Lesen«	340	21,1
»automatisiertes Worterkennen«	180	11,2
Gesamt:	1.608	100

1 Die folgenden Ergebnisse beziehen sich auf eine repräsentative Stichprobe von 1.629 Schülerinnen und Schülern im Förderschwerpunkt geistige Entwicklung in Bayern. Die Daten wurden anhand eines Lehrerfragebogens im Schuljahr 2009/10 erhoben (vgl. Beitrag 1).

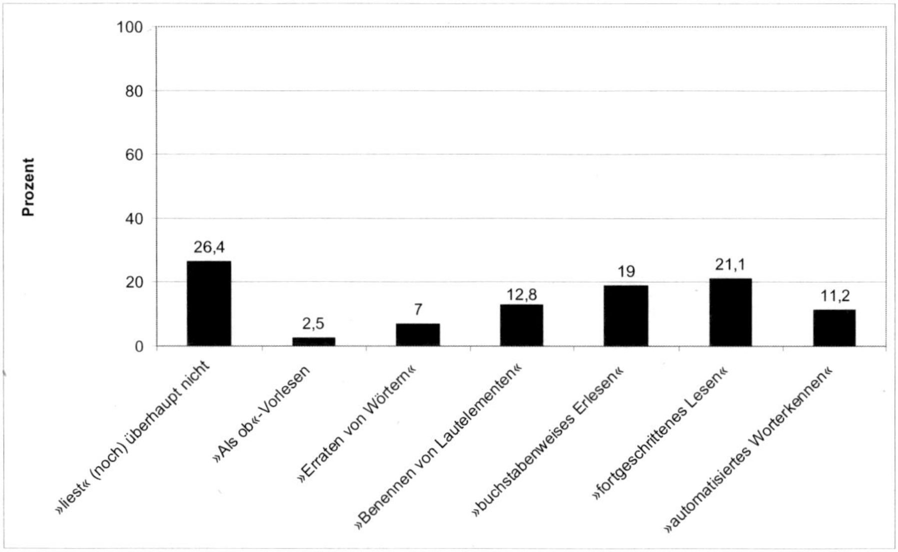

Abb. 3: Verteilung der Lesestufen (nach Valtin) in allen Schulstufen des Förderschwerpunkts geistige Entwicklung (n = 1.608)

Die von den Lehrkräften beobachteten Stufen des Schreibens verteilen sich etwas anders (Tab. 4 und Abb. 4). Zwar ist der Anteil der Schüler, die »(noch) überhaupt nicht schreiben« mit 23,7 % annähernd gleich wie der Anteil derjenigen, die (noch) überhaupt nicht lesen. Die übrigen Stufen sind etwas gleichmäßiger verteilt, es gibt einen deutlichen Schwerpunkt auf die beiden Phasen des alphabetischen Schreibens (»Schreiben von Lautelementen« sowie »phonetische Schreibungen«).

Tab. 4: *Verteilung der Schreibstufen (nach Valtin) in allen Schulstufen des Förderschwerpunkts geistige Entwicklung*

Schreibstufe (nach Valtin)	Häufigkeit	in Prozent
»schreibt« (noch) überhaupt nicht	377	23,7
»Kritzeln«	149	9,4
»Malen von Buchstabenreihen«	268	16,9
»Schreiben von Lautelementen«	287	18,1
»phonetische Schreibungen«	293	18,4
»Verwendung orthografischer Muster«	176	11,1
»gute orthografische Kenntnisse«	38	2,4
Gesamt:	1.588	100

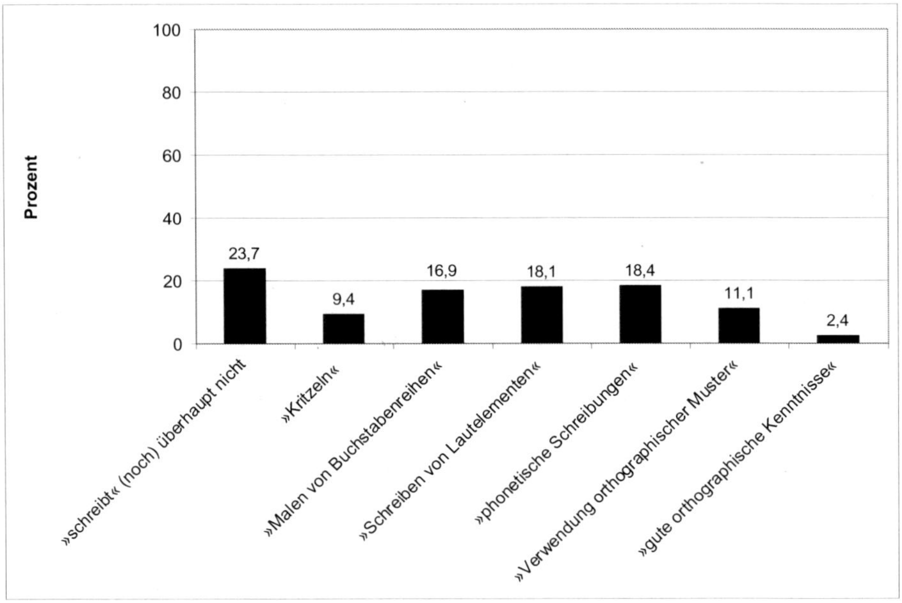

Abb. 4: Verteilung der Schreibstufen (nach Valtin) in allen Schulstufen des Förderschwerpunkts geistige Entwicklung (n = 1.588)

Die Fähigkeiten der Schüler im Lesen und Schreiben in den Schulen mit dem Förderschwerpunkt geistige Entwicklung spreizen sich demnach erheblich von ungefähr einem Viertel, die gar nicht lesen oder schreiben, bis hin zu einem Drittel der Schüler die fortgeschritten oder automatisiert lesen; die Fähigkeiten beim Schreiben sind dabei etwas geringer.

3.2 Lese- und Schreibfähigkeiten im FsgE nach Schulstufen

Eine differenzierte Darstellung der Lese- und Schreibfähigkeiten nach Schulstufen könnte Hinweise auf die Entwicklung dieser Fähigkeiten darstellen – unter der Annahme, dass sich die Schülerschaft auch einigermaßen vergleichbar in ihren anderen Aspekten darstellen würde. Tabelle 5 zeigt die Aufteilung der Häufigkeiten und prozentualen Verteilung der Stufen des Lesens nach Valtin.

Der Anteil der Schüler, der »(noch) überhaupt nicht« liest ist über die drei Schulstufen hinweg einigermaßen gleichbleibend. Während diese Gruppe in der Hauptschulstufe etwas kleiner wird, ist ihr Anteil unerwarteterweise sogar in der Berufsschulstufe wieder leicht gestiegen. Ihr Anteil entspricht grob dem Anteil der Schüler, die in den Fragen nach der Intelligenz im Sinne der ICD-10 die Gruppen »schwere geistige Behinderung« und »schwerste geistige Behinderung« zusammen angegeben wurden (vgl. Beitrag 5). Möglicherweise ist eine Erklärung dafür, dass vielen Schülern mit schwerer und schwerster Behinderung eine Schullaufbahnverlängerung zuerkannt wird, und diese Gruppe deshalb in der Berufsschulstufe überproportional vertreten ist. Wie bereits erwähnt kann daraus aber keine Entwicklung abgeleitet werden, weil es sich um unterschiedliche Schüler handelt, und nicht um eine längsschnittliche Betrachtung. Statistisch bedeutsam ist diese Tendenz ohnehin nicht.

Tab. 5: *Lesestufen (nach Valtin) im Vergleich nach Schulstufen des FsgE (n = 1.575)*

	GS		HS		BS	
Lesestufe (nach Valtin)	Häufigkeit	in Prozent	Häufigkeit	in Prozent	Häufigkeit	in Prozent
»liest« (noch) überhaupt nicht	145	27	154	24,5	117	28,5
»Als ob«-Vorlesen	18	3,4	14	2,2	6	1,5
»Erraten von Wörtern«	34	6,3	31	5	42	10,3
»Benennen von Lautelementen«	108	20,1	71	11,4	27	6,5
»buchstabenweises Erlesen«	136	25,3	116	18,4	49	12
»fortgeschrittenes Lesen«	81	15,1	158	25,2	95	23,1
»automatisiertes Worterkennen«	15	2,8	84	13,3	74	18
Gesamt:	537	100	628	100	410	100

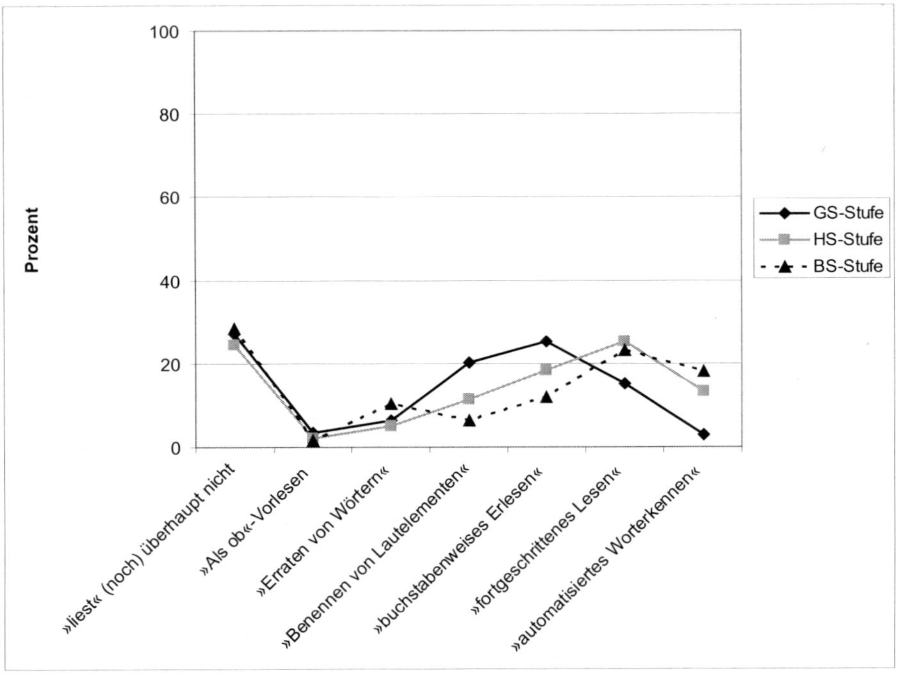

Abb. 5: Entwicklung der Lesestufen (nach Valtin) in den drei Schulstufen des FsgE (n = 1.575)

In den übrigen Stufen lässt sich sehr deutlich erkennen, dass je älter die Schüler sind, desto besser Lesen und Schreiben sie (vgl. Abb. 5). Das »Benennen von Lautelementen« als eine sehr frühe Stufe des Schriftspracherwerbs, trifft nach Aussage der Lehrkräfte in der Grundschulstufe bei 20,1 % der Schüler am ehesten zu, in der Hauptschulstufe bei 11,4 %, und in der Berufsschulstufe bei 6,5 %. Das »fortgeschrittene Lesen« ist die Stufe, die in der Hauptschulstufe mit 25,2 % und in der Berufsschulstufe mit 23,1 % am häufigsten beobachtet wird (Grundschulstufe: 15,1 %). Das automatisierte Worterkennen wird mit 18 % anteilsmäßig am ehesten bei den Schülern der Berufsschulstufe beobachtet, von den Schülern der Grundschulstufe mit 2,8 % kaum, und in der Hauptschulstufe immerhin bei 13,3 % der Schüler beobachtet. Insgesamt wird sehr gut sichtbar, dass die Schüler immer besser lesen können, je länger sie in der Schule sind.

Die Entwicklung des Schreibens ist durch die Angaben der Lehrkräfte in ähnlicher Weise abbildbar (vgl. Tab. 6 und Abb. 6). Die Abgrenzung zwischen »schreibt (noch) überhaupt nicht« und »Kritzeln« darf hier nicht zu scharf gesehen werden – sie gehören beide der logographemischen Stufe an –, und insofern ist der Anteil der Schüler, die »(noch) überhaupt nicht« schreiben ungefähr gleich groß wie beim Lesen. Der Großteil der Schüler der Grundschulstufe lernt das Schreiben, das ist am besten ablesbar an den 23,3 %, bei denen das »Schreiben von Lautelementen« am ehesten zutrifft, hinzu kommen 20,8 %, die Buchstabenreihen »malen« und bereits 13,6 %, die phonetische Schreibungen ausführen. Selbst Ansätze zur Orthografie sind bei 4,3 % der Schüler in der Grundschulstufe angegeben worden.

In der Hauptschulstufe zeigen die Schüler wiederum leicht bessere Leistungen, was in Abbildung 6 erkennbar ist, die größte Gruppe sind mit 22,9 % die Schüler, die bei »phonetischen Schreibungen« beobachtet werden, 13 % verwenden orthografische Muster, und einige wenige (3,3 %) haben sogar »gute orthografische Kenntnisse«.

In der Berufsschulstufe schiebt sich die Kurve abermals ein bisschen weiter nach rechts, aber nicht mehr so deutlich. 18,5 % der Berufsstufenschüler zeigen phonetische Schreibungen, 17,3 % verwenden orthografische Muster, und 4 % gute orthografische Kenntnisse. Aber auch in der Berufsschulstufe gibt es mit 16,5 % eine große Gruppe, die Buchstabenreihen eher »malt«.

Der Vergleich der Altersgruppen darf nicht mit einer Längsschnittstudie verwechselt werden, in jeder Schulstufe handelt es sich um Einschätzungen über andere Schüler und nicht um die Entwicklung einzelner Schüler über die Stufen hinweg. Dennoch gibt es gute Gründe anzunehmen, dass diese Entwicklung tatsächlich überwiegend so stattfindet, die Einschulungs- und Überweisungskriterien haben sich in den letzten Jahren nicht geändert.

Tab. 6: *Schreibstufen (nach Valtin) im Vergleich nach Schulstufen des FsgE (n = 1.558)*

	GS		HS		BS	
Schreibstufe (nach Valtin)	Häufigkeit	in Prozent	Häufigkeit	in Prozent	Häufigkeit	in Prozent
»schreibt« (noch) überhaupt nicht	116	21,7	146	23,5	103	25,6
»Kritzeln«	87	16,3	37	5,9	22	5,5
»Malen von Buchstabenreihen«	111	20,8	89	14,3	66	16,5
»Schreiben von Lautelementen«	125	23,3	106	17,1	51	12,6
»phonetische Schreibungen«	73	13,6	142	22,9	75	18,5
»Verwendung orthografischer Muster«	22	4,1	81	13	70	17,3
»gute orthografische Kenntnisse«	1	0,2	21	3,3	16	4
Gesamt:	535	100	621	100	402	100

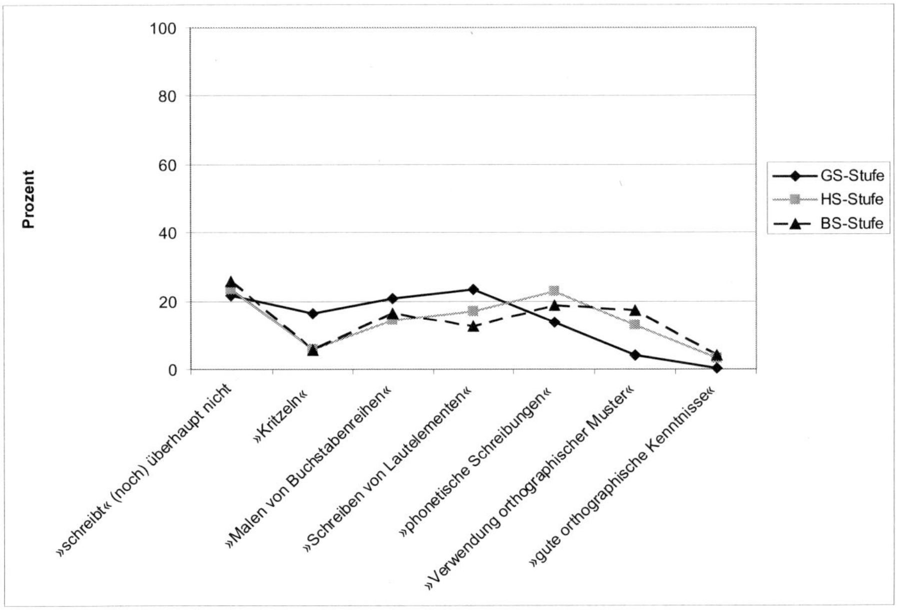

Abb. 6: Entwicklung der Schreibstufen (nach Valtin) in den drei Schulstufen des FsgE (n = 1.558)

3.3 Schüler, die bereits in das FzgE eingeschult wurden

Viele Schüler wechseln erst nach einigen Schuljahren entweder direkt von der Grundschule oder aber von einer anderen Förderschulart in ein FzgE. Eine interessante Frage ist deshalb, ob diese Schüler nicht an anderen Schulen das Lesen und Schreiben gelernt haben, und deshalb hier nicht der Unterricht im FzgE die Ursache für die gezeigten Lesefähigkeiten ist? Diese Frage lässt sich beantworten, indem nur die Schüler ausgewählt werden, die auch in ein FzgE eingeschult wurden, und die Entwicklung ihrer schriftsprachlichen Leistungen für sich betrachtet werden. Schüler, die ausschließlich im FzgE unterrichtet wurden, und hier Fähigkeiten erworben haben, müssen sie im FzgE erworben haben.

Tabelle 7 zeigt die von den Lehrkräften angegebenen Leseleistungen dieser Schüler in der Haupt- und Berufsschulstufe. Die Einschränkung auf die Haupt- und Berufsschulstufe ist deshalb sinnvoll, weil sich erst hier der Erfolg der Schüler des Lese- und Schreibunterrichts, die die Schule gewechselt haben, zeigt. Dabei handelt es sich um 749 Schüler, 73,1 % aller Schüler in den Haupt- und Berufsschulstufen (vgl. Beitrag 3).

Tab. 7: *Beobachtete Stufen des Lesens (nach Valtin) bei Schülern der Haupt- und Berufsschulstufen, die in den FsgE eingeschult wurden (n = 749)*

	Hauptschulstufe		Berufsschulstufe	
Lesestufe (nach Valtin)	Häufigkeit	in Prozent	Häufigkeit	in Prozent
»liest« (noch) überhaupt nicht	119	25,5	93	33
»Als ob«-Vorlesen	14	3	6	2,1
»Erraten von Wörtern«	29	6,2	36	12,6
»Benennen von Lautelementen«	66	14,1	25	8,8
»buchstabenweises Erlesen«	89	19	29	10,4
»fortgeschrittenes Lesen«	97	20,9	59	21,1
»automatisiertes Worterkennen«	53	11,3	34	12
Gesamt:	467	100	282	100

Die beobachteten Leseleistungen der Schüler, die von Anfang an im FzgE eingeschult waren, waren etwas geringer. Dies war zu erwarten, weil bei diesen Schülern, die aus anderen Schulen an den FsgE wechseln, in der Regel zur Zeit ihrer Einschulung günstigere Entwicklungsbedingungen vorgelegen haben, die die Einschulung in einer Regelschule oder dem Förderschwerpunkt »Lernen« rechtfertigten (vgl. Beitrag 3).

An dieser Auswahl wird sehr deutlich, dass die Schüler, die von Anfang an im FzgE unterrichtet werden, das Lesen lernen und darüber hinaus eine deutliche Entwicklung im Lesen machen. In der Berufsschulstufe schließlich erkennen 12 % dieser Schüler automatisiert Wörter, weitere 21,1 % können fortgeschritten lesen.

Auch die beobachteten Leistungen im Schreiben können von diesen Schülern benannt werden (vgl. Tab. 8). Sie hinken kaum der Gesamtgruppe der Haupt- und Berufsschulstufenschüler hinterher (vgl. Tab. 6), was den Erfolg des Unterrichts im FzgE belegt.

Tab. 8: *Beobachtete Stufen des Schreibens (nach Valtin) bei Schülern der Haupt- und Berufsschulstufen, die in ein FzgE eingeschult wurden (n = 754)*

	Hauptschulstufe		Berufsschulstufe	
Schreibstufe (nach Valtin)	Häufigkeit	in Prozent	Häufigkeit	in Prozent
»schreibt« (noch) überhaupt nicht	112	24,4	79	28,6
»Kritzeln«	32	7	19	6,8
»Malen von Buchstabenreihen«	80	17,4	51	18,6
»Schreiben von Lautelementen«	82	17,8	43	15,6
»phonetische Schreibungen«	97	21	49	18
»Verwendung orthografischer Muster«	47	9,9	31	11,2
»gute orthografische Kenntnisse«	12	2,5	3	1,2
Gesamt:	469	100	285	100

3.4 Sinnerfassendes Lesen

Die Lehrkräfte wurden über die Stufen hinaus auch gebeten einzuschätzen, ob ihre Schüler mechanisch oder sinnerfassend lesen. Dies ist eine sehr grobe Einschätzung, die nicht mit dem Konstrukt ›Lesekompetenz‹ verwechselt werden darf, das sehr vielschichtig ist (vgl. Marx 2007, 33), und hier nur als ja/nein-Frage zu beantworten war.

Tab. 9: *Anteile an Schülern im FsgE, die nach Einschätzung ihrer Lehrkräfte eher ›mechanisch‹ oder eher ›sinnerfassend‹ lesen (n = 963)*

	mechanisch		sinnerfassend	
Schulstufe	Häufigkeit	in Prozent	Häufigkeit	in Prozent
Grundschulstufe (n = 308)	185	60	123	40
Hauptschulstufe (n = 409)	183	44,9	225	55,1
Berufsschulstufe (n = 246)	89	36,3	156	63,7
Gesamt FsgE (n = 963)	461	47,3	514	52,7

Auch bei dieser Frage wird sichtbar, dass die Schüler eher sinnerfassend lesen je älter sie sind. Nach Ansicht der Lehrkräfte lesen in der Hauptschulstufe über die Hälfte der Schüler sinnerfassend, in der Berufsschulstufe fast zwei Drittel.

3.5 Schrift

Ein Detail, das aber immer wieder einen Diskussionspunkt darstellt, ist die verwendete Schriftart der Schüler. Die Schreibschrift ist in den Grundschullehrplänen verpflichtend vorgeschrieben, im Lehrplan des FsgE dagegen nicht. Lehrkräften am FsgE wird von Eltern oft die Frage gestellt, ob den Schülern auch hier die Schreibschrift beigebracht wird. Das Lernen der Schreibschrift stellt hohe motorische Anforderungen und kostet Unterrichtszeit, hilft aber auf der anderen Seite das Bild einer »echten Schule« zu transportieren. Tabelle 10 zeigt, welche Schriftart die Schüler im FsgE verwenden: Während kaum Schüler in der Grundschulstufe mit Schreibschrift schreiben, sind es in der Berufsschulstufe fast ein Viertel.

Tab. 10: *Verwendete Schriftart der Schüler im FsgE*

	Druckschrift		Schreibschrift	
	Häufigkeit	in Prozent	Häufigkeit	in Prozent
Grundschulstufe (n = 329)	324	98,7	4	1,3
Hauptschulstufe (n = 426)	352	82,6	74	17,4
Berufsschulstufe (n = 263)	202	76,9	61	23,1
Gesamt FsgE (n = 1.035)	892	86,2	143	13,8

Viele Schüler im FsgE kommen, wie in Beitrag 3 beschrieben, erst im Laufe ihrer Schullaufbahn in Schulen des FsgE, und haben deshalb vermutlich an anderen Schulen die Schreibschrift gelernt. Dieser Frage kann dadurch nachgegangen werden, dass nur die Berufsschulstufenschüler betrachtet werden, und diese Gruppe nach ihrer Einschulung unterschieden wird. Tabelle 11 zeigt, dass diese Annahme bestätigt wird: Vergleichsweise wenige Schüler, die in Schulen des FsgE eingeschult wurden, schreiben als Berufsschulstufenschüler in Schreibschrift (13,5 %), Schüler, die in anderen Förderschulen oder in die Grundschule eingeschult wurden, schreiben fast zur Hälfte in Schreibschrift.

Tab. 11: *Verwendete Schriftart der Berufsschulstufenschüler im FsgE, aufgeteilt nach ihrer Einschulung (n = 253)*

	Druckschrift		Schreibschrift	
Einschulung in	Häufigkeit	in Prozent	Häufigkeit	in Prozent
FzgE (n = 172)	149	86,5	23	13,5
Andere Förderschule (n = 66)	37	57,8	27	42,2
Grundschule (n = 15)	8	53,4	7	46,6

3.6 »Erweitertes« Lesen

Wie oben erwähnt stellt der sogenannte »erweiterte Lesebegriff« eine Besonderheit des Themas Schriftspracherwerb dar, der lediglich im FsgE diskutiert wird. Fast alle Lehrkräfte beantworten die Fragen, in welchen Stufen des erweiterten Lesens sie ihre Schüler sehen. Das bedeutet, dass sie eine klare Vorstellung dieser Stufen haben und sie auch für relevant halten.

Vor allem Günthner (1999) hat darauf hingewiesen, dass sich die Stufen des »erweiterten Lesens« in einer Hierarchie befinden, und sich deshalb immer weniger Schüler im FsgE in den höheren Stufen des »erweiterten Lesens« finden. Die Antworten der Lehrkräfte auf die gestellten Fragen (s. o.) spiegeln dies direkt wider, sowohl über alle Stufen hinweg (Tab. 12) sowie in den einzelnen Schulstufen (Tab. 13). Es gibt nur sehr wenige Schüler (7,7 %), von denen die Lehrkräfte annehmen, dass sie kein Verständnis von Situationen haben, das sind weit weniger als der Anteil von Schülern, die nach ICD-10 als »schwerste Behinderung« eingeschätzt wurden. Der Anteil an Schülern, die Bilder lesen ist geringer, aber mit 86 % immer noch ein sehr hoher Anteil, und auch die Schüler, die Symbole lesen sind mit 70,6 % noch mehr als ein Drittel.

Tab. 12: *Stufen des »erweiterten Lesens« über alle Schulstufen hinweg*

Stufen des »erweiterten Lesens«	Häufigkeit	in Prozent
Situationen »lesen« (n = 1.583)	1.461	92,3
Bilder lesen (n = 1.569)	1.350	86
Symbole lesen (n = 1.542)	1.089	70,6

Eine Auswertung hinsichtlich der Schulstufen ergibt, dass die Anteile der Schüler in den hierarchischen Stufen des »erweiterten Lesens« in jeder Stufe in gleicher Weise abnehmen (Tab. 13). Die Stufen des »erweiterten Lesens« verändern sich über die Schulstufen hinweg kaum (vgl. Abb. 7). Der Anteil der Schüler, die Situationen »lesen«, ist mit etwas über 90 % in allen drei Schulstufen annähernd gleich groß. Ebenso wird das Lesen von Bildern in sehr ähnlicher Weise angegeben, das dem Mittel von 86 % aus Tabelle 12 sehr nahe ist. Lediglich beim Lesen von Symbolen ist von der Grundschulstufe zur Hauptschulstufe mit 64,9 % zu 74,2 % ein Sprung von fast 10 % zu verzeichnen, zur Berufsschulstufe verändert sich dieser Anteil aber nicht mehr.

Tab. 13: *Stufen des erweiterten Lesens, aufgeteilt nach Schulstufen (Mehrfachnennung möglich, n = 1.550)*

	GS (n = 537)		HS (n = 624)		BS (n = 389)	
Stufen des »erweiterten Lesens«	Häufigkeit	in Prozent	Häufigkeit	in Prozent	Häufigkeit	in Prozent
Situationen »lesen«	492	91,7	577	92,4	365	93,8
Bilder lesen	449	84,8	544	87,5	331	85,9
Symbole lesen	339	64,9	449	74,2	284	74,1

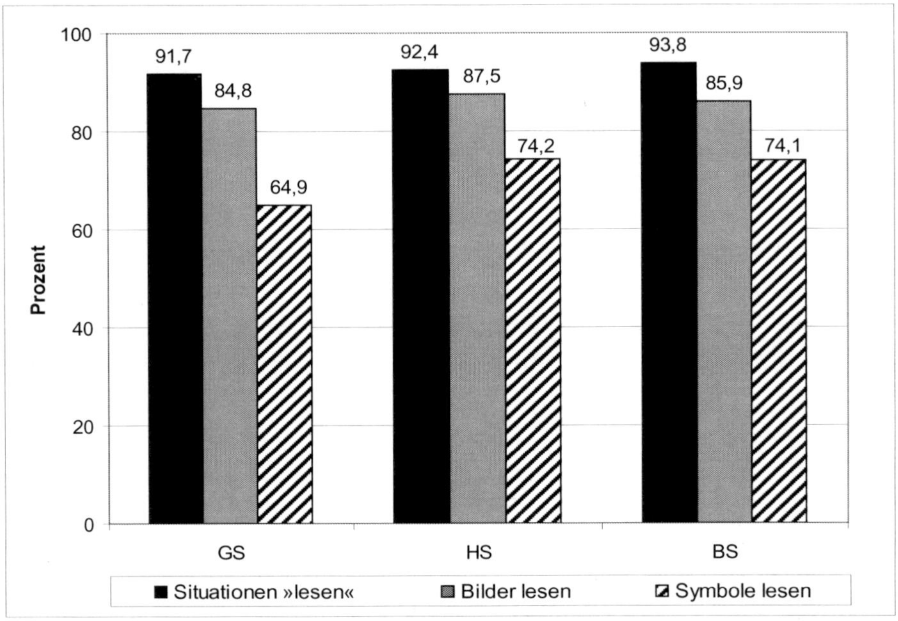

Abb. 7: Verteilung der Stufen des »erweiterten Lesens« nach Schulstufen (n = 1.550)

4 Diskussion

Mit der Erhebung im Januar 2010 wurden in dieser Studie ausschließlich Schüler untersucht, die Förderschulen besuchen. Zwar gab es auch 2010 ganz vereinzelt Schüler, die in einem inklusiven Setting beschult wurden, Fragebögen über sie wurden aber nicht ausgefüllt (vgl. Beitrag 1). Schüler in den bayerischen »Außenklassen« wurden nicht weiter unterschieden, denn deren tatsächlich inklusive Interpretation unterliegt einer sehr großen Bandbreite (vgl. Beitrag 1). Die Auswirkungen der zukünftigen Weiterentwicklung hin zu einem inklusiv(er)en Schulsystem in Bayern können mit den vorliegenden Ergebnissen vom jetzigen Standpunkt aus gut beobachtet werden.

4.1 Schriftsprachliche Fähigkeiten insgesamt

Die Fähigkeiten der Schüler mit dem FsgE streuen auf eine sehr intensive Weise. Während über ein Viertel der Schüler überhaupt (noch) nicht liest, finden sich Schüler auf allen Stufen des Schriftspracherwerbs wieder. Ein großer Anteil der Schüler im Förderschwerpunkt geistige Entwicklung hat unter den derzeitigen Bedingungen in den Schulen des FsgE Lesen und Schreiben gelernt. Dies ist keine Neuigkeit für diejenigen, die mit diesen Schulen und Schülern vertraut sind, und deckt sich mit den wenigen Forschungsarbeiten, die es zu diesem Thema gibt (Katims 2001; Koch 2008), die ebenfalls eine extreme Streuung der Fähigkeiten konstatiert hatten. Für angrenzende Schularten oder für inklusive Fragestellungen ist diese Information ein Beitrag zu konkreteren didaktischen Überlegungen.

Interessant ist auch ein Vergleich der Entwicklungen des Lesens und des Schreibens. Dies wird sichtbar, wenn die Stufen jeweils kumuliert werden, d. h. da die Stufen hierarchisch sind kann man davon ausgehen, dass die vorangehenden Stufen jeweils beherrscht werden. Diese kumulierten Werte gibt Tabelle 14 wider, und die Darstellung in Abbildung 8 zeigt auch grafisch, wie sich das Lesen und das Schreiben versetzt entwickeln, das Lesen immer voraus. Auch die Mittelwerte drücken dies aus: Während alle Schüler des FsgE im Lesen im Mittel auf der Stufe 3,02 sind (s = 2,15), sind sie im Schreiben im Mittel auf der Stufe 2,41 (s = 1,78).

Tab. 14: *Kumulierte Stufen des Lesens und des Schreibens über alle Schulstufen hinweg (in Prozent)*

Lese- und Schreibstufen (nach Valtin)	Lesen (n = 1.608)	Schreiben (n = 1.588)
0	(100)	(100)
1	73,6	76,3
2	71,2	66,9
3	64,2	50
4	51,3	31,9
5	32,3	13,5
6	11,2	2,4

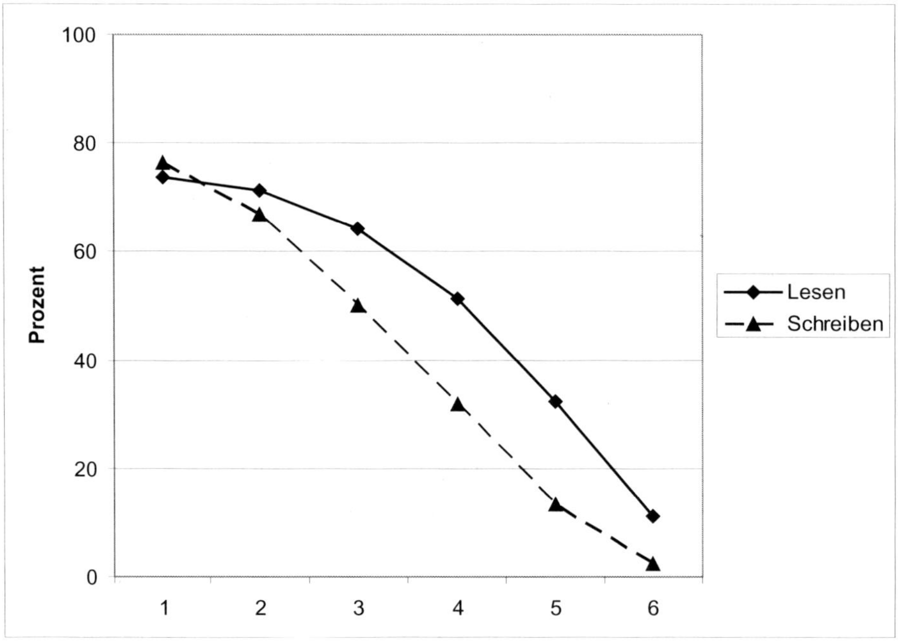

Abb. 8: Grafische Darstellung der Lese- und Schreibstufen im Vergleich (n_{lesen} = 1.608; $n_{schreiben}$ = 1.588)

Das Lesen ist bei den Schülern des FsgE somit deutlich weiter entwickelt als das Schreiben. Dieses Ergebnis stellt Fragen an das zugrundeliegende Entwicklungsmodell des Schriftspracherwerbs, das von einer parallelen Entwicklung ausgeht, in der sich Fortschritte im Lesen und Schreiben gegenseitig fördern. Darüber hinaus ist diese Erkenntnis für die Didaktik interessant: Haben hier bewusste oder unbewusste Schwerpunktsetzungen stattgefunden?

Unter der Annahme, dass die Daten aus den verschiedenen Altersstufen auch längsschnittlich interpretiert werden können, zeigt sich zudem, wie sich die Fähigkeiten im Lesen und Schreiben über die Schulzeit hinweg kontinuierlich weiter entwickeln. Bis in die Berufsschulstufe hinein machen die Schüler Fortschritte sowohl im Lesen als auch im Schreiben. Auch dies ist für die konzeptionelle Entwicklung der einzelnen Schulstufen eine wichtige Information.

4.2 Vergleich mit der Grundschule

Selbstverständlich lernen Schüler im FsgE sehr viel langsamer und auch anders als Schüler in der Grundschule das Lesen und Schreiben. Ein gewisser Vergleichspunkt lässt sich herstellen, wenn die hier verwendeten Schreibstufen auf Ergebnisse einer ganz ähnlichen Studie im Grundschulbereich übertragen werden. Kirschhock/Martschinke (in Vorbereitung) haben die Entwicklung des Schreibens bei 135 Grundschülern begleitet, und ihre Schreibungen des Wortes »Murmel«, das besonders dafür geeignet ist, zu drei Messzeitpunkten analysiert und in ihr sehr feingliedriges Stufensystem mit neun Stufen eingeordnet.[2] Übertragen auf die hier verwendeten Stufen von Valtin stellt sich die Entwicklung des Schreibens längsschnittlich wie in Tabelle 15 dar. Sämtliche Schüler der ersten Klasse zeigen eine sehr rasante Entwicklung des Schreibens, und bereits zu Beginn der zweiten Klasse schreiben fast alle Schüler auf einem orthografischen Niveau.

Tab. 15: *Fortschritt im Schreiben von Schülern der Grundschule, übertragen auf die Lesestufen von Valtin (2000) (Quelle: Kirschhock/Martschinke in Vorbereitung; N = 135; in Prozent)*

Schreibstufen (nach Valtin)	1. Klasse November	1. Klasse März	2. Klasse November
»schreibt« (noch) überhaupt nicht	0	0	0
»Kritzeln«	7,4	0	0
»Malen von Buchstabenreihen«	58,5	6,7	0
»Schreiben von Lautelementen«	29,6	28,9	3,9
»phonetische Schreibungen«	4,4	64,4	20,9
»Verwendung orthografischer Muster«	0	0	75,2

Zugespitzt zeigt eine Gegenüberstellung der Fähigkeiten der Schüler der zweiten Klasse Grundschule mit den Schülern im zweiten Schulbesuchsjahr des FsgE (n = 135) folgende Verhältnisse (Tab. 16).

Tab. 16: *Vergleich der Entwicklung des Schreibens von Schülern des FsgE und der Grundschule im zweiten Schuljahr (Quelle: Kirschhock/Martschinke in Vorbereitung; Angaben in Prozent)*

Schreibstufen (nach Valtin)	SFGE 2. Schulbesuchsjahr Januar (n = 135)	Grundschule 2. Klasse November (n = 129)
»schreibt« (noch) überhaupt nicht	17,8	0
»Kritzeln«	15,7	0
»Malen von Buchstabenreihen«	26,4	0
»Schreiben von Lautelementen«	26	3,9
»phonetische Schreibungen«	10,9	20,9
»Verwendung orthografischer Muster«	2	75,2

2 Diese Ergebnisse sind noch nicht veröffentlicht und wurden von den Autorinnen freundlicherweise zur Verfügung gestellt.

Dieser Vergleich ist statistisch kaum belastbar, da er auf unterschiedlichen Wegen zustande kommt, die SFGE-Daten wurden von den Lehrkräften der Schüler eingeschätzt, die Daten von Kirschhock/Martschinke sind Analysen von Schülerproduktionen des Wortes »Murmel«. Dennoch gibt dieser Vergleich Hinweise, die für die Didaktik in inklusiven Klassen interessant sein könnten. Gerade der Blick auf die bereits in der zweiten Klasse dominierende Stufe des Orthografischen in der Grundschule zeigt, dass nur 13 % der Schüler im FsgE ein vergleichbares Lernniveau haben.

4.3 »Erweitertes Lesen«

Interessant sind die angegeben Fähigkeiten in Bezug auf das »erweiterte Lesen«. Die Lehrkräfte bescheinigen den Schülern über alle Schulstufen hinweg sehr umfangreiche Fähigkeiten in diesem Bereich. Im Hinblick auf die jüngere Diskussion von Koch (2008; Euker/Koch 2010), der dafür eintritt, das Lesen von Bildern und Symbolen der logographemischen Stufe des Lesens zuzuordnen, entsteht hier ein deutlicher Widerspruch, denn der Anteil der Schüler, die nach Meinung ihrer Lehrkräfte Bilder und Symbole lesen können, übersteigt bei weitem den Anteil, der logographemisch liest. Eine weitere Frage hinsichtlich des erweiterten Lesebegriffs stellt sich im Hinblick auf die Entwicklung in den Schulstufen. Während es bei den Stufen des Schriftspracherwerbs eine deutliche Entwicklung gab, stagniert das erweiterte Lesen über die Schulstufen hinweg. Diese Daten werfen Fragen auf, die in diesem Rahmen nicht diskutiert werden können und einer weitere Analyse bedürfen, und auch für die erwähnte jüngere Diskussion um den erweiterten Lesebegriff interessant sein dürfte.

4.4 Einschränkungen und Ausblick

Bei alledem ist zu erwähnen, dass hier nur ein Teilaspekt des Lesens und Schreibens bzw. von ›Literacy‹ betrachtet wurde. Lesekompetenz, wie sie beispielsweise in PISA erhoben wurde, umfasst weit mehr Aspekte, vor allem das Leseverständnis. Hier liegt ein interessantes Forschungsfeld vor. Ebenso aber ist zu diskutieren, wie sich die Ergebnisse didaktisch auswirken können, einerseits auf die einzelnen Schulstufen bezogen, andererseits auch auf die Frage des Verhältnisses von Lesen und Schreiben bezogen, schließlich aber auch für die Entwicklung von inklusiven Unterrichtsarrangements, die die hier beschriebene Bandbreite der Fähigkeiten der Schüler mit dem FsgE berücksichtigen.

Literatur

Bayer. Staatsministerium (Bayerisches Staatsministerium für Unterricht und Kultus) (Hg.) (2003): Lehrplan für den Förderschwerpunkt geistige Entwicklung. München: Alfred Hintermaier.

Doenges, Christoph (2007): Lesen- und Schreibenlernen an der Schule mit dem Förderschwerpunkt Geistige Entwicklung – Modifikationen zum erweiterten Lesebegriff. In: Zeitschrift für Heilpädagogik 58 (9), 338–344.

Euker, Nils/Koch Arno (2010): Der erweiterte Lesebegriff im Unterricht für Schülerinnen und Schüler mit geistiger Behinderung Bestandsaufnahme und Neuorientierung. In: Zeitschrift für Heilpädagogik 61 (7), 261–268.

Frith, Uta (1985): Beneath the surface of development dyslexia. Are comparisons between developmental and acquired disorders meaningful? In: Karalyn, E. Patterson (Hg.): Surface dyslexia. Neuropsychological and cognitive studies of phonological reading. London u. a.: Erlbaum, 301–330.

Günther, Klaus-B. (Hg.) (1989): Ontogenese, Entwicklungsprozess und Störungen beim Schriftspracherwerb. Heidelberg: Schindele.

Günthner, Werner (1999): Lesen und Schreiben an der Schule für Geistigbehinderte. Grundlagen und Übungsvorschläge zum erweiterten Lese- und Schreibbegriff. Dortmund: Verl. Modernes Lernen.

Helbig, Paul/Kirschhock, Eva-Maria/Martschinke, Sabine/Kummer, Ursula (2005): Schriftspracherwerb im entwicklungsorientierten Unterricht. Lernwege bereiten und begleiten. Bad Heilbrunn/Obb: Klinkhardt.

Hublow, Christoph (1985): Lebensbezogenes Lesenlernen bei geistig behinderten Schülern. Anregungen zur Zusammenarbeit von Eltern und Lehrern auf der Grundlage eines erweiterten Verständnisses von Lesen. In: Geistige Behinderung 24 (2), 1–24 (Beiheft).

Katims, David S. (2001): Literacy Assessment of Students with Mental Retardation: An Exploratory Investigation. In: Education and Training in Mental Retardation and Developmental Dissabilities 36 (4), 363–372.

Kirschhock, Eva-Maria/Martschinke, Sabine (in Vorbereitung): Studie zur Rechtschreibentwicklung von Kindern im ersten und zweiten Schuljahr.

KMK (Hg.) (1980): Empfehlungen für den Unterricht an Schulen für Geistigbehinderte. Bonn.

Koch, Arno (2008): Die Kulturtechnik Lesen im Unterricht für Schüler mit geistiger Behinderung. Lesen lernen ohne Phonologische Bewusstheit? Justus-Liebig-Universität Gießen, Gießen. Verfügbar unter: http://geb.uni-giessen.de/geb/volltexte/2008/6247/pdf/KochArno-2008-28-05.pdf [20.09.2011].

Marx, Peter (2007): Lese- und Rechtschreiberwerb. Paderborn: Schöningh (UTB).

Ministerium Baden-Württemberg (Ministerium für Kultus, Jugend und Sport Baden-Württemberg) (Hg.) (2009): Bildungsplan Schule für Geistigbehinderte. Stuttgart.

Ratz, Christoph (2009): Aktiv-entdeckendes Lernen im Mathematikunterricht bei Schülern mit geistiger Behinderung. Eine qualitative Studie am Beispiel von mathematischen Denkspielen. Oberhausen: ATHENA-Verlag.

Ratz, Christoph (2011): Zur Bedeutung einer Fächerorientierung. In: Ratz, Christoph (Hg.): Unterricht im Förderschwerpunkt geistige Entwicklung. Fachorientierung und Inklusion als didaktische Herausforderungen. Oberhausen: ATHENA-Verlag, 9–38.

Valtin, Renate (2000): Ein Entwicklungsmodell des Rechtschreibenlernens. In: Valtin, Renate (Hg.): Rechtschreiben lernen in den Klassen 1–6. Grundlagen und Hilfen. Frankfurt am Main: Grundschulverb., 17–22.

Wimmer, Heinz/Hartl, Michael/Moser, Ewald (1990): Passen »englische« Modelle des Schriftspracherwerbs auf »deutsche« Kinder? Zweifel an der Bedeutsamkeit der Logographischen Stufe. In: Zeitschrift für Entwicklungspsychologie und Pädagogische Psychologie XXII (2), 136–154.

Christoph Ratz

Mathematische Fähigkeiten von Schülern mit dem Förderschwerpunkt geistige Entwicklung

1 Theoretischer Hintergrund

Ebenso wie der Schriftspracherwerb gehören mathematische Fähigkeiten zu den sogenannten Kulturtechniken, die in den jüngeren Lehrplänen eine Aufwertung erfahren haben. Dabei ist dies im Bereich Mathematik auf den Bayerischen Lehrplan bezogen (Bayer. Staatsministerium 2003) noch ausdrücklicher geschehen als im Schriftspracherwerb.

Grundsätzlich hat sich heute das Verständnis von Mathematik als der »Wissenschaft von den Mustern« durchgesetzt, das hinter allen mathematischen Themenbereichen liegt und didaktisch sehr fruchtbar ist (vgl. Devlin 1998; Wittmann/Müller 2008; Ratz/Wittmann 2011). Mathematik bezieht sich auf sehr viele Bereiche, in der Fachwelt ist dies unüberschaubar. Auch schulisch werden sehr viele Gebiete abgedeckt, auch wenn die Alltagsvorstellung in der Regel lediglich zunächst Arithmetik und Geometrie umfasst. Diese Bereiche sind auch im Förderschwerpunkt geistige Entwicklung (FsgE) die dominantesten. Für diese Schüler ist sicherlich der Anwendungsbezug von großer Bedeutung, weil der Lernfortschritt in Arithmetik oder Geometrie sehr langsam ist. Das Verständnis von Mathematik als der »Wissenschaft von den Mustern« liegt jedoch allen Themen zugrunde, und fördert gerade auch das Denken und die geistige Entwicklung, weshalb innerhalb dieses Verständnisses der Unterricht viel Spielraum hat, z. B. auch auf Denkspiele einzugehen (vgl. Ratz 2009). Abbildung 1 führt die mathematischen Grundideen für den FsgE auf, die Ratz/Wittmann (2011) an anderer Stelle aus fachlicher Sicht vorgeschlagen haben. Diese Grundideen haben Hinweise für die Auswahl von Fragestellungen für SFGE geliefert.

Grundideen der Arithmetik	*Grundideen der Geometrie*
0. Numerische Bewusstheit	0. Formbewusstheit
1. Zahlreihe	1. Geometrische Formen und ihre Konstruktion
2. Rechnen, Rechengesetze, Rechenvorteile	2. Operieren mit Formen
3. Zehnersystem	3. Koordinaten
4. Rechenverfahren	4. Maße
5. Arithmetische Gesetzmäßigkeiten und Muster	5. Geometrische Gesetzmäßigkeiten und Muster
6. Zahlen in der Umwelt	6. Formen in der Umwelt
Grundideen von Größen und Sachrechnen	

Abb. 1: Grundideen der Mathematik im Förderschwerpunkt geistige Entwicklung (aus: Ratz/Wittmann 2011, 138)

Für eine Prävalenzstudie wie SFGE muss dennoch eine Einengung vorgenommen werden, die möglichst relevante Aspekte berücksichtigt. In Anbetracht des Leistungsspektrums der Schüler wurden deshalb folgende Bereiche ausgewählt: Das Zählen, arithmetische Fähigkeiten (Grundrechenarten) sowie »sonstige mathematische Fähigkeiten«, unter denen Geometrie und relevant erscheinende Sachthemen sehr grob erfasst wurden.

Diese Vorgehensweise verkürzt den Blick auf Mathematik in einer fundamentalen Weise, denn gerade der konstruktivistische Aspekt, das Wecken von aktiv-entdeckendem Lernen (Wittmann/Müller 2008; Ratz 2009) wird darin nicht berücksichtigt. Es ist möglich, dass die hier dargestellten Fähigkeiten auch auswendig gelernte Fähigkeiten sein könnten, die kaum mit Mathematik als dem »Erkennen und Bearbeiten von Mustern« in Verbindung gebracht werden können. Vor allem Baroody (1999) hat diesen Unterschied in der Forschung über mathematische Fähigkeiten bei Schülern mit geistiger Behinderung hervorgehoben (vgl. Ratz 2009, 73ff.).

In Bezug auf das Zählen galt lange Zeit ein Entwicklungsalter von 4 Jahren als kritische Grenze um Zählen zu lernen. Baroody berichtet von einzelnen Studien in den 1970er- und 80er-Jahren, in denen jedoch Belege gefunden wurden, dass auch Kinder mit geistiger Behinderung und einem jüngeren Entwicklungsalter als 4 Jahren Zählprinzipien anwandten (vgl. Baroody 1999, 61ff.). Eine systematische Erforschung gelang jedoch nicht, denn die Schüler mit geistiger Behinderung zeigten »enormous individual differences in principled counting« (ebd., 62), einige Schüler zeigten regelhaftes Zählen im Zahlenbereich bis 30 und sogar bis 100. Ezawa (1996), die einzige deutschsprachige Forschungsarbeit zu diesem Thema, analysierte in einer Studie über zwei junge Erwachsene mit geistiger Behinderung deren Zählen und die Strategien, die sie sich zurechtgelegt hatten im Zahlenraum bis ca. 1.000. Auch ihr Fokus lag nicht auf Prävalenzen, sondern auf größtenteils selbst entwickelte individuelle kognitive Strategien beim Zählen.

Ebenso wie beim Zählen stellt sich auch im Bereich der Arithmetik aus didaktischer Sicht die Frage nach geeigneten Strategien. Grundsätzlich ist bei entsprechender Gestaltung von Lernumgebungen die Addition eine lückenlose Fortführung des Zählens, sofern dieses auch den Aspekt der »strukturierten Anzahlerfassung« berücksichtigt (vgl. Wittmann/Müller 2009; Ratz/Wittmann 2011). Belege, dass Schüler mit geistiger Behinderung geeignete Additionsstrategien erwerben sind ebenfalls bei Baroody (1999, 74ff.) aufgeführt – eine wichtige Strategie ist zum Beispiel ein Verständnis der Kommutativität (3 + 5 = 5 + 3). Studien darüber, wie viele Schüler mit dem FsgE in welchem Umfang arithmetische Fähigkeiten entwickeln, liegen meines Wissens bislang nicht vor.

Der Umgang mit Geld ist in einer ganzen Reihe internationaler Studien verfolgt worden. Browder/Grasso (1999) haben in einer Metaanalyse 43 Studien betrachtet, die sich diesem Thema widmen. Sie betonen die Bedeutung des Umgangs mit Geld für Selbstbestimmung und Lebensqualität, vor allem ab dem Jugendlichenalter. In den

Studien werden verschiedene Strategien im Umgang mit Geld untersucht, in denen Belege geschaffen werden, dass sehr viele der Schüler mit geistiger Behinderung den Umgang mit Geld zumindest zum Teil erwerben können. Prävalenzraten werden jedoch nicht formuliert.

2 Methode

Die Fähigkeiten in Mathematik wurden wieder über den Lehrerfragebogen erhoben, den die Lehrkräfte jeweils für ihre Schüler einzeln ausgefüllt haben (vgl. Beitrag 1 in diesem Band). Folgende Überlegungen standen hinter den Erhebungsfragen im SFGE-Fragebogen für Lehrer.

Die Sichtweise auf das Zählen als bedeutende mathematische Fähigkeit hat sich sehr gewandelt. Während Piaget das Zählen noch als eine bedeutungslose Fähigkeit bezeichnet hatte, weil sie auswendig ausgeführt werden könne, hat Gelman gezeigt, dass die Zählprinzipien entscheidende Schritte auf dem Weg zu einer aktiven Erarbeitung eines Zahlverständnisses sind (vgl. Baroody 1999, 59).

Das Zählen bezieht sich dabei auf die Stufen der Zählentwicklung, wie sie von Fuson formuliert wurden (1988; zit. n. Moser Opitz 2008, 86), die folgende Stufung haben:

1. Ganzheitsauffassung der Zahlwortreihe
2. Unflexible Zahlwortreihe
3. Teilweise flexible Zahlwortreihe
4. Flexible Zahlwortreihe
5. Vollständig reversible Zahlwortreihe

Die Stufen wurden im Fragebogen ebenfalls nach der Übersetzung von Moser Opitz operationalisiert (Abb. 2), um klare und unmissverständliche Fragen stellen zu können. Vorangestellt wurde die Frage, ob der Schüler überhaupt (noch) nicht zählt. Die didaktischen Zusammenhänge mit dem Erlernen des Zählens sind eingehend in Ratz/Wittmann (2011) beschrieben.

Welche Stufe der Zählentwicklung trifft am ehesten zu? (bitte nur eine Angabe)

Der Schüler zählt (noch) überhaupt nicht

Der Schüler …

1. … kann die Zahlwortreihe auswendig aufsagen (ohne dabei etwas abzuzählen)
2. … kann Gegenstände abzählen, beginnend bei 1
3. … kann die Zahlwortreihe ab einer beliebigen Zahl weiter aufsagen, Vorgänger und Nachfolger von Zahlen nennen (ohne etwas abzuzählen)
4. … kann Dinge von einer beliebigen Zahl aus weiter abzählen
5. … hat die Zahlreihe automatisiert (vorwärts und rückwärts), kann Nachbarzahlen fin den und Zahlenfolgen fortsetzen (und dabei abzählen)

Abb. 2: Fragen im Fragebogen SFGE zu den Stufen der Zählentwicklung (nach Fuson)

Die Stufen des Zählens nach Fuson sind hierarchisch und damit ordinalskaliert, jedoch nicht in gleichmäßigen Schritten, also nicht intervallskaliert. Dennoch lässt sich ein Mittelwert bilden, um die Entwicklung des Zählens über die Schulstunden hinweg zu verfolgen.

Die arithmetischen Fähigkeiten wurden ohne weiteren theoretischen Hintergrund erhoben, nur getrennt nach den vier Grundrechnungsarten. Es wurde jeweils danach gefragt, wie weit die Kinder mit Material und im Kopf rechnen. Angekreuzt wurde in den Schritten »gar nicht«, bis 5, bis 10, bis 20, bis 100 und über 100.

Sonstige mathematische Fähigkeiten wurden sehr knapp erhoben, und zwar nach Fähigkeiten, die für Schüler mit dem FsgE relevant erschienen: Die Orientierung im Raum, die Kenntnis der grundlegenden geometrischen Formen, Merkmalseigenschaften von Gegenständen, Simultanerfassen von Mengen bis 5 (das sogenannte »Subitizing«), und Geld hinsichtlich der Kenntnis von Geld als Größe sowie der situationsgerechte Umgang damit (vgl. Abb. 3). Gerade letzteres ist damit nur sehr grob erfasst, es ist jedoch kaum möglich, dies in wenigen Fragen genauer zu erheben.

Sonstige mathematische Fähigkeiten (Mehrfachnennung möglich)
Der Schüler
... orientiert sich sicher im Raum
... kennt geometrische Flächenformen (Kreis, Dreieck usw.)
... erkennt verschiedene Merkmale von Gegenständen (Form, Größe, Farbe)
... kann die Mächtigkeit von Mengen bis 5 durch Simultanerfassung nennen
... kennt die Größe »Geld«
... kann mit Geld situationsgerecht umgehen

Abb. 3: Fragen im Fragebogen SFGE zu »sonstigen mathematischen Fähigkeiten«

Simultanerfassen bzw. Subitizing von Zahlen bis 5 ist eine Fähigkeit, die nicht notwendigerweise mit der Fähigkeit zu Zählen zusammenhängt. Dies wird sowohl aus mathematischer als auch aus neurophysiologischer Sicht intensiv diskutiert (vgl. Piazza/Mechelli/Butterworth/Price 2002). Subitizing könnte eher als eine angeborene Fähigkeit gesehen werden, die in der Struktur des Gehirns vorhanden ist und das Entwickeln von Zählstrategien anstößt. Manchmal können Schüler im FsgE mehr Gegenstände simultan erfassen als sie abzählen können. Deshalb ist dies eine interessante Fragestellung.

3 Ergebnisse[1]

3.1 Fähigkeiten im FsgE gesamt, über alle Schulstufen hinweg

Das gesamte Spektrum der mathematischen Fähigkeiten in den hier betrachteten Bereichen (Tab. 1) zeigt, dass wie in den Leistungen des Schriftspracherwerbs etwa ein Viertel der Schüler (noch) überhaupt nicht zählen.

Tab. 1: *Verteilung der Stufen der Zählentwicklung (nach Fuson) in allen Schulstufen des Förderschwerpunkts geistige Entwicklung*

Zählentwicklung (nach Fuson)	Häufigkeit	Prozent
»zählt« (noch) überhaupt nicht	388	24,4
Ganzheitsauffassung der Zahlwortreihe	115	7,2
Unflexible Zahlwortreihe	461	28,9
Teilweise flexible Zahlwortreihe	168	10,6
Flexible Zahlwortreihe	137	8,6
Vollständig reversible Zahlwortreihe	323	20,3
Gesamt:	1.593	100

Ein Schwerpunkt unter den gesamten Schülern im FsgE liegt auf der »unflexiblen Zahlwortreihe« (vgl. Abb. 4). Wie in Abbildung 2 erläutert, können die Schüler in dieser Stufe »Gegenstände abzählen, beginnend bei 1«. Fast ein Drittel der Schüler im FsgE (28,9 %) zählen auf diesem Niveau, sie sind darauf angewiesen, von 1 an zu zählen, es gelingt ihnen jedoch, den Rhythmus des Aufsagens von Zählwörtern und das Zeigen auf Gegenstände zu synchronisieren. Weiterhin fällt auf, dass ein Fünftel der Schüler im FsgE (20,3 %) von ihren Lehrerkräften in die Stufe »vollständig reversible Zahlwortreihe« eingestuft wurden, das heißt sie haben die Zahlreihe automatisiert (vorwärts und rückwärts), können Nachbarzahlen finden und Zahlenfolgen fortsetzen (und dabei abzählen), also insgesamt sehr elaboriert zählen – eine Grundlage für die Entwicklung von Strategien des flüssigen Rechnens.

1 Die folgenden Ergebnisse beziehen sich auf eine repräsentative Stichprobe von 1.629 Schülerinnen und Schülern im Förderschwerpunkt geistige Entwicklung in Bayern. Die Daten wurden anhand eines Lehrerfragebogens im Schuljahr 2009/10 erhoben (vgl. Beitrag 1).

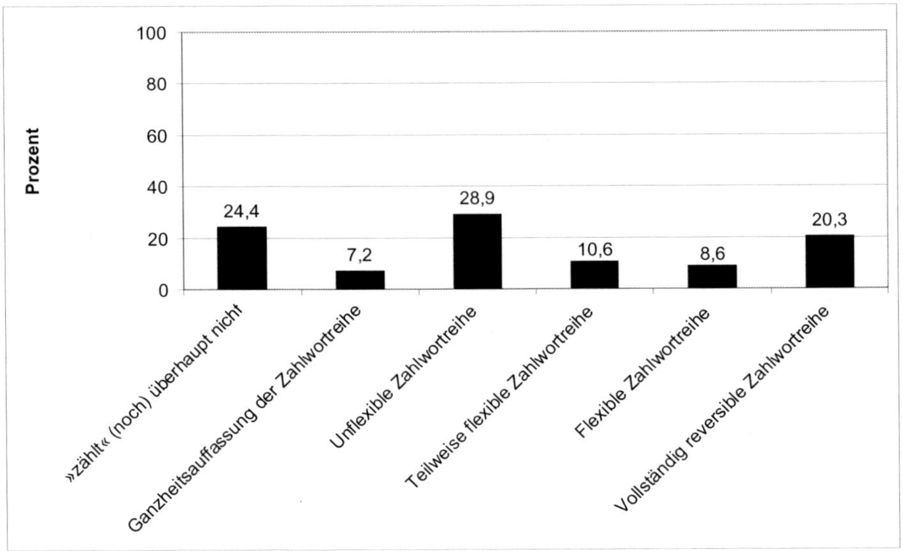

Abb. 4: Verteilung der Stufen den Zählentwicklung nach Fuson über alle Schulstufen des FsgE hinweg (n = 1.593)

Weitere ausgewählte mathematische Fähigkeiten verteilen sich sehr unterschiedlich unter den Schülern im FsgE. So scheint die Orientierung im Raum sehr vielen zu gelingen (82,3 %), eine Angabe, deren Interpretation jedoch sicherlich großen Schwankungen unterworfen ist (vgl. Tab. 2). 75,1 % der Schüler kennen geometrische Flächenformen, das bedeutet, dass 24,9 % überhaupt keine geometrischen Flächenformen kennen – ein Anteil, der sich ziemlich genau mit dem deckt, die (noch) überhaupt nicht zählen (vgl. Tab. 1).

Tab. 2: *Sonstige mathematische Fähigkeiten in allen Schulstufen des FsgE (Mehrfachnennung möglich)*

Sonstige mathematische Fähigkeiten	Häufigkeit	in Prozent
… orientiert sich sicher im Raum (n = 1.529)	1.258	82,3
… kennt geometrische Flächenformen (Kreis Dreieck usw.) (n = 1.478)	1.110	75,1
… erkennt verschiedene Merkmale von Gegenständen (Form, Größe, Farbe) (n = 1.478)	1.196	80,9
… kann die Mächtigkeit von Mengen bis 5 durch Simultanerfassung nennen (n = 1.409)	675	47,9
… kennt die Größe »Geld« (n = 1.449)	830	57,3
… kann mit Geld situationsgerecht umgehen (n = 1.393)	279	20

Nach Angaben der Lehrkräfte können 47,9 % der Schüler Mengen bis 5 simultan erfassen. Die Größe Geld kennt mehr als die Hälfte der Schüler (57,3 %), dagegen sind es lediglich 20 % der Schüler in der gesamten FsgE, die »situationsgerecht« mit Geld umgehen können.

Bei den arithmetischen Fähigkeiten gibt es eine klare Grenze. Während Addition und Subtraktion eine wichtige Rolle in den Fähigkeiten der Schüler im FsgE spielen, sind Multiplikation und Division nur von untergeordneter Bedeutung (vgl. Tab. 3 bis 6). Es gibt einen sehr großen Anteil an Schülern, die gar nicht addieren – also auch nicht bis 5 –, weder im Kopf (58,1 %), noch mit Material (38,2 %) (Tab. 3). Im Zahlenraum bis 100, der Stoff der zweiten Klasse Grundschule, addieren 20,5 % mit Material und 9,7 % im Kopf (hier wurden die, die auch über 100 addieren, hinzugerechnet). Hier zeigt sich ähnlich wie beim Lesen (vgl. Beitrag 7 in diesem Band), dass die Leistungen selten bis in den Stoffbereich der zweiten Klasse Grundschule reichen. Bei der Subtraktion liegen die Fähigkeiten noch etwas niedriger, 44,6 % subtrahieren auch mit Material überhaupt nicht, und 64,4 % subtrahieren nicht im Kopf (Tab. 4).

Tab. 3: *Additionsfähigkeiten in allen Schulstufen des FsgE (in Prozent)*

Addition	mit Material (n = 1.554)	im Kopf (n = 1.503)
gar nicht	38,3	58,1
bis 5	9,9	9,9
bis 10	14,3	12,1
bis 20	16	10,2
bis 100	14	6,6
über 100	7,5	3,1
Gesamt:	100	100

Tab. 4: *Subtraktionsfähigkeiten in allen Schulstufen des FsgE (in Prozent)*

Subtraktion	mit Material (n = 1.522)	im Kopf (n = 1.472)
gar nicht	44,5	64,4
bis 5	8,9	7,5
bis 10	13,7	12
bis 20	14,4	7,9
bis 100	12,1	5,7
über 100	6,4	2,5
Gesamt:	100	100

Tab. 5: *Multiplikationsfähigkeiten in allen Schulstufen des FsgE (in Prozent)*

Multiplikation	mit Material (n = 1.465)	im Kopf (n = 1.409)
gar nicht	88,4	90
bis 5	0,3	0,6
bis 10	1,2	1,4
bis 20	2,2	3,2
bis 100	5,7	4,1
über 100	2,2	0,7
Gesamt:	100	100

Tab. 6: *Divisionsfähigkeiten in allen Schulstufen des FsgE (in Prozent)*

Division	mit Material (n = 1.456)	im Kopf (n = 1.395)
gar nicht	92,8	93,6
bis 5	0,2	0,2
bis 10	0,9	1,1
bis 20	1,2	2,3
bis 100	3,3	2,5
über 100	1,6	0,3
Gesamt:	100	100

3.2 Fähigkeiten nach Schulstufen

Die Schulstufen haben, wie mehrfach bereits erwähnt, sehr unterschiedliche didaktische Konzeptionen und Bildungsaufträge. Tabelle 7 zeigt, wie sich die Fähigkeiten in der Zählentwicklung auf die Schulstufen verteilen.

Tab. 7: *Zählentwicklung (nach Fuson) der Schüler im FsgE, aufgeteilt nach Schulstufen (n = 1.561; in Prozent)*

Zählentwicklung (nach Fuson)	GS (n = 536)	HS (n = 619)	BS (n = 406)
»zählt« (noch) überhaupt nicht	26,1	21,9	24,2
Ganzheitsauffassung der Zahlwortreihe	9,6	6,2	6
Unflexible Zahlwortreihe	35,6	23,3	29,6
Teilweise flexible Zahlwortreihe	10,9	11,6	8,4
Flexible Zahlwortreihe	7,5	10,2	8,3
Vollständig reversible Zahlwortreihe	10,3	26,8	23,5
Gesamt:	100	100	100

Es fällt zunächst auf, dass die Zählentwicklung der Grundschulstufenschüler zwar deutlich weniger weit fortgeschritten ist als in der Hauptschulstufe, aber in der Berufsschulstufe nicht weiter entwickelt ist. Dieses Bild zeichnet sich beispielsweise ab, wenn man die »vollständig reversible Zahlreihe« in Tabelle 7 betrachtet. Ein Vergleich der Mittelwerte über die Stufen hinweg bestätigt dies: Während in der Grundschulstufe der Mittelwert bei 2,84 liegt, liegt er in der Hauptschulstufe bei 3,62, und in der Berufsschulstufe bei 3,41 (vgl. Tab. 8). Auch der Anteil der Schüler, die (noch) überhaupt nicht zählen, fällt in gleicher Weise auf: von der Grundschulstufe (26,1 %) zur Hauptschulstufe (21,9 %) fällt er, und dann steigt er aber wieder in der Berufsschulstufe auf 24,2 % (vgl. Diskussion).

Tab. 8: *Mittelwerte der Zählentwicklung (nach Fuson), aufgeteilt nach Schulstufen (n = 1.561)*

Schulstufe	n	Min	Max	Mittelwert	s	Median
GS	536	1	6	2,84	2,02	3
HS	619	1	6	3,62	1,87	3
BS	406	1	6	3,41	1,84	3
Gesamt:	1.561	1	6	3,33	1,79	3

Es ist erkennbar, dass die Stufe der unflexiblen Zahlwortreihe (»die Zahlwortreihe ab einer beliebigen Zahl weiter aufsagen, Vorgänger und Nachfolger von Zahlen nennen (ohne etwas abzuzählen)«) in allen drei Schulstufen des FsgE die Stufe ist, die im Vergleich mit den anderen Stufen am häufigsten vorkommt, in der Grundschulstufe 35,6 %, in der Hauptschulstufe 23,3 % und in der Berufsschulstufe 29,6 % der Schüler (vgl. Tab. 7). Ein elaboriertes Zählen (vollständig reversible Zahlwortreihe), das nötig ist um sicher effektive Strategien für das Kopfrechnen aufzubauen, kommt in der Grundschulstufe bei 10,3 % der Schüler vor, in der Hauptschulstufe sehr viel häufiger (26,8 %), und in der Berufsschulstufe sogar ein wenig seltener (23,5 %).

Unter der Annahme, dass sich aus dieser Verteilung auch die Entwicklung über die Schulstufen hinweg ablesen lässt, ist eine deutliche Entwicklung in den Zählfähigkeiten von der Grundschulstufe zur Hauptschulstufe beschreibbar. Zwischen der Haupt- und der Berufsschulstufe ist jedoch kein Unterschied auszumachen. In Abbildung 5 wurden die Fähigkeiten kumuliert um die Fähigkeiten des Zählens im Ganzen sichtbar zu machen. Dies ist möglich, da es sich um hierarchische Stufen handelt, das heißt wer eine Stufe beherrscht, beherrscht auch die vorige. Damit kann ausgesagt werden, dass z. B. in der Grundschulstufe 64,3 % der Schüler *mindestens* in der Stufe der unflexiblen Zahlenreihe Zählen können, in der Hauptschulstufe 71,8 % der Schüler, und in der Berufsschulstufe 69,8 %. Mit Angeboten auf dem Niveau der Stufe der »teilweise flexiblen Zahlreihe« erreicht man in der Grundschulstufe nur 28,7 % der Schüler, dagegen 48,5 % der Hauptschulstufenschüler und 40,2 % der Berufsschulstufenschüler.

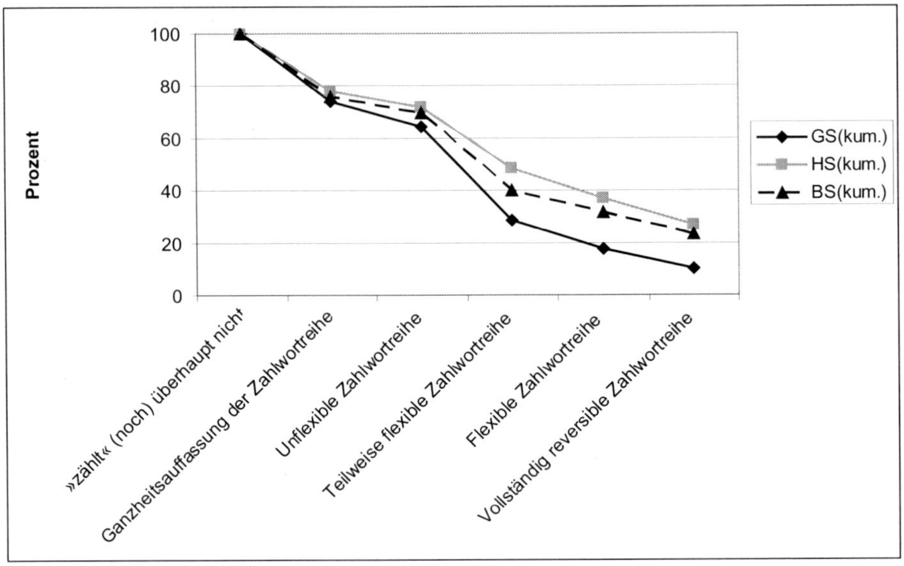

Abb. 5: Die kumulierten Stufen der Zählentwicklung in den einzelnen Schulstufen im FsgE (n = 1.561)

Diese Tendenz zeigt sich auch in den »sonstigen« mathematischen Fähigkeiten, die in SFGE erhoben wurden: ein Unterschied von der Grundschulstufe zur Hauptschulstufe, aber nicht von der Hauptschulstufe zur Berufsschulstufe (Tab. 9).

Tab. 9: *Sonstige mathematische Fähigkeiten der Schüler im FsgE, aufgeteilt nach Schulstufen (in Prozent, Mehrfachnennung möglich)*

»Sonstige« mathematische Fähigkeiten	GS (n = 536)	HS (n = 619)	BS (n = 406)
… orientiert sich sicher im Raum	78,9	84,2	84,1
… kennt geometrische Flächenformen (Kreis, Dreieck usw.)	72,3	77,6	76,1
… erkennt verschiedene Merkmale von Gegenständen (Form, Größe, Farbe)	78,1	82,7	83
… kann die Mächtigkeit von Mengen bis 5 durch Simultanerfassung nennen	38,6	53,9	51,9
… kennt die Größe »Geld«	37,7	66,6	68,9
… kann mit Geld situationsgerecht umgehen	5,4	23,4	32,6

Eine Ausnahme ist hierbei das Thema Geld, hier wird in der Berufsschulstufe nach Einschätzung der Lehrkräfte ein Fortschritt erzielt, vor allem bei der Frage »... kann mit Geld situationsgerecht umgehen« (von 23,4 % in der Hauptschulstufe auf 32,6 % in der Berufsschulstufe) (vgl. Abb. 6).

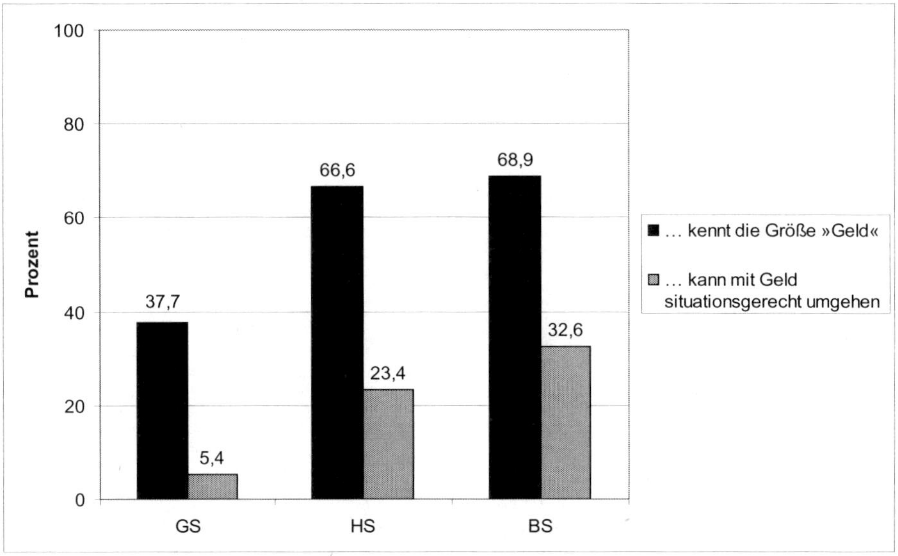

Abb. 6: Fähigkeiten der Schüler im FsgE im Umgang mit Geld, aufgeteilt nach Schulstufen (n = 1.561)

Aus Platzgründen wird der Unterschied zwischen den Schulstufen in den arithmetischen Fähigkeiten hier nur für den Bereich der Addition (Tab. 10) und der Subtraktion dargestellt (Tab. 11). Wiederum wird deutlich sichtbar, wie sich die Schwerpunkte in den Schulstufen unterscheiden. In der Grundschulstufe addiert über die Hälfte der Schüler überhaupt nicht und nur ein Viertel der Schüler addiert im Kopf (Tab. 10). Nur einzelne Schüler addieren in einem Zahlenbereich über 20, womit ein Additionsniveau wie im Eingangsbereich der allgemeinen Grundschule vorliegt. Das Addieren im Kopf bleibt bis in die Berufsschulstufe hinein für die Hälfte der Schüler eine nicht zu bewältigende Aufgabe. Dennoch gibt es in der Haupt- und Berufsschulstufe einen Anteil von Schülern, die bis 100 oder auch über 100 rechnen.

Tab. 10: *Fähigkeiten der Addition der Schüler im FsgE, aufgeteilt nach Schulstufen (n = 1.524; in Prozent)*

	GS (n = 512)		HS (n = 612)		BS (n = 400)	
Addition	mit Mat.	im Kopf	mit Mat.	im Kopf	mit Mat.	im Kopf
gar nicht	52,7	77,3	29,9	48,8	31,1	48,9
bis 5	15,4	10,1	7,5	11,3	7,3	7,8
bis 10	16,6	9,7	14,2	15,4	12,2	9,8
bis 20	13,6	2,5	19,6	12,7	13,8	14,8
bis 100	1,7	0,4	19,8	8,2	20,5	12,4
über 100	0	0	9	3,6	15,1	6,3
Gesamt:	100	100	100	100	100	100

Erwartungsgemäß sind die Fähigkeiten bei der Subtraktion geringer als bei der Addition (Tab. 11). Alle Quoten sind in ungefähr der gleichen Weise verschoben.

Tab. 11: *Fähigkeiten der Subtraktion der Schüler im FsgE, aufgeteilt nach Schulstufen (n = 1.494; in Prozent)*

	GS (n = 508)		HS (n = 595)		BS (n = 391)	
Subtraktion	mit Mat.	im Kopf	mit Mat.	im Kopf	mit Mat.	im Kopf
gar nicht	59,5	81,9	35,9	56,7	38,1	55,2
bis 5	12,8	8,8	7,2	7,3	6,6	5,4
bis 10	15	6,8	14,3	16,1	11,7	11,6
bis 20	11	2,3	18,2	10,3	12,6	11,1
bis 100	1,7	0,2	16,5	6,6	18,3	11,6
über 100	0	0	7,9	3	12,7	5,1
Gesamt:	100	100	100	100	100	100

Im Bereich der Multiplikation und Division gibt es kaum Schüler, bei denen die Lehrkräfte hier Fähigkeiten erkennen. Dennoch gibt es interessante einzelne Schüler mit Leistungsspitzen: Multiplikationen im Kopf bis 100 beherrschen 58 Schüler (3,6 %), die Multiplikation im Kopf über 100 weitere 9 (0,6 %). Selbst die Division im Kopf bis 100 wird bei 34 Schülern beobachtet (2,1 %), weitere 4 Schüler dividieren im Kopf auch über 100 (0,2 %). Dies sind zwar Ausnahmen, sie zeigen aber, dass im FsgE Schüler mit sehr individuellen Leistungsprofilen beschult werden.

4 Diskussion

Insgesamt liegen die mathematischen Fähigkeiten, die die Lehrkräfte bei ihren Schülern im FsgE erkennen, im Bereich der ersten und zweiten Klasse der Grundschule und – bezogen auf den Stoff im Lehrplan der Grundschule – leicht hinter denen im Bereich der Schriftsprache. Diese Aussage kann allerdings nicht quantifiziert werden. Sie entsteht lediglich im Vergleich zu den Lehrplaninhalten der Grundschule.

Beim Zählen gibt es eine Beobachtung, die diskutiert werden kann: Die Zählfähigkeiten sind in der Hauptschulstufe deutlich höher als in der Grundschulstufe. Dies ist nicht verwunderlich, denn die Schüler üben dies ja stetig im Unterricht, und es kommen keine weiteren Schüler mit schweren oder schwersten Behinderungen dazu (vgl. Beitrag 3). In der Berufsschulstufe sinken die Leistungen jedoch wieder leicht. Dies lässt sich – ebenso wie beim Schriftspracherwerb – damit erklären, dass Schüler mit intensiven Behinderungen tendenziell deutlich länger in der Berufsschulstufe verbleiben, und ihr Anteil damit größer wird. Diese Vermutung kann man prüfen, indem man in der Berufsschulstufe alle Schüler aus der Berechnung herausnimmt, die über 18 Jahre alt sind (vgl. Tab. 12). Es zeigt sich, dass dann die Zählentwicklung in der Berufsschulstufe zumindest auf gleichem Niveau liegt wie in der Hauptschulstufe.

Tab. 12: *Mittelwerte der Zählentwicklung (nach Fuson)*

	GS (n = 533)	HS (n = 619)	BS (ges.) (n = 406)	BS≤18 (n = 297)
Mittelwerte der Zählentwicklung	2,94	3,64	3,41	3,69
Standardabweichung (s)	1,58	1,87	1,84	1,81

Auch die Zahl der Schüler, die in der Berufsschulstufe »überhaupt (noch) nicht zählen« relativiert sich auf diese Weise, der Anteil sinkt von 26,1 % in der Grundschulstufe auf 21,9 % in der Hauptschulstufe und 18,7 % in der Berufsschulstufe, und nicht wie in Tabelle 7 genannt auf 24,2 %. Gleiches gilt für die »vollständig reversible Zahlenreihe«, die höchste Stufe der Zählentwicklung (s. o.): Auch hier steigt der Wert auf 26,9 % (n = 297) (GS: 10,3 %; HS: 26,8 %) wenn man die Schüler über 18 aus der Berechnung herausnimmt.

Damit lässt sich belegen, dass viele Schüler im FsgE bis in die Berufsschulstufe hinein Fortschritte in der Zählentwicklung machen.

Im Bereich sonstiger mathematischer Fähigkeiten sticht die Größe Geld und der Umgang mit Geld hervor. In diesen beiden Feldern machen die Schüler gerade im Berufsschulstufenalter deutliche Fortschritte. Das Profil der Berufsschulstufe, in der Lebenspraxis und Selbstständigkeit im Vordergrund stehen, zeitigt hier offenbar einen sichtbaren Erfolg. Dies ist in diesem Alter auch besonders wichtig, darauf weisen auch Browder/Grasso hin (1999, 305).

Es gibt Schüler im FsgE, die Mengen bis 5 abzählen können, sie aber nicht simultan erkennen können. Es ist unklar, ob es sich hier um zusammenhängende oder unterschiedliche Fähigkeiten handelt (vgl. Piazza et al. 2001). Die Häufigkeiten in dieser Erhebung sind schwer zu erklären, es wurden von den Lehrkräften lediglich 47,9 % der Schüler angegeben, die bis 5 simultan erfassen können (vgl. Tab. 2), aber 75,6 % der Schüler, die bei 1 beginnend abzählen können (vgl. Tab. 1). Mehrere Erklärungsmöglichkeiten kommen in Betracht: Sehr wahrscheinlich werden hier von den Lehrkräften beim Zählen ab 1 auch Mengen kleiner als 5 anerkannt. Möglicherweise drückt sich hier aber auch tatsächlich ein Entwicklungsnachteil hinsichtlich des Subitizing aus. Möglich ist aber auch, dass die Simultanerfassung im Vergleich zum Zählen nicht ausreichend im Fokus der Lehrkräfte steht, da es relativ unbekannt ist.

Der Blick auf die arithmetischen Fähigkeiten zeigt, welche große Hürde dieser Bereich für Schüler im FsgE darstellt. Nur wenige Schüler erreichen im Bereich Addition und Subtraktion das Niveau der zweiten Klasse Grundschule, Multiplikation und Division ist nur für Wenige überhaupt ein Thema. Auf der anderen Seite gibt es einen Anteil von bis zu fünf Prozent an Schülern in den Haupt- und Berufsschulstufen, die auch im Kopf bis 100 multiplizieren, etwas weniger, die auch in diesem Zahlenbereich dividieren. Diese Zahlen verdeutlichen die überaus große Bandbreite an Fähigkeiten, die Schüler im FsgE haben.

Aus welchen Gründen mathematische Fähigkeiten hinter denen im Schriftspracherwerb zurückhinken ist spekulativ. Es ist davon auszugehen, dass in Mathematik bewusst weniger Unterrichtszeit investiert wird, möglicherweise weil ihr weniger lebenspraktische Relevanz zugesprochen wird. Darüber hinaus scheint es, dass gerade arithmetische Fähigkeiten für diese Schüler besondere Schwierigkeiten darstellen. Vielleicht drückt sich aber auch eine größere Unsicherheit im Unterrichten von Mathematik im Vergleich zum Schriftspracherwerb aus sowie fehlende didaktische Materialien und inhaltliche Klarheit. Dies sind zumindest Einzelaussagen von Lehrkräften, denen jedoch gründlicher nachgegangen werden müsste.

Ein Desiderat für die Forschung ist die Berücksichtigung von mathematischen Fähigkeiten im Sinne des eingangs beschriebenen »Erkennen und Bearbeiten von Mustern«, denn es konnte in dieser Studie nicht unterschieden werden, in welcher Qualität die von den Lehrkräften benannten Fähigkeiten vorliegen, ob sie auswendig gelernt sind, oder von den Schülern aktiv-entdeckend erarbeitet werden (vgl. Wittmann 1998; Baroody 1999; Ratz 2009).

Literatur

Baroody, Arthur J. (1999): The Development of Basic Counting, Number, and Arithmetic Knowledge among Children Classified as Mentally Handicapped. In: International Review of Research in Mental Retardation 22, 51–103.

Browder, Diane M./Grasso, Edward (1999): Teaching Money Skills to Individuals with Mental Retardation. A Research Review with Practical Applications. In: Remedial and Special Education 20 (5), 297–308.

Devlin, Keith J. (1998): Muster der Mathematik: Ordnungsgesetze des Geistes und der Natur. Heidelberg, Berlin: Spektrum.

Ezawa, Barbara (1996): Zählen und Rechnen bei geistig behinderten Schülern Leistungen, Konzepte und Strategien junger Erwachsener mit Hirnfunktionsstörungen. Frankfurt/Main: Peter Lang.

Moser Opitz, Elisabeth (2008): Zählen, Zahlbegriff, Rechnen. Theoretische Grundlagen und eine empirische Untersuchung zum mathematischen Erstunterricht in Sonderschulklassen. 3. Auflage. Bern, Stuttgart, Wien: Haupt Verlag.

Piazza, Manuela/Mechelli, Andrea/Butterworth, Brian/Price, Cathy J. (2002): Are Subitizing and Counting Implemented as Separate or Functionally Overlapping Processes? In: NeuroImage 15, 435–446.

Ratz, Christoph (2009): Aktiv-entdeckendes Lernen im Mathematikunterricht bei Schülern mit geistiger Behinderung. Eine qualitative Studie am Beispiel von mathematischen Denkspielen. Oberhausen: ATHENA-Verlag.

Ratz, Christoph/Wittmann, Erich Ch. (2011): Mathematisches Lernen im Förderschwerpunkt geistige Entwicklung. In: Ratz, Christoph (Hg.): Unterricht im Förderschwerpunkt geistige Entwicklung. Fachorientierung und Inklusion als didaktische Herausforderungen. Oberhausen: ATHENA-Verlag, 129–152.

Wittmann, Erich Ch. (1998): Design und Erforschung von Lernumgebungen als Kern der Mathematikdidaktik. In: Beiträge zur Lehrerbildung 16 (3), 329–342.

Wittmann, Erich Ch./Müller, Gerhard N. (2008): Muster und Strukturen als fachliches Grundkonzept. In: Walther, Gerd (Hg.): Bildungsstandards für die Grundschule: Mathematik konkret. Berlin: Cornelsen Scriptor, 42–65.

Wittmann, Erich Ch./Müller, Gerhard N. (2009): Das Zahlenbuch. Handbuch zum Frühförderprogramm. Stuttgart: Klett.

Wolfgang Dworschak, Sybille Kannewischer,
Christoph Ratz & Michael Wagner

Einschätzung von Verhalten bei Schülern mit dem Förderschwerpunkt geistige Entwicklung

1 Theoretischer Hintergrund

Die pädagogische Arbeit mit Schülerinnen und Schülern mit dem Förderschwerpunkt geistige Entwicklung hat sich in den letzten Jahren scheinbar verändert. Schulleiter und Lehrkräfte signalisieren u. a. eine deutliche Zunahme intensiver Verhaltensproblematiken, die oft die Gruppenkonstellationen massiv beeinträchtigen (vgl. Ulbrich/Mohr/Fröhlich 2006).

Versucht man den Terminus ›Verhaltensstörung‹ inhaltlich näher zu bestimmen, so zeigt sich zunächst, dass jeder Mensch eine alltagspsychologische Vorstellung und damit einen eigenen Begriff von ›Verhaltensstörungen‹ hat. Dieser ganz persönliche Begriff ist geprägt von eigenen Erfahrungen und auch von eigenen Überlegungen. Im Hintergrund des jeweiligen Verständnisses steht ein bestimmtes Menschenbild (vgl. Stein 2008, 3). Löst man sich von diesen alltagspsychologischen Vorstellungen, so kann man den Terminus mit Myschker wie folgt definieren: »Verhaltensstörung ist ein von den zeit- und kulturspezifischen Erwartungsnormen abweichendes, maladaptives Verhalten, das organogen und/oder milieureaktiv bedingt ist, wegen der Mehrdimensionalität, der Häufigkeit und des Schweregrades die Entwicklungs-, Lern- und Arbeitsfähigkeit sowie das Interaktionsgeschehen in der Umwelt beeinträchtigt und ohne besondere pädagogisch-therapeutische Hilfe nicht oder nur unzureichend überwunden werden kann« (2009, 49). Diese Definition verdeutlicht die Vielschichtigkeit und Komplexität des Phänomens ›Verhaltensstörung‹.

In eine vergleichbare Richtung weist auch die Definition nach Einfeld, Tonge und Steinhausen: »Wenn Verhalten und Emotionen aufgrund ihrer qualitativen oder quantitativen Abweichung abnorm sind und nicht ausschließlich vor dem Hintergrund einer Entwicklungsverzögerung erklärt werden können, wenn sie ferner bedeutsame Belastungen für das Kind, seine Bezugspersonen oder die Gemeinschaft und ebenso eine bedeutsame zusätzliche Beeinträchtigung hervorrufen, dann werden sie als gestört betrachtet« (2007, 9).

Bei allem Bemühen um eine begriffliche Klärung ist allerdings immer zu berücksichtigen, dass jeder Einordnung von Verhalten als verhaltensgestört die jeweils subjektive Sicht eines Anderen zugrunde liegt, der auf der Basis spezifischer und individueller Erwartungsnormen eine solche Beurteilung vornimmt. Das Zusammenwirken des Person-Umwelt-Bezugs, d. h. eine interaktionistisch und systemorientierte Zugangsweise ist daher notwendig. Stein nennt hierbei folgende Bezugssysteme: Individuum, Gesellschaft, Situation und Sache (vgl. 2008, 18f.).

Mit Kobi lässt sich eine solche interaktionistisch und systemorientierte Zugangsweise zum Terminus ›Verhaltensstörung‹ leicht zugespitzt wie folgt umschreiben: »Jemandem den Bauch aufzuschlitzen oder unbekleidet in der Gegend herum zu laufen, kann eine antisoziale, wertwidrige, ja kriminelle Tat sein: Nicht jedoch, wenn es sich im ersten Fall um einen sachnotwendigen, nach Regeln der ärztlichen Kunst durchgeführten chirurgischen Eingriff, im zweiten um ein Nackedei am ›definierten‹ FKK-Strand handelt« (2000, 9). Verhaltensstörungen sind also immer relativ und in Abhängigkeit zum jeweiligen Kontext zu sehen.

Zur Erklärung von Verhaltensstörungen existieren mehrere Erklärungsansätze und daher auch verschiedene Handlungsansätze. Es gibt biologisch-medizinische, psychologische und primär soziologische Ansätze.

Die Entstehung und Entwicklung von Verhaltensstörungen bei Kindern und Jugendlichen mit Intelligenzminderung folgen grundsätzlich den gleichen Prozessen wie bei Kindern und Jugendlichen ohne Beeinträchtigungen. »Es ist aber von einer erhöhten Störanfälligkeit in Folge ungünstiger biologischer Dispositionen, beeinträchtigter Verarbeitungsprozesse, emotional belasteter Beziehungen, eingeschränkter Entwicklungsmöglichkeiten und ungünstiger Lernerfahrungen auszugehen, die problematische Erlebens- und Verhaltensweisen entstehen lassen und aufrecht erhalten« (Irblich zit. n. Sarimski/Steinhausen 2008, 3).

Darüber hinaus kann beim Entstehen von problematischen Erlebens- und Verhaltensweisen auch das Geschlecht ein Risikofaktor sein (vgl. Ravens-Sieberer/Wille/Bettge/Erhart 2006). So treten beispielsweise in der Gesamtgruppe von Kindern und Jugendlichen mit geistiger Behinderung psychische Auffälligkeiten mit höherer Wahrscheinlichkeit bei Jungen auf (vgl. Sarimski/Steinhausen 2008, 7).

2 Forschungsstand

Zum Auftreten von Verhaltensstörungen liegen unterschiedliche Angaben vor.

Bei einer Untersuchung zur Prävalenz von Verhaltsstörungen an sächsischen Grundschulen (2001) anhand eines Lehrerfragebogens (N = 7.970) ergab sich eine Varianz des Auftretens von Verhaltensauffälligkeiten zwischen 3,5 und 19,6 %. 11 % der Schülerinnen und Schüler wurden als aggressiv eingeschätzt. 19,6 % wiesen auffällige hyperaktive Verhaltensweisen auf. Internalisierende Verhaltensauffälligkeiten (z. B. Ängste, Depressionen) wurden für 3,5 % angegeben (vgl. Stein 2008, 48f.).

In der Bella-Studie (Ravens-Sieberer/Wille/Bettge/Erhart 2006), die das Auftreten allgemeiner und spezifischer psychischer Auffälligkeiten unter Kindern und Jugendlichen in Deutschland beobachtet, lassen sich folgende Angaben finden:

Bei 22 % der untersuchten Kinder und Jugendlichen (N = 2.863) liegen Hinweise auf eine psychische Auffälligkeit vor. Ängste (10 %), Störungen des Sozialverhaltens (7,6 %), Depressionen (5,4 %) und ADHS (2,2 %) waren am häufigsten vertreten (vgl. Ravens-Sieberer et al. 2006, 3f.).

Im Hinblick auf Menschen mit geistiger Behinderung geht man aktuell davon aus, dass ihr Verhalten durch das Zusammenwirken unterschiedlicher Risikofaktoren deutlich häufiger als ›gestört‹ oder ›auffällig‹ eingeschätzt wird (vgl. Sarimski/Steinhausen 2008, 5; Hennike/Buscher/Häßler/Roosen-Runge 2009, 4).

Unterschiedliche Studien, durchgeführt zu unterschiedlichen Zeitpunkten, kommen zu ähnlichen Ergebnissen: In einer repräsentativen Stichprobe von 149 Jugendlichen in Schweden kommen Gillberg/Persson/Grufman/Themner 1986 zu dem Ergebnis, dass 64 % der Jugendlichen mit einer Intelligenzminderung (IQ < 50) und 57 % der Jugendlichen mit einer leichten Intelligenzminderung (IQ 50–70) psychische Auffälligkeiten (»Psychiatric Disorders«) aufweisen (vgl. 1986, 69f.).

Strømme/Diseth (2000) untersuchen 178 Kinder mit geistiger Behinderung in Norwegen. Sie finden bei 42 % der Kinder mit schwerer und 33 % der Kinder mit leichter intellektueller Behinderung Diagnosen. Die häufigsten Diagnosen waren Hyperaktivität (16 %), Störungen aus dem autistischen Spektrum (8 %) und Stereotypien (5,5 %) (vgl. Sarimski/Steinhausen 2008, 5).

Theunissen/Schirbort kommen bei einer Vollerhebung an allen öffentlichen Schulen für Geistigbehinderte in Sachsen-Anhalt auf der Basis einer Lehrerbefragung zu dem Ergebnis, dass ca. 40 % der erfassten Schülerinnen und Schüler mit dem Förderschwerpunkt geistige Entwicklung als verhaltensauffällig beurteilt werden. Sie weisen jedoch gleichzeitig darauf hin, dass dies nur als ›Orientierungswert‹ dienen sollte (vgl. Theunissen/Schirbort 2003, 43).

Emerson kommt in einer Studie in England auf eine Häufigkeit psychiatrischer Störungen von 39 % bei Kindern und Jugendlichen mit geistiger Behinderung (vgl. 2003, 54).

Auch Grüning (2005, 98) kommt in seiner Untersuchung, bei der 166 Lehrer an Schulen für geistig Behinderte in Brandenburg zu insgesamt 1.023 Schülern befragt wurden, zu einem vergleichbaren Ergebnis. Auch hier wird durch die Lehrkräfte bei 40 % der Schüler auffälliges Verhalten konstatiert, wobei in dieser Gruppe bei 69,9 % internalisierendes Verhalten und bei 48,5 % externalisierendes Verhalten eingeschätzt wird.

Crocker/Mercier/Lachapelle/Brunet/Morin/Roy untersuchen 2006 in Kanada aggressives Verhalten bei jungen Erwachsenen mit geistiger Behinderung, und stellen bei ihnen eine Prävalenzrate von 51,8 % fest (vgl. 2006, 656).

3 Methode

Bei der Beschreibung von Störungen des Verhaltens und der Emotionen bei Schülern im Förderschwerpunkt geistige Entwicklung kann man bisher nur auf wenige geeignete Untersuchungsinstrumente zurückgreifen.

Der Fragebogen der Studie SFGE basiert im Kontext Verhalten auf dem Verhaltensfragebogen bei Entwicklungsstörungen (VFE) von Einfeld, Tonge und Steinhausen (2007), der die deutsche Bearbeitung der Developmental Behaviour Checklist darstellt. Hinsichtlich Reliabilität und Validität weist dieser befriedigende bis sehr gute Werte auf (vgl. Sarimski/Steinhausen 2007, 106). Der Lehrerfragebogen des VFE umfasst im Original 94 Items, bei denen Lehrer aufgefordert werden, bestimmte Verhaltensweisen hinsichtlich der Intensität ihres Auftretens in den letzten zwei Monaten einzuschätzen. Jedes Item kann mit 0 (nicht zutreffend), 1 (etwas oder manchmal zutreffend) oder 2 (genau oder häufig zutreffend) kodiert werden. Im VFE werden aus den 94 Items Subskalen, wie z. B. Angst, generiert. Dabei wird nicht zwischen Verhaltensstörungen und psychischen Störungen differenziert, was angesichts der Problematik einer klaren begrifflichen Trennung akzeptabel erscheint.

Für die vorliegende Studie wurden 33 hoch ladende Items entnommen und zu einer eigenen Verhaltensskala mit Differenzierung in Subskalen zusammengestellt. Somit ergibt sich ein Summenscore, bei dem max. 66 Punkte erreicht werden können. Für die Verhaltensskala wurde eine Reliabilitätsanalyse durchgeführt. Der Konsistenzkoeffizient (cronbach α) liegt bei 0.89, was auf eine gute innere Konsistenz der Skala schließen lässt.

Die erreichte Punktezahl jedes Schülers stellt dessen Gesamtverhaltensproblemwert (GVPW) dar. »Er ist ein Gesamtindikator für den Schweregrad der Probleme des Verhaltens und der Emotionen« (Einfeld/Tonge/Steinhausen 2007, 27).

Im Hinblick auf den GVPW führt der VFE einen Trennwert ein. Ein Überschreiten des Trennwertes deutet dabei auf ausgeprägte Probleme des Verhaltens und der Emotionen hin. Der Trennwert im Originalverfahren liegt bei 30 von 188 Punkten (vgl. Einfeld et al. 2007, 68). Analog dazu wurde der Trennwert für die hier zu Grunde liegende Verhaltensskala auf 10,5 von 66 Punkten festgelegt. Erreicht also ein Schüler einen Punktwert von 10, dann liegt er unter dem Trennwert, im Falle von 11 Punkten liegt er über diesem und wird in Folge dessen zu der Gruppe gezählt, bei der Hinweise auf ausgeprägte Probleme im Kontext Verhalten und Erleben vorliegen. Einfeld, Tonge und Steinhausen weisen darauf hin, dass es sich bei dem Trennwert mangels ausreichender klinischer Untersuchungen um einen Schätzwert handelt (vgl. Einfeld et al. 2007, 68). Somit müssen die mit Hilfe des Trennwertes generierten Daten vorsichtig interpretiert werden.

Neben dem Gesamtverhaltensproblemwert (GVPW) weist der VFE auch Subskalen aus, die differenziertere Aussagen zur Art der Verhaltensstörungen ermöglichen sollen. In Anlehnung an den VFE wurden für die hier zu Grunde liegende Verhaltensskala sechs Subskalen generiert. Neben Angst, Depression und Hyperaktivität wurden die Phänomene Autismus, Psychosen und dissoziales Verhalten berücksichtigt (vgl. Tab. 1).

Tab. 1: *Items zur Einschätzung von Verhalten und deren Zuordnung zu den Subskalen (nach Einfeld et al. 2007)*

Subskala Angst (6 Items)

- weint leicht ohne Grund oder bei geringer Aufregung
- ist bekümmert, allein zu sein
- ist äußerst bekümmert, wenn er/es von einer vertrauten Person getrennt wird
- hat spezielle Ängste vor Dingen, z. B. vor Dunkelheit oder Insekten
- ist schüchtern
- ist aufgeregt und bekümmert wegen kleiner Veränderungen von Routineabläufen oder in der Umgebung

Subskala Depression (5 Items)

- wirkt verstimmt, niedergedrückt oder unglücklich
- weint leicht ohne Grund oder bei geringer Aufregung
- ist reizbar
- hat kein Selbstvertrauen, schlechtes Selbstwertgefühl
- bewegt sich langsam, ist ohne Aktivität, unternimmt wenig, sitzt z. B. nur herum und beobachtet andere (im Verhältnis zu seinen motorischen Möglichkeiten)

Subskala Hyperaktivität (5 Items)

- regt sich übermäßig auf
- kann keine Aktivität über eine bestimmte Zeit ausführen, schlechte Konzentration
- ist ungeduldig
- ist impulsiv, handelt ohne nachzudenken
- ist überaktiv, rastlos kann nicht stillsitzen

Subskala Autismus (7 Items)

- ist unnahbar, in seiner eigenen Welt
- arrangiert Objekte oder Abläufe in einer strengen Ordnung
- läuft mit Absicht davon
- brummt, jammert, piepst oder macht andere nicht-sprachliche Geräusche
- hat wenig Sinn für Gefahren
- bevorzugt es, Dinge allein zu tun
- zeigt wiederholende Bewegungen von Händen, Körper, Kopf oder Gesicht wie z. B. Handwedeln oder Schaukeln

Subskala Psychosen (4 Items)

- hat Wahnvorstellungen: eine feste Überzeugung oder Idee, die unmöglich wahr sein kann
- hat zwanghafte Ideen oder Aktivitäten
- sieht oder hört etwas, was gar nicht da ist, Halluzinationen
- hat zusammenhanglose Gedanken: verschiedene Ideen sind kunterbunt vermischt, wobei dem Sinn schwer zu folgen ist

Subskala Dissoziales Verhalten (8 Items)
- ist beleidigend, beschimpft andere
- läuft mit Absicht davon
- hat Wutanfälle, stampft z. B. mit den Füßen auf oder schlägt die Türen
- ist impulsiv, handelt ohne nachzudenken
- tritt oder schlägt andere
- ist stur, ungehorsam oder unkooperativ
- lügt
- versucht andere zu manipulieren oder zu provozieren

Einzelitem Autoaggression
- schlägt oder beißt sich selbst

Während die Subskala ›Psychosen‹ mit 4 Items die kürzeste ist, beinhaltet die Subskala ›dissoziales Verhalten‹ mit 8 Items die meisten Fragen. Dabei wirken manche Items in mehreren Subskalen, so dass die Summe der Items der Subskalen mit der Gesamtzahl der Items nicht übereinstimmt (vgl. Tab. 2).

Tab. 2: *Gesamtverhaltensskala (GVPW) und Subskalen im Rahmen der Studie SFGE*

Skala	Anzahl Items	Max. Punktzahl
Gesamtverhaltensskala (GVPW)	33	66
Angst	6	12
Depression	5	10
Hyperaktivität	5	10
Autismus	7	14
Psychosen	4	8
Dissoziales Verhalten	8	16

4 Ergebnisse[1]

Die Ergebnisse für die Gesamtverhaltensskala beziehen sich auf n = 1.440 gültig ausgefüllte Fragebögen. Bei den Subskalen liegt die Zahl zum Teil höher.

4.1 Ergebnisse im Kontext der Gesamtverhaltensskala

Für die Gesamtstichprobe stellen sich die Werte für den Gesamtverhaltensproblemwert (GVPW) wie folgt dar (vgl. Tab. 3):

Tab. 3: *Angaben zur Gesamtverhaltensskala*

	n	Min	Max	Mittelwert	s	Median
GVPW	1.440	0	50	12,8	9,5	11

Der Gesamtverhaltensproblemwert beträgt im Mittel 12,8 Punkte. Der niedrigste GVPW liegt bei 0, der höchste bei 50 Punkten. Die sich hier bereits andeutende erhebliche Varianz der Werte wird durch die Standardabweichung (s) von 9,5 Punkten bestätigt. Der Median, als mittlerer Wert, liegt bei 11 Punkten, d. h. dass 50 % der Werte über und 50 % unter 11 Punkten liegen.

Die genaue Verteilung der Daten kann mit Hilfe des Boxplots in Abbildung 1 näher beschrieben werden. Er veranschaulicht vor allem die Konzentration bzw. die Ausdehnung, also Streuung der Werte. Die Box selbst, die 50 % der Werte umfasst, wird durch den Median »geteilt« (= mittlerer Wert).

Bei der Betrachtung des Boxplot wird deutlich, dass der Median die Box nicht in der Mitte teilt. 25 % der Werte liegen zwischen 6 und 11 Punkten, weitere 25 % der Werte zwischen 11 und 18 Punkten. Diese ungleiche Verteilung wird auch durch die Zahl der Ausreißer im oberen Bereich außerhalb der Box verdeutlicht. Die verschiedenen Kreise kennzeichnen einzelne Schüler mit stark ausgeprägten Problemen des Verhaltens und der Emotionen.

Betrachtet man die Stichprobe hinsichtlich der Schüler, die unter bzw. über dem Trennwert für den GVPW liegen, dann zeigt sich, dass 52,1 % über dem Trennwert von 10,5 Punkten liegen (vgl. Abb. 2). Auf der Grundlage der Konzeption des VFE kann dieser Gruppe eine ausgeprägte Problematik des Verhaltens und der Emotionen zugeschrieben werden.

Es ist allerdings zu bedenken, dass die Lehrkräfte das Verhalten der Schülerinnen und Schüler aufgrund der vorgegebenen operationalisierten Items einschätzen. Die Zuschreibung ›problematisches Verhalten‹ erfolgt erst durch die Bildung des Summenscores und die Anwendung des geschätzten Trennwertes nach dem VFE. Das be-

1 Die folgenden Ergebnisse beziehen sich auf eine repräsentative Stichprobe von 1.629 Schülerinnen und Schülern im Förderschwerpunkt geistige Entwicklung in Bayern. Die Daten wurden anhand eines Lehrerfragebogens im Schuljahr 2009/10 erhoben (vgl. Beitrag 1).

deutet, dass die Lehrer ihre Schüler nicht per se als verhaltensauffällig einschätzen. Diese Einschätzung ergibt sich erst nach dem VFE.

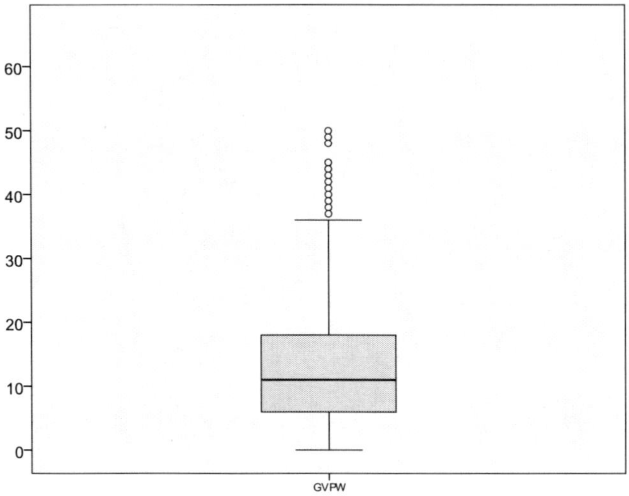

Abb. 1: Darstellung der Verteilung der »Gesamtverhaltensproblemwerte« (GVPW) bei Schülern mit dem Förderschwerpunkt geistige Entwicklung

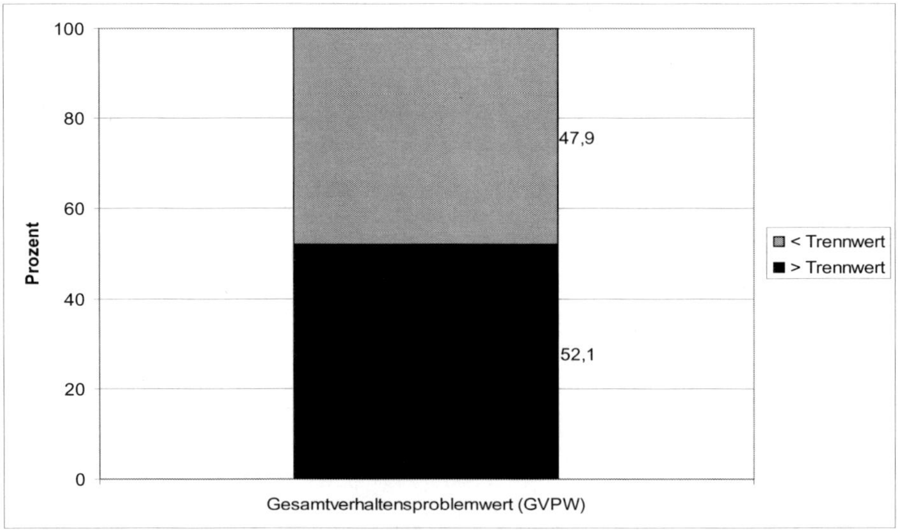

Abb. 2: Anteil der Schüler in Verhaltenswerten (GVPW) nach ›geschätztem‹ Trennwert (n = 1.440)

4.2 Ergebnisse im Kontext der Subskalen

Analog zum VFE stellt die Betrachtung der Subskalen die zweite Ebene der Auswertung dar:

Tab. 4: *Angaben zu den Subskalen der Verhaltensskala*

Subskalen	n	Min	Max	Mittelwert	s	relationaler MW
Angst	1.560	0	12	2,1	2,1	2,1
Depression	1.537	0	9	2,2	1,9	2,6
Hyperaktivität	1.580	0	10	3,1	2,7	3,7
Autismus	1.560	0	14	2,9	2,9	2,5
Psychosen	1.562	0	8	0,7	1,3	1
Dissoziales Verhalten	1.566	0	16	3	3,4	2,3

Wie aus Tabelle 4 ersichtlich wird, werden in fast allen Subskalen die maximalen Punktwerte (vgl. Tab. 2) erreicht. Einzig in der Subskala Depression werden max. 9 von möglichen 10 Punkten erreicht. Das Minimum liegt dagegen bei allen Subskalen bei 0. Somit kann man sagen, dass die Phänomene, die über die Subskalen abgebildet werden, bei manchen Schülerinnen und Schülern mit dem Förderschwerpunkt geistige Entwicklung überhaupt nicht beobachtet werden, bei anderen dahingegen sind diese Phänomene sehr stark ausgeprägt. Die Mittelwerte variieren je nach Subskala zwischen 0,7 und 3,1. Da die Subskalen unterschiedliche Skalenmaxima aufweisen (8–16 Punkte) können die Mittelwerte nicht einfach verglichen werden. Um aber dennoch eine Vergleichbarkeit zu ermöglichen, wurde zwischen dem minimalen (8) und dem maximalen Punktwert (16) gemittelt (= 12) und die Mittelwerte relational angeglichen (vgl. rechte Spalte in Tab. 4). Dies macht eine Vergleichbarkeit möglich.

Betrachtet man nun diese relationalen Mittelwerte der Subskalen, so zeigt sich, dass die Phänomene Angst, Depression, Autismus und dissoziales Verhalten in ähnlicher Ausprägung beobachtet werden. Eine geringere Ausprägung ist beim Phänomen Psychosen zu beobachten. Deutlich höher fallen dagegen die Werte bei der Subskala Hyperaktivität aus (vgl. Abb. 3).

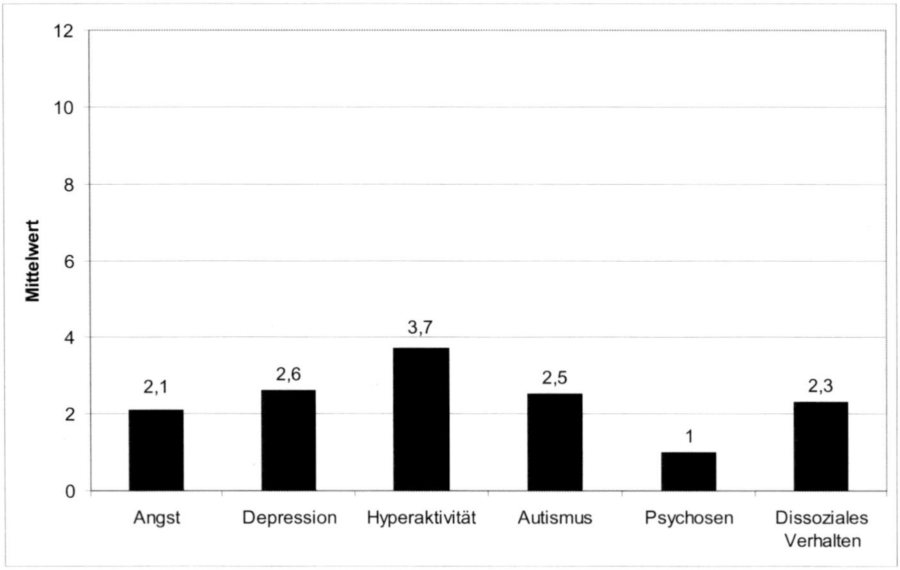

Abb. 3: ›Relationale‹ Mittelwerte der Subskalen der Verhaltensskala

Der Trennwert, der beim GVPW zur Anwendung kam, kann bei den Subskalen aufgrund zu kleiner Summenscores nicht angewendet werden.

4.3 Zur Rolle des Geschlechts

Die Werte für die Gesamtverhaltensskala stellen sich im Hinblick auf die Geschlechterverteilung folgendermaßen dar (vgl. Tab. 5):

Tab. 5: *Angaben zur Verhaltensskala (GVPW) nach Geschlecht*

GVPW	n	Min	Max	Mittelwert	s	Median
Weiblich	549	0	50	11,3	9,1	9
Männlich	879	0	49	13,8	9,7	12

Während der GVPW bei den Schülerinnen im Mittel 11,3 Punkte beträgt, liegt er bei den Schülern bei 13,8. Die Standardabweichung (s) liegt bei beiden Gruppen ähnlich hoch. Bei den Mädchen liegt der Median bei 9 Punkten, bei den Jungen bei 12, d. h., dass bei den Mädchen 50 % der Werte über 9 Punkten liegen wohingegen bei den Jungen die Werte höher ausfallen. Hier liegen 50 % der Werte über 12 Punkten.

Die statistische Überprüfung bestätigt, dass sich die Verhaltenswerte hinsichtlich des Geschlechts hoch signifikant unterscheiden (Mann-Whitney-Test: $p < 0.001$). Die Schüler mit dem Förderschwerpunkt geistige Entwicklung weisen also signifikant höhere Gesamtverhaltensproblemwerte auf als die Schülerinnen.

Betrachtet man nun die Daten hinsichtlich des Trennwertes (vgl. Abb. 4), dann zeigt sich, dass knapp 44 % der Schülerinnen über dem Trennwert liegen, d. h. dass bei 44 % der Schülerinnen deutliche Hinweise auf ausgeprägte Probleme des Verhaltens und der Emotionen beobachtet werden. Bei den Schülern liegt der Anteil mit rund 58 % deutlich höher (vgl. Abb. 4).

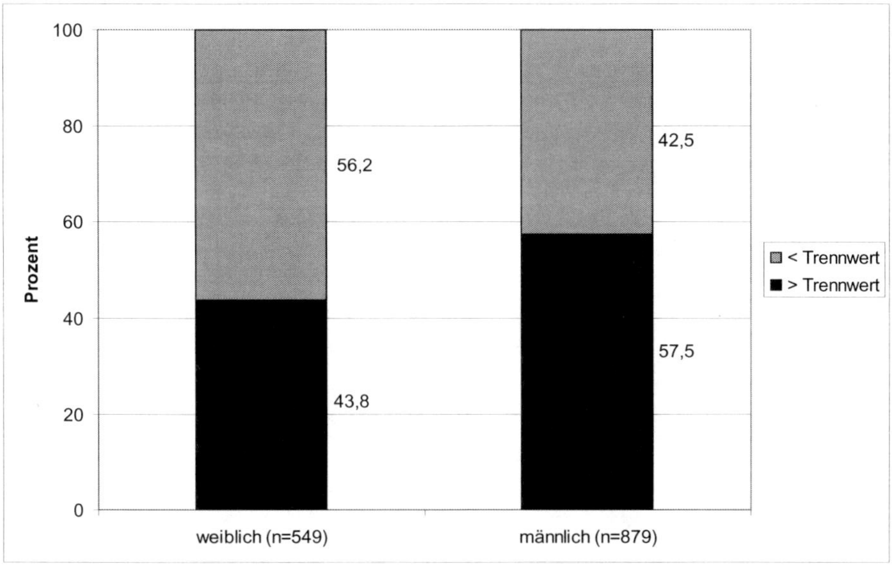

Abb. 4: Anteil der Schüler in Verhaltenswerten nach Trennwert vor dem Hintergrund des Geschlechts

Fasst man die Subskalen zu den Variablen internalisierende Verhaltensstörungen (Subskalen Angst und Depression) und externalisierende Verhaltensstörungen (Subskalen Hyperaktivität und Dissoziales Verhalten) zusammen, so zeigt sich, dass bei Jungen externalisierende Verhaltensstörungen intensiver beobachtet werden können als bei Mädchen (vgl. Tab. 6). Der relationale Mittelwert bei den Jungen liegt bei 3, im Gegensatz zu den Mädchen, bei denen er bei 2,1 liegt. Die statistische Überprüfung ergab hier einen signifikanten Unterschied zwischen Jungen und Mädchen (Mann-Whitney-Test: $p < 0.001$). Bei internalisierenden Verhaltensstörungen fallen die Ergebnisse in etwa gleich stark aus (vgl. Tab. 7). Diese unterscheiden sich nicht signifikant.

Tab. 6: *Externalisierendes Verhalten im Gendervergleich*

Externalisierende Verhaltensstörungen	n	Min	Max	Mittelwert	s	relationaler MW
weiblich	583	0	21	4,4	4,7	2,1
männlich	953	0	23	6,1	5,4	3

Tab. 7: *Internalisierendes Verhalten im Gendervergleich*

Internalisierende Verhaltensstörungen	n	Min	Max	Mittelwert	s	relationaler MW
weiblich	570	0	18	4,1	3,3	2,5
männlich	926	0	16	4	3,2	2,4

4.4 Zur Rolle des Schweregrades der geistigen Behinderung

Im Fragebogen SFGE wurde auch die Einschätzung der Schwere der geistigen Behinderung nach ICD-10 durch die Lehrkräfte erfragt (vgl. Beitrag 5). Möglich waren die Einschätzungen ›schwerste geistige Behinderung‹, ›schwere geistige Behinderung‹, ›mittelgradige geistige Behinderung‹, ›leichte geistige Behinderung‹ sowie ›keine geistige Behinderung‹. Bei der Auswertung wurden die Kategorien ›schwere‹ und ›schwerste geistige Behinderung‹ aufgrund der problematischen Trennschärfe zusammengenommen (vgl. Beitrag 5).

Die Daten zum GVPW stellen sich vor dem Hintergrund des Schweregrades der Behinderung wie folgt dar (vgl. Tab. 8):

Tab. 8: *Angaben zur Verhaltensskala (GVPW) nach Behinderungsgrad*

	n	Min	Max	Mittelwert	s	Median
keine geistige Behinderung	14	0	28	9,1	8,9	7
leichte geistige Behinderung	501	0	49	10,9	8,9	9
mittelgradige geistige Behinderung	529	0	50	13,1	9,4	11,7
schwere/schwerste geistige Behinderung	374	0	49	15,1	9,9	13

Der Mittelwert des GVPW steigt mit dem Schweregrad der Behinderung kontinuierlich an. Liegt er bei der Gruppe von Schülern, die von den Lehrern eigentlich als nicht geistig behindert eingeschätzt werden bei 9,1, so steigt er bei den Schülern mit leichter geistiger Behinderung auf 10,9. Die Schüler mit mittelgradiger geistiger Behinderung weisen durchschnittlich 13,1 und die Schüler mit schwerer/schwerster geistiger Behinderung im Mittel 15,1 Punkte auf. Der Median bestätigt diese kontinuierliche Zunahme der Verhaltensproblemwerte nach dem Schweregrad der geistigen Behinderung.

Die Mittelwerte des GVPW unterscheiden sich vor dem Hintergrund des Schweregrades der Behinderung nach ICD-10 signifikant (Kruskal-Wallis-Test: $p < 0.001$). Die Ursache dieses signifikanten Unterschiedes kann im Rahmen dieser Studie nicht bestimmt werden.

4.5 Ergebnisse mit Blick auf verschiedene Schularten

Abschließend sollen die Ergebnisse für die Gesamtverhaltensskala nach Schularten differenziert betrachtet werden (vgl. Tab. 9). In der Studie wurden Schülerinnen und Schüler mit dem Förderschwerpunkt geistige Entwicklung berücksichtigt, die an unterschiedlichen Förderschulformen unterrichtet werden: Schulen mit dem Förderschwerpunkt geistige Entwicklung (FzgE), Schulen mit dem Förderschwerpunkt körperliche und motorische Entwicklung (FzkmE) sowie Schulen mit dem Förderschwerpunkt Sehen (Fz Sehen).

Tab. 9: *Angaben zur Verhaltensskala (GVPW) nach Schularten differenziert*

Förderschulart	n	Min	Max	Mittelwert	s	Median
FzgE	1.309	0	50	12,9	9,6	11
FzkmE	81	0	40	10,2	8,3	9
Fz Sehen	34	2	37	16,2	10,2	12,5

Während der GVPW bei den Schülern am FzgE im Mittel bei 12,9 Punkten liegt, beträgt er bei den Schülern am FzkmE durchschnittlich 10,2 und bei den Schülern am Fz Sehen im Mittel 16,2. Die Standardabweichung (s) variiert zwischen 8,3 und 10,2, was eine unterschiedlich starke Varianz der Werte innerhalb der Schularten deutlich macht. Der Median liegt bei den Schülern am FzgE bei 11, am FzkmE bei 9 und am Fz Sehen bei 12,5. Das bedeutet, dass die Hälfte der Schüler am FzkmE über 9 Punkte in der Verhaltensskala erreichen, während diese am FzgE 11 und am Fz Sehen sogar über 12 Punkte erreichen. Eine Signifikanzprüfung ergibt, dass sich die Verhaltenswerte vor dem Hintergrund der unterschiedlichen Schularten signifikant unterscheiden (Kruskal-Wallis-Test: $p < 0.001$).

Betrachtet man abschließend die Daten nach dem Trennwert, so zeigt sich, dass an der Schule mit dem Förderschwerpunkt körperliche und motorische Entwicklung 40 % der Schüler deutliche Hinweise auf ausgeprägte Probleme des Verhaltens und der Emotionen im Sinne des VFE zeigen, während es an der Schule mit dem Förderschwerpunkt geistige Entwicklung 53 % und an der Schule mit dem Förderschwerpunkt Sehen sogar 62 % sind.

5 Diskussion

Betrachtet man die Stichprobe (n = 1.440) der Studie SFGE, so zeigt sich, dass auf der Grundlage der Konzeption des VFE 52 % der Schülerinnen und Schüler mit dem Förderschwerpunkt geistige Entwicklung in Bayern eine ausgeprägte Problematik des Verhaltens und der Emotionen zugeschrieben werden kann. Grundlage dieser Aussage bildet die Ermittlung eines Gesamtverhaltensproblemwertes (GVPW). Im Hinblick auf den GVPW wird ein ›geschätzter‹ Trennwert angegeben. Ein Überschreiten dieses Trennwertes deutet auf ausgeprägte Probleme des Verhaltens und der Emotionen hin (vgl. Abb. 2). Es ist hier allerdings zu bedenken, dass die Lehrkräfte das Verhalten der Schüler aufgrund der vorgegebenen operationalisierten Items einschätzen (vgl. Tab. 1). Zu Grunde liegt hierbei die Verhaltensbeobachtung des Schülers. Die Einschätzung als problematisches Verhalten erfolgt erst durch die Bildung des Summenscores und die Anwendung des Trennwertes nach dem VFE. Das bedeutet, dass die Lehrerinnen und Lehrer ihre Schüler nicht per se als verhaltensauffällig einschätzen. Diese Einschätzung ergibt sich nach dem VFE.

Vergleicht man den ermittelten Wert von 52 % mit den anderen oben erwähnten Prävalenzangaben, so zeigt sich eine weitgehende Übereinstimmung. Dort werden bei ca. 40–60 % der Kinder und Jugendlichen mit geistiger Behinderung Verhaltensstörungen, psychische Störungen oder psychiatrische Diagnosen beschrieben (vgl. Kap. 2). Eine direkte Vergleichbarkeit der unterschiedlichen Werte und Studien ist aufgrund methodischer Unterschiede allerdings nur bedingt möglich.

Vergleicht man die Prävalenzangaben für Kinder und Jugendliche mit dem Förderschwerpunkt geistige Entwicklung mit den Prävalenzangaben aus Studien bei Kindern ohne sonderpädagogischem Förderbedarf, so zeigt sich, dass der Anteil von Problemen im Verhalten und der Emotionen bei Kindern und Jugendlichen mit einer geistigen Behinderung wesentlich höher liegt. Die Studie an sächsischen Grundschulen (2001) ergab einen Anteil von 3,5–19,6 % (vgl. Stein 2008, 3), die Bella-Studie (Ravens-Sieberer/Wille/Bettge/Erhart 2006) geht von 22 % aus. Die von Sarimski/Steinhausen (2008, 5) formulierte These, dass Menschen mit geistiger Behinderung ein deutlich erhöhtes Risiko für die Entwicklung von Verhaltensstörungen haben, wird durch die Ergebnisse der Studie SFGE gestützt.

Auf der Basis des konstruierten relationalen Mittelwertes der Subskalen lassen sich Anhaltspunkte dafür finden, dass die Phänomene Angst, Depression, Autismus und dissoziales Verhalten in ähnlicher Ausprägung vorliegen. Eine geringere Ausprägung scheint bei der Subskala Psychosen vorzuliegen. Bei der Subskala Hyperaktivität zeichnen sich dagegen deutlich höhere Werte ab.

Fasst man die Subskalen zu den Variablen internalisierende Verhaltensstörungen (Subskalen Angst und Depression) und externalisierende Verhaltensstörungen (Subskalen Hyperaktivität und Dissoziales Verhalten) zusammen, so zeigt sich ein deutlicher Geschlechtsunterschied. Bei Jungen werden externalisierende Verhaltensstörungen intensiver beobachtet als bei Mädchen.

Diese Geschlechtswendigkeit ist auch bei Kindern und Jugendlichen ohne Behinderung zu beobachten (vgl. Essau/Conradt 2004, 54f.; Klicpera/Gasteiger-Klicpera 2007, 145).

Der hohe Anteil von Verhaltensproblemen bei Kindern und Jugendlichen an der Schule mit dem Förderschwerpunkt Sehen kann auch im Zusammenhang mit der Schwere der Behinderung gesehen werden, da hier insbesondere Kinder mit schwerer Mehrfachbehinderung unterrichtet werden. Allerdings ist die Größe der Stichprobe für diese Schülergruppierung sehr gering (n = 34), wie auch für die Schule mit dem Förderschwerpunkt körperliche und motorische Entwicklung (n = 81). Die Aussagekraft der Ergebnisse für diese beiden Schularten ist daher insgesamt eingeschränkt.

Literatur

Crocker, Anne G./Mercier, C./Lachapelle, Y./Brunet, A./Morin, D./Royd, M.-E. (2006): Prevalence an Types of Aggressive Behaviour Among Adults With Intellectual Disabilities. In: Journal of Intellectual Disability Research 50 (9), 652–661.

Einfeld, Stewart L./Tonge, Bruce J./Steinhausen, Hans-Christoph (2007): Verhaltensfragebogen bei Entwicklungsstörungen (VFE). Deutsche Version der Developmental Behaviour Checklist (DBC). Manual. Göttingen u. a.: Hogrefe.

Emerson, Eric (2003): Prevalence of Psychiatric Disorders in Children and Adolescents With and Without Intellectual Disability. In: Journal of Intellectual Disability Research 47 (1), 51–58.

Essau, Cecilia/Conradt, Judith (2004): Aggression bei Kindern und Jugendlichen. München: Reinhardt

Gillberg, Christopher/Persson, Eva/Grufman, Marianne/Themner, Ulla (1986): Psychiatric Disorders in Mildly and Severely Mentally Retarded Urban Children and Adolescents: Epidemiological Aspects. In: The British Journal of Psychiatry 149, 68–74.

Grüning, Eberhard (2005): Variablen auffälligen Verhaltens von Schülern im Förderschwerpunkt geistige Entwicklung. In: Sonderpädagogik 35 (2), 96–103.

Hennicke, Klaus/Buscher, Michael/Häßler, Frank/Roosen-Runge, Gotthard (2009): Psychische Störungen und Verhaltensauffälligkeiten bei Kindern und Jugendlichen mit Intelligenzminderung. Berlin: Med. Wissenschaftl. Verlagsgesellschaft.

Klicpera Christian/Gasteiger-Klicpera Barbara (2007): Psychische Störungen im Kindes- und Jugendalter. Weinheim: Beltz

Kobi, Emil E. (2000): Verhaltensstörungen im gesellschaftlichen Umfeld. In: Schweizerische Zeitschrift für Heilpädagogik 51 (11), 9–19.

Myschker, Norbert (2009): Verhaltensstörungen bei Kindern und Jugendlichen. 6. Aufl. Stuttgart: Kohlhammer.

Ravens-Sieberer, Ulrike/Wille, Nora/Bettge, Susanne/Erhart, Michael (2006): Modul psychische Gesundheit. Bella-Studie. Verfügbar unter: http://test.port4949.net/childpublic-health.de/wp-content/uploads/2008/05/bella_symposium_prof-ravens-sieberer.pdf [14.6.2011].

Sarimski, Klaus/Steinhausen, Hans-Christoph (2007): KIDS 2. Geistige Behinderung und schwere Entwicklungsstörungen. Göttingen: Hogrefe.

Sarimski, Klaus/Steinhausen, Hans-Christoph (2008): Psychische Störungen bei geistiger Behinderung. Göttingen: Hogrefe.

Stein, Roland (2008): Grundwissen Verhaltensstörungen. Hohengehren: Schneider Verlag.

Theunissen, Georg/Schirbort, Kerstin (2003): Verhaltensauffälligkeiten bei Schülerinnen und Schülern mit geistiger Behinderung. In: Theunissen, Georg: Krisen und Verhaltensauffälligkeiten bei geistiger Behinderung und Autismus. Stuttgart: Kohlhammer, 37–65.

Ulbrich, Heike/Mohr, Lars/Fröhlich, Andreas (2006): An der Grenze. Mit welchen Problemen sehen sich Sonderschulen (über-)strapaziert? In: Zeitschrift für Heilpädagogik 57 (6), 218–226.

Wolfgang Dworschak, Sybille Kannewischer,
Christoph Ratz & Michael Wagner

Schülerschaft mit dem Förderschwerpunkt geistige Entwicklung (SFGE) – Resümee

Die vorliegende Studie SFGE befasst sich mit der jüngsten Schulart Deutschlands und einem äußerst heterogenen Personenkreis, der seit den KMK-Empfehlungen (1994, 1998) unter der Bezeichnung Schüler mit dem Förderschwerpunkt geistige Entwicklung zusammengefasst wird.

Wie im ersten Beitrag aufgezeigt wurde, ist der Förderschwerpunkt geistige Entwicklung (FsgE) seit der Gründung der Schulen für Geistigbehinderte in einem intensiven Veränderungsprozess. Standen in der Entstehungsphase die Aspekte der Alltags- und Lebensbewältigung im Vordergrund, so werden heute gleichberechtigt Fragen der Vermittlung komplexer Bildungsinhalte und – angesichts der Diskussion um eine inklusive Schule – die Anschlussfähigkeit an den Unterricht der Regelschule diskutiert.

Zahlreiche Berichte aus der Praxis legen die Vermutung nahe, dass sich die Schülerschaft im Förderschwerpunkt geistige Entwicklung in den letzten Jahren verändert hat. Bislang liegen keine ausreichenden empirischen Daten vor, um diese Frage über die Alltagserfahrungen hinaus verallgemeinerbar beantworten zu können. Diese Frage kann der vorliegende Forschungsbericht auch noch nicht in Gänze klären, jedoch stellt er einen ersten Schritt zur Beantwortung dar. Mit dem SFGE-Abschlussbericht liegt nun eine querschnittliche Beschreibung der Schülerschaft im FsgE vor, also eine Momentaufnahme, die zum Ausgangspunkt für weitere Forschungsbemühungen genommen werden soll, um in einigen Jahren erste Aussagen zu der Frage nach einer veränderten Schülerschaft treffen zu können.

Das Projekt SFGE hat es sich zum Ziel gesetzt, die Schüler, die in Bayern in den Förderschwerpunkt geistige Entwicklung mittels eines sonderpädagogischen Gutachtens eingestuft wurden, hinsichtlich bedeutsamer medizinischer, sozio- und bildungsbiografischer sowie unterrichtsrelevanter Aspekte und Aspekte des Verhaltens und Erlebens zu beschreiben. Hierfür wurde eine Stichprobe gestaltet, die die Grundgesamtheit im FsgE in Bayern adäquat abbildet. Die so gewonnenen Daten erlauben repräsentative Aussagen über die Schülerschaft mit dem Förderschwerpunkt geistige Entwicklung in Bayern (vgl. Beitrag 1). Im Folgenden werden die zentralen Ergebnisse der Studie SFGE zusammengefasst, ebenso wie einzelne Diskussionspunkte, die sich ergeben haben.

Soziobiografische Aspekte der Schülerschaft mit dem Förderschwerpunkt geistige Entwicklung

Ausgehend von der Hypothese, dass die Schülerschaft an Förderschulen hinsichtlich der Aspekte Geschlecht, Nationalität/Migrationshintergrund und soziale Lage im Vergleich zu Schülern an allgemeinen Schulen charakteristische Abweichungen aufweist, wurden diese Aspekte für die Schülerschaft im FsgE analysiert.

Die Hypothese bestätigt sich hinsichtlich aller drei Aspekte. Nicht nur das Geschlechterverhältnis weicht im FsgE (männlich 62 %: weiblich 38 %) signifikant von dem in den allgemeinen Schulen (männlich 50 %: weiblich 50 %) ab, sondern auch der Anteil ausländischer Schüler und Schüler mit Migrationshintergrund liegt im FsgE höher als in den allgemeinen Schulen (vgl. Beitrag 2).

Überraschend fallen die Ergebnisse zur sozialen Lage der Schüler im Förderschwerpunkt geistige Entwicklung aus. Auch in diesem Aspekt bestätigt sich oben genannte Hypothese. So erlangen deutlich weniger Familien von Schülern im FsgE einen – mit der Family Affluence Scale (FAS) gemessenen – hohen sozioökonomischen Status, als dies bei Familien von Schülern an allgemeinen Schulen der Fall ist (vgl. Beitrag 2). In diesem Zusammenhang wird ein drängendes Forschungsdesiderat zum Thema soziale Ungleichheit deutlich, dass es nach einer Hochphase in den 1970er- und -80er-Jahren wieder zu beleben und zu intensivieren gilt. Dabei sollte vor allem auch ein Fokus auf die Risikogruppen der Alleinerziehenden und der Familien mit Migrationshintergrund gelegt werden, die in der Studie SFGE deutlich zu Tage getreten sind (vgl. Beitrag 2).

Alle drei in der Studie SFGE fokussierten Aspekte – Geschlecht, Nationalität/Migrationshintergrund und soziale Lage – deuten zusammenfassend auf ein hohes Maß an sozialer Ungleichheit im Förderschwerpunkt geistige Entwicklung hin.

Bildungsbiografische Aspekte der Schülerschaft mit dem Förderschwerpunkt geistige Entwicklung

Im Rahmen dieses Beitrags sollte die Akzeptanz vorschulischer und schulbegleitender Förder- und Betreuungsangebote eruiert werden. Darüber hinaus stand die Schullaufbahn der Schüler im Förderschwerpunkt geistige Entwicklung im Mittelpunkt des Interesses. Diesem Aspekt liegt die Hypothese zu Grunde, dass Schüler mit geistiger Behinderung überwiegend eine Bildungsbiografie mit wenigen Diskontinuitäten aufweisen. Daneben wurde abschließend die Frage nach einer möglichen Schulbegleitung, einer rasant ansteigenden Einzelhilfemaßnahme der Eingliederungshilfe, gestellt, um erstmals repräsentative Daten hierfür, auf Bayern bezogen, zu erhalten.

Im Hinblick auf die vorschulischen und schulbegleitenden Förder- und Betreuungsangebote wird in der Studie SFGE eine hohe Akzeptanz festgestellt (vgl. Beitrag 3). Die überwiegende Mehrzahl der Kinder wird bereits vor Eintritt in das Schulalter im Rahmen institutionalisierter Angebote betreut. Daneben zeigt sich, dass die Eltern, die Kinder mit einer schwereren Behinderung haben, im vorschulischen Bereich stärker zu den sonder- und heilpädagogischen Angeboten der SVE tendieren als Eltern mit leichter behinderten Kindern, die stärker einen Regelkindergarten favorisieren.

Im Hinblick auf die Bildungsbiografie interessieren besonders Schul- und Schulartwechsel. Es hat sich gezeigt, dass die Mehrheit der Schüler in der Schulart, zum großen Teil sogar in der Schule, in der sie eingeschult wird, auch aktuell beschult wird. Dabei stellen die Förderzentren mit dem Förderschwerpunkt körperlich-motorische Entwicklung und Förderzentren mit dem Förderschwerpunkt Sehen für eine nicht unbeträchtliche Zahl an Schülern eine schulische Heimat dar. Über die Gründe für diese Kontinuität kann an dieser Stelle keine Aussage getroffen werden. Höhere Diskontinuitäten in der Bildungsbiografie weisen die Schülergruppen auf, die entweder im »LVS-Bereich«[1] oder aber in der Grundschule eingeschult wurden. Diese wechseln zum überwiegenden Teil in das Förderzentrum mit dem Förderschwerpunkt geistige Entwicklung (FzgE) oder in eine der dort angegliederten Außenklassen. An dieser Stelle muss darauf hingewiesen werden, dass aus forschungsmethodischen Gründen in SFGE keine Schüler berücksichtigt werden konnten, die aktuell zum Schuljahr 2009/10 in Einzelintegration in der Grund- bzw. Hauptschule unterrichtet wurden. Deren Zahl ist aber relativ gering ($n_{Grundschule}=153$, $n_{Hauptschule}=98$; vgl. KMK 2010, 7), so dass man die oben aufgezeigte Entwicklung berücksichtigend, vermuten kann, dass es nur einem kleinen Teil der Schülerschaft im Förderschwerpunkt geistige Entwicklung derzeit gelingt über die gesamte Bildungsbiografie hinweg an allgemeinen Schulen zu verbleiben. Interessant scheint weiterhin, dass sich in den letzten Jahren keine Tendenz abzeichnet, Schüler mit dem Förderschwerpunkt geistige Entwicklung stärker in die Grundschule einzuschulen. So zeigen die Daten aus SFGE, dass die Einschulungen an den unterschiedlichen Schularten gleich bleiben. Die Wahl der Förderschule nimmt des Weiteren mit steigendem Schweregrad der Behinderung deutlich zu. Das macht insgesamt deutlich, dass die Grundschule in Bayern bis dato für die Eltern von Kindern mit schwerer geistiger Behinderung keine Alternative darzustellen scheint (vgl. Beitrag 3). Diese Aussage muss jedoch vor dem Hintergrund gesehen werden, dass bis zum Schuljahr 2010/11 in Bayern die »aktive Teilnahme« als Bedingung für eine Einzelintegration vorausgesetzt wurde (vgl. BayEUG Art. 41). Diese »Klausel« machte es für Schüler mit schwerer geistiger Behinderung bis dato kaum möglich an einer allgemeinen Schule beschult zu werden. Es bleibt abzuwarten, wie sich die Zahl an Einzelintegrationen insgesamt und besonders im Hinblick auf Schüler mit schwerer geistiger Behinderung nach der Novellierung des BayEUG, das seit dem Schuljahr 2011/12 in Kraft ist, entwickeln wird.

---

1 Lernen-Verhalten-Sprache; diese Bereiche wurden in Bayern unter dem Dach des Sonderpädagogischen Förderzentrums zusammengefasst. Daneben existieren die Bereiche jedoch auch alleine weiter, in den Organisationsformen der Förderzentren, Förderschwerpunkt Lernen, Förderzentren, Förderschwerpunkt emotionale und soziale Entwicklung, und den Förderzentren, Förderschwerpunkt Sprache.

Die Zahl der Schulbegleitungen im Förderschwerpunkt geistige Entwicklung steigt seit Mitte der 1990er Jahre kontinuierlich an. Kann man im Schuljahr 2007/08 davon ausgehen, dass ca. 4,5 % aller Schüler im FzgE einen Schulbegleiter erhielten, sind es im Schuljahr 2009/10 nach den Daten aus SFGE 7,3 %. Neben dieser hohen und kritisch zu reflektierenden Zahl an Schulbegleitern überrascht allerdings vielmehr, dass sich die Stundenumfänge für die Schulbegleitungen nach Schulstufen (und damit verbunden unterschiedlicher Anzahl an Wochenstunden) und nach Schweregrad an Behinderung nicht unterscheiden (vgl. Beitrag 3, Kap. 3.3). Die in SFGE erhobenen Daten zur Schulbegleitung machen deutlich, dass die Einzelfallmaßnahme der Eingliederungshilfe angesichts ihrer Häufigkeit dringend auf pädagogischer, schuladministrativer und politischer Ebene diskutiert werden muss.

Diagnosen im Förderschwerpunkt geistige Entwicklung

Die Auseinandersetzung mit dem Aspekt der Diagnosen ist insbesondere aus medizinischer Perspektive von großer Bedeutung und hat zum Ziel, eine möglichst klare Antwort auf die Frage der Ätiologie und Pathogenese einer Behinderung zu geben.

Nach Angaben der Lehrkräfte liegen bei 62,1 % der Schülerinnen und Schüler Diagnosen vor (vgl. Beitrag 4). Bei 40,4 % werden genaue medizinische Diagnosen angegeben. Im Hinblick auf diese Gruppe (n = 623) zeigt sich, dass pränatale Ursachen mit einer Häufigkeit von 82,1 % im Vordergrund stehen. Perinatale Ursachen werden bei 10,4 % der Kinder und Jugendlichen angegeben und bei 7,5 % sind es postnatale Ursachen. Dies stimmt mit den Angaben anderer Autoren weitgehend überein. Die Diagnosen ›Down-Syndrom‹ und ›Autismus‹ werden bei dieser Gruppe (n = 623) als Einzeldiagnosen am häufigsten genannt.

Der Anteil von Schülerinnen und Schülern mit einer zusätzlichen Körperbehinderung beträgt 33,5 %. 28,2 % haben eine zusätzliche Sinnesschädigung (vgl. Beitrag 4). Insgesamt weisen also ca. 30 % der Kinder und Jugendlichen im FsgE neben der kognitiven Beeinträchtigung noch eine zusätzliche Behinderung auf. Bezogen auf die Grundgesamtheit der Studie (N = 1.629) wird von den Lehrerinnen und Lehrern angegeben, dass ca. 15 % der Schülerschaft im FsgE sowohl eine zusätzliche Körperbehinderung als auch eine zusätzliche Sinnesschädigung haben. Unterschiedlichste Kompetenzen, auch im therapeutischen Kontext, müssen somit an den Schulen vorgehalten und sichergestellt werden.

Einschätzung der Schwere der Behinderung nach ICD-10 und des Pflegebedarfs

Mit Bezug auf die ICD-10, die auf dem Aspekt der Intelligenzminderung basiert (vgl. Beitrag 5), schätzen die Lehrkräfte die Schülerschaft im FsgE wie folgt ein: 33 % der Schülerinnen und Schüler haben eine ›leichte geistige Behinderung‹, 36 % eine

›mittelgradige geistige Behinderung‹ und 30 % eine ›schwere und schwerste geistige Behinderung‹. Bei 1 % der Schülerinnen und Schüler liegt nach Einschätzung der Lehrerinnen und Lehrer keine geistige Behinderung im Sinne der ICD-10 vor. Eine Aussage darüber, weshalb diese Kinder und Jugendlichen trotzdem dem FsgE zugeordnet werden, kann im Rahmen der Studie SFGE nicht gemacht werden.

Mit Blick auf den Pflegebedarf in der Zeit von 8.00–13.00 Uhr sehen die Lehrkräfte bei 57 % der Schülerschaft im FsgE einen Pflegebedarf. Bei ca. 11 % liegt dieser zwischen 90 Minuten und 3 Stunden, das sind 30–60 % eines Schulvormittags. Für ca. 6 % der Gruppe wird ein Pflegebedarf von über 3 Stunden, also von mehr als 60 % des zugrunde gelegten Zeitraums, angegeben. Bei der Gruppe der Kinder und Jugendlichen mit schwerer und schwerster geistiger Behinderung nach ICD-10 beträgt der Anteil eines zeitlichen Pflegebedarfs von über 90 Minuten ca. 50 %. Bei 61,3 % ist die Pflegestufe III anerkannt.

Der zum Teil hohe zeitliche Anteil pflegerischer Tätigkeiten in der Zeit von 8.00–13.00 Uhr macht sehr deutlich, dass auf der Basis des prinzipiellen Bildungsrechtes jedes Menschen, auch diese durch Pflege gekennzeichneten Zeiten im Kontext von Pädagogik und Bildung von großer Bedeutung sind. Gelingt es nicht, diese Zeiten in den individuellen Bildungsprozess positiv zu integrieren, so werden insbesondere die Bildungs- und Entwicklungsmöglichkeiten von Kindern und Jugendlichen mit schwerer und schwerster Behinderung massiv eingeschränkt.

Einschätzung der Kompetenzen im Bereich Sprache/Kommunikation

Nach Einschätzung der Lehrkräfte haben 68,2 % der Kinder und Jugendlichen im FsgE in Bayern Sprach- und Sprechstörungen – dieser Anteil liegt deutlich über entsprechenden Prävalenzangaben für die Gesamtbevölkerung (vgl. Beitrag 6). Bei ca. 31 % ist die Artikulation so eingeschränkt, dass sie von Fremden nicht verstanden werden können.

Auf der Basis der Unterscheidung zwischen expressiver und rezeptiver Sprache zeigt sich eine deutlich stärker ausgeprägte Kompetenz bei der rezeptiven Sprache. Für 90,9 % der Schülerinnen und Schüler geben die Lehrkräfte an, dass sie Worte, einfache Sätze oder auch komplexe Sätze verstehen. 19 % der Kinder und Jugendlichen im FsgE verfügen über keine Lautsprache.

Diese verschiedenen Ergebnisse zeigen, dass bei der Schülerschaft mit dem FsgE der Sprachförderung eine besonders große Bedeutung zukommt. Darüber hinaus zeichnet sich deutlich ein großer Bedarf an unterschiedlichen Formen der Unterstützten Kommunikation ab. Entsprechende Kompetenzen der Lehrkräfte müssen daher unbedingt sichergestellt sein.

Schriftspracherwerb

Im Zusammenhang mit dem Schriftspracherwerb bzw. der Lesekompetenz musste inhaltlich eine Auswahl getroffen werden, die einerseits den Schülern gerecht wird und andererseits möglichst weitgehend an bestehenden Theorien orientiert oder aber den konkreten Unterrichtsfragen gewidmet ist (vgl. Beitrag 7). Drei Bereiche wurden deshalb ausgewählt: das »erweiterte Lesen«, die Entwicklung des Lesens und Schreibens entsprechend eines Entwicklungsmodells des Schriftspracherwerbs sowie Einzelfragen. Lesekompetenz selbst, wie es in einigen großen Bildungsstudien erhoben wird, wurde aus mehreren Gründen nicht erhoben.

Fähigkeiten des »erweiterten Lesens«, also das »Lesen« von Situationen, Bildern und Symbolen, werden von den Lehrkräften in hohem Maße erkannt: Fast allen (92,3 %) wird die Fähigkeit zuerkannt, Situationen »lesen« zu können, 86 % Bilder zu lesen und 70,6 % Symbole lesen zu können. Vor allem das Lesen von Symbolen ist in den höheren Schulstufen häufiger benannt worden.

Die Stufen des Schriftspracherwerbs wurden nach dem Modell von Valtin (2000) erfragt. Die Streubreite der genannten Fähigkeiten ist erheblich, sie verteilen sich unter der Schülerschaft des FsgE auf alle Stufen, von »noch gar nicht« bis hin zu sehr elaborierten Fähigkeiten des »automatisierten Worterkennens« bzw. »orthografischen Schreibens«. Bis in die Berufsschulstufe hinein steigen die Fähigkeiten stetig an, so dass erkennbar wird, dass die Schüler des FsgE in allen Schulstufen Fortschritte im Lesen machen. Interessant ist, dass das Lesen dabei stets deutlich weiter entwickelt ist als das Schreiben.

Mathematik

Auch in Mathematik sind die Fähigkeiten der Schüler im FsgE sehr weit gestreut (vgl. Beitrag 8). Dies wurde zunächst mit Fragen nach der Zählentwicklung erhoben, die sich auf Stufen nach Fuson stützen. Ein Viertel der Schüler im FsgE zählt (noch) überhaupt nicht, ein Schwerpunkt liegt schulweit auf der »unflexiblen Zählreihe«, hier können die Schüler Gegenstände abzählen, bei 1 beginnend. Auf der anderen Seite können im FsgE ein Fünftel der Schüler auf dem Niveau der »vollständig reversiblen Zahlreihe« zählen, und zeigen damit sehr elaborierte Zählfähigkeiten. Die Fähigkeiten im Zählen sind in der Hauptschulstufe deutlich höher, von der Hauptschulstufe zur Berufsschulstufe steigen sie jedoch nicht mehr.

Anders ist dies beim Umgang mit Geld. Der Anteil der Schüler, der »mit Geld situationsgerecht umgehen kann« steigt gerade in der Berufsschulstufe enorm an und bestätigt das lebenspraktische Profil dieser Schulstufe.

Arithmetische Fähigkeiten liegen im Bereich der Addition und Subtraktion sehr breit gestreut vor, in der Multiplikation und Division dagegen kaum. Ein Anteil von Schülern um die 5 % beherrscht sehr weitgehende Fähigkeiten wie das Addieren und Subtrahieren im Kopf bis 100.

Einschätzung von Verhalten

Der Fragebogen der Studie SFGE basiert im Kontext Verhalten auf dem Verhaltensfragebogen bei Entwicklungsstörungen (VFE) von Einfeld, Tonge und Steinhausen (2007). Den ursprünglich 94 Items des VFE wurden 33 hoch ladende Items entnommen und zu einer eigenen Verhaltensskala zusammengestellt. Aus den 33 Items wurden darüber hinaus 6 Subskalen generiert (Angst, Depression, Hyperaktivität, Autismus, Psychosen, dissoziales Verhalten). Für diese Verhaltensskala wurde eine positive Reliabilitätsanalyse durchgeführt (vgl. Beitrag 9).

Auf der Basis des VFE zeigt sich, dass 52 % der Schülerinnen und Schüler im FsgE eine ausgeprägte Problematik des Verhaltens und der Emotionen zugeschrieben werden kann. Die Grundlage für die Aussage bildet die Ermittlung eines sogenannten ›Gesamtverhaltensproblemwertes‹ (GVPW). Für diesen GVPW wird ein geschätzter Trennwert angegeben – wird dieser überschritten, liegt eine Problematik des Verhaltens und der Emotionen vor (vgl. Beitrag 9). Das heißt, die Einschätzung, 52 % Kinder und Jugendliche mit ›problematischem Verhalten‹, erfolgt nicht direkt durch die Lehrkräfte, sondern basiert auf der Bildung eines Summenscores und der Anwendung des Trennwertes nach dem VFE.

Im Gendervergleich zeigt sich, dass 44 % der Schülerinnen über dem geschätzten Trennwert liegen, bei den Schülern sind dies 58 %. Der Anteil ist bei ihnen also deutlich höher.

Hinsichtlich der generierten Subskalen zeichnet sich ab, dass die Phänomene Angst, Depression, Autismus und dissoziales Verhalten in ähnlicher Ausprägung vorliegen. Eine geringere Ausprägung scheint bei der Subskala Psychosen vorzuliegen. Bei der Subskala Hyperaktivität ergeben sich dagegen deutlich höhere Werte.

Fasst man Subskalen zu den Variablen internalisierende Verhaltensstörungen (Subskalen Angst und Depression) und externalisierende Verhaltensstörungen (Subskalen Hyperaktivität und Dissoziales Verhalten) zusammen, so zeigt sich ebenfalls ein deutlicher Geschlechtsunterschied. Bei Jungen werden externalisierende Verhaltensstörungen intensiver beobachtet als bei Mädchen.

Literatur

Einfeld, Stewart L./Tonge, Bruce J./Steinhausen, Hans-Christoph (2007): Verhaltensfragebogen bei Entwicklungsstörungen (VFE). Deutsche Version der Developmental Behaviour Checklist (DBC). Manual. Göttingen u. a.: Hogrefe.

KMK (Kultusministerkonferenz) (1994): Empfehlungen zur sonderpädagogischen Förderung in den Schulen in der Bundesrepublik Deutschland. Verfügbar unter: http://www.kmk.org/doc/beschl/sopae94.pdf [22.09.2011].

KMK (1998): Empfehlungen zum Förderschwerpunkt geistige Entwicklung. Verfügbar unter: http://www.kmk.org/doc/beschl/geist.pdf [22.09.2011].

KMK (2010): Sonderpädagogische Förderung in allgemeinen Schulen (ohne Förderschulen) 2009/10. Verfügbar unter: http://www.kmk.org/fileadmin/pdf/Statistik/Aus_SoPae_Int_2009.pdf [22.09.2011].

Valtin, Renate (2000): Ein Entwicklungsmodell des Rechtschreibenlernens. In: Valtin, Renate (Hg.): Rechtschreiben lernen in den Klassen 1–6. Grundlagen und Hilfen. Frankfurt am Main: Grundschulverb., 17–22.

Autorenverzeichnis

Dr. Wolfgang Dworschak
Ludwig-Maximilians-Universität München, Lehrstuhl für Pädagogik bei geistiger Behinderung und Pädagogik bei Verhaltensstörungen
dworschak@lmu.de

Dr. Sybille Kannewischer
Ludwig-Maximilians-Universität München, Lehrstuhl für Pädagogik bei geistiger Behinderung und Pädagogik bei Verhaltensstörungen
kannewischer@lmu.de

Dr. Christoph Ratz
Universität Würzburg, Lehrstuhl Sonderpädagogik IV –
Pädagogik bei Geistiger Behinderung
christoph.ratz@uni-wuerzburg.de

Prof. Dr. Michael Wagner
Universität Koblenz-Landau, Institut für Sonderpädagogik, Pädagogik bei geistigen und körperlichen Behinderungen
wagnerm@uni-landau.de